幼兒獨立生活技能訓練手冊

徐儷瑜・陳坤虎・蘇娳敏　譯

Steps to Independence

Teaching Everyday Skills
to Children with Special Needs
Fourth Edition

by

Bruce L. Baker, Ph.D.

and

Alan J. Brightman, Ph.D.

with

Jan B. Blacher, Ph.D., Louis J. Heifetz, Ph.D.,
Stephen P. Hinshaw, Ph.D., and Diane M. Murphy, R.N.

Illustrations by Michael Cassaro and Amy Betten

目　錄

（正文頁邊數字係原文書頁碼，供索引檢索之用）

作者簡介

布魯斯‧貝克（Bruce L. Baker）博士　　為美國加州大學洛杉磯分校心理系教授。

聯絡方式：Department of Psychology, University of California, Los Angles, 405 Hilgard Avenue, Los Angeles, CA 90024.

　　布魯斯‧貝克博士自 1975 年即擔任加州大學洛杉磯分校心理系教授。他先前負責該系之臨床心理學學術課程之規畫，現今則執行有關心智障礙兒童發展遲緩問題之研究工作。貝克博士於 1966 年取得耶魯大學臨床心理博士學位，之後於哈佛大學任教為期九年。工作生涯期間，他發展了許多介入方案來協助智能不足的兒童及其父母。目前，他同時亦是五個關於智能不足和（或）家庭期刊的編輯委員。同時，他還參與許多關心兒童與家庭的專業服務性組織。貝克博士現在與妻子珍，及兩個孩子住在洛杉磯。

亞倫‧布萊特曼（Alan J. Brightman）博士　　為蘋果電腦全球殘障協會（Apple Computer's Worldwide Disability Solutions Group）創辦人。

聯絡方式：Apple Computer's Worldwide Disability Solutions Group, Saratoga, CA.

　　亞倫‧布萊特曼為蘋果電腦全球殘障協會創辦人，同時也是美國電信巨擘 AT&T 實驗室青少年部門之創辦人。布萊特曼博士為哈佛大學教育學博士，同時亦獲得麻州大學科學榮譽博士。他發展了相當廣泛的媒體平台，用以減除人們對有心理障礙或慢性疾病兒童之刻板印象。目前，布萊特曼博士在全美各地從事一些教育機構的顧問工作，像是史蒂芬史匹柏星光基金會（Steven Spielberg's Starbright Foundation）和微軟（Microsoft）公司的顧問團。布萊特曼博士現在與妻子梅麗莎，及兩個青少年孩子亞歷斯與潔西住在北加州。

譯者簡介

徐儷瑜（負責第 14 到 20 章，附錄 E 及索引）

　現職／東吳大學心理學系副教授

　學歷／台灣大學心理學系學士

　　　　台灣大學心理學研究所碩士

　　　　政治大學心理學研究所臨床心理學組博士

　經歷／國防醫學院精神學科專任講師

　　　　三軍總醫院精神醫學部專任臨床心理師

　　　　康寧醫護管理專科學校幼兒保育科專任講師

　　　　康寧醫護管理專科學校學生輔導中心主任

　　　　政治大學心理諮商中心兼任督導及心理師

　執照／臨床心理師高考及格

陳坤虎（負責目錄、作者簡介、誌謝、緒論、第 1 到 8 章，附錄 A）

　現職／輔仁大學臨床心理系副教授

　學歷／台灣大學心理學系學士

　　　　台灣大學心理學研究所碩士

　　　　台灣大學心理學研究所臨床心理學組博士

　經歷／台大醫院兒童心智科臨床心理師

　　　　台大醫院家庭醫學科臨床心理師

　　　　台灣大學學生輔導中心兼任輔導老師

　　　　台北科技大學學生輔導中心兼任輔導老師

　　　　康寧醫護管理專科學校幼兒保育科專任講師

　執照／臨床心理師高考及格

蘇婗敏（負責第9到13章，附錄B～D）

　　現職╱慈心診所臨床心理師、副院長

　　學歷╱台灣大學心理學系學士

　　　　　台灣大學心理學研究所臨床心理學碩士

　　經歷╱台灣大學學生輔導中心兼任輔導老師

　　　　　台北市社區心理衛生中心臨床心理師

　　　　　台北市立聯合醫院松德院區臨床心理師

　　　　　義守大學諮商輔導組兼任心理師

　　　　　員山馬偕醫院臨床心理師

　　執照╱臨床心理師高考及格

誌謝

　　這本書已有相當悠久的歷史，有太多的人值得我們感謝。我們不想重提 1970 年代初期時為父母寫此教材所費的心力，不過我們仍要再次感謝Michael Begab、Ann Wendall 及 Melissa Behm 等人當時的大力協助。這本《幼兒獨立生活技能訓練手冊》已是第四版了，每次再版時我們不僅保留原先對數以千計父母相當實用的基本原則，而且為因應治療哲學及實務的變化，我們亦更新本書的內容以符合社會的潮流。之前，我們曾接到無數父母、老師或匿名讀者對本書的正向回饋，為此敬上感謝之意。此次再版，我們要特別感謝Jan Blacher、Bonnie Kramer、Rita Gardner 及 Frank Bird 給予的批評指教。此外，我們還要感謝在 Brookes 出版社的好友，在出版事物上所給予鼎力的相助及毫無保留的支持；在此，我們特別要感謝總編輯 Rebecca Lazo，以及執行編輯 Mackenzie Cross。

布魯斯・貝克
亞倫・布萊特曼

緒　論

　　這本書帶給了你和孩子無窮的希望。多年以前，有特殊需求的孩子常會碰到失敗與挫折，這些孩子總被貼上「不能」的標籤。儘管父母及特教老師耗費九牛二虎之力來證明這些孩子仍有相當的學習能力，不過普羅大眾總希望他們不要期望太高，甚至許多父母總會聽到如此的說法：「他只能這樣了，不是嗎？」

　　父母被他人賦予各樣的期待，只因他們是父母。父母實在難為，父母意味著不是專家，意味著他們較了解孩子，不管是否真了解孩子，更意味著要幫孩子決定接受什麼教育。其實，父母只是很單純的父母，當他人幫孩子的未來教育做決定時，他們也只能展露關心而已。

深深的期許

　　感謝上天，時代變了。自 1970 年代開始，我們不僅目睹了相關法令的通過，而且對特殊需求的孩子及其父母亦有重大的突破。二十一世紀的今日，我們見到了這些心智障礙孩子有能力學習，而且能與一般孩子有良好的互動，甚至他們能參與社會上的很多活動。同時，現今心智障礙孩童的父母已被視為是能多方（例如：教育上、娛樂上、職業上）協助孩子的好夥伴。

這本書要寫給誰看？

　　《幼兒獨立生活技能訓練手冊》主要是寫給孩子有發展遲緩問題的父母。事實上，許多父母對本書的許多章節有諸多貢獻。在寫作過程中，我們獲得許多父母和孩子的協助。他們問我們問題，也質疑我們的作法，不過他們也提供了訓練孩子每日技能無數成功的案例，這些案例不單只有孩子成功而已，

常常是整個家庭都成功。

　　雖然我們說這本書主要寫給父母，不過很多專業人員（例如：特教老師、臨床與學校心理師、社工師、諮商心理師）告訴我們，這本書對他們有莫大的助益。這些專業人員從事的是與智能障礙和（或）情緒障礙的孩子工作，例如特殊異常的孩子、發展遲緩的孩子、智能不足的孩子、學習障礙的孩子、廣泛性發展障礙的孩子，或是自閉症的孩子。他們告訴我們，貼在孩子身上的標籤變小了。本書也處理孩子的行為，正因為如此，許多讀者告訴我們雖然他們的孩子無心智障礙的問題，不過在教導孩子時，卻能從本書的字裡行間得到諸多啟發，這樣的回饋讓我們倍感激勵。

　　本書應用的範圍從三歲至青少年之前，而我們使用的例子也大多以該年齡層為主。不過本書也有幾章提到處理青少年與成人前期時的考量，讀者可自行參閱。

本書的目標為何？

　　《幼兒獨立生活技能訓練手冊》乃有個簡單卻明顯的假設：父母為孩子最優先及最具影響力的老師。我們撰寫本書的目的為提供父母訓練孩子的方法，而這些方法在過去幾十年已被證實為有效的方法。我們提供了完善的方法和一些特殊的指導方針，來幫助社區裡的父母如何訓練孩子逐步朝向獨立，同時還能快樂學習。

　　雖然「獨立」是值得追尋的生活目標，不過「獨立」兩字仍有相當大的空間討論其意義為何，但我們確知一件事：獨立不會一朝一夕就完成，也不是成天空想就會發生。而且，孩子能獨立絕非吃神奇萬靈丹就行，亦非使用天花亂墜的神奇妙方就能一蹴可幾；相反的，獨立需要你的耐心及不斷的鼓勵。它需要日積月累，一步一腳印，一個技能接著一個技能，不斷的再學習才能逐步完成。

我要訓練孩子什麼呢？

　　《幼兒獨立生活技能訓練手冊》包含訓練孩子多項基礎技能，例如注意力訓練，遵從指令，吃東西、穿衣服、打掃等自理能力，如廁訓練，遊戲技能，進階自我照顧技能，家務整理技能，以及一些實用的學業技能。當你閱讀本書時，你或許已開始訓練孩子了，你可依自己的需要從諸多建議中選定你接下來想要訓練什麼。同時，我們也提供降低孩子行為問題的指導原則，這些問題行為不僅會妨礙孩子的學習機會，還會增添你生活的壓力與緊張。

　　我們還包含了很多特殊訓練計畫，特別針對孩子的自理能力訓練，這部分孩子通常會依相同的順序學習。而其他領域的學習，雖然我們不特別提到，不過我們希望你亦能使用本書的基本訓練原則教導孩子；例如，遊戲技能，我們不會逐一說明如何訓練孩子騎腳踏車、滑雪或跳舞。不過一旦學會基本訓練方法，你會發現這些原則也能用到孩子學習任何技能上。

　　我們刻意縮減訓練計畫，只留下重要的要素，不過這些要素過去已被證實為有效的基礎訓練方法。不過容我們提醒你還是要從孩子的世界來看這些訓練技能，所以我們保留一些空間讓你可自行增加訓練內容，例如我們示範如何訓練孩子鋪床，你可自行增加一些填充動物、枕頭和玩具貓來訓練孩子。

訓練不是學校的責任嗎？

　　當然是，不過也是你的責任。自從 1970 年代，革新的立法賦予適當的公立學校幫忙有特殊需要的孩童，同時父母得到的資源也相對增加。不過，你也熟悉隨著學校的責任日益增加，父母的責任亦同時增加。我們不僅指要開無數的會議而已，例如像是「個別教育計畫」（individualized education program, IEP）會議、家長會、資金籌集活動等等，同時你在孩子的教育亦扮演十分關鍵的角色。

　　有特殊需求孩童的父母也有些特別責任。如果你的孩子有障礙，像是糖尿病問題，那麼你有義務及責任幫助孩子存活下來，這壓力很大，不過卻是

幼兒獨立生活技能

訓練手冊

父母的挑戰。當孩子在學習上有特殊需求時，這特別的責任雖不能截然劃分，不過很重要的是應盡力幫孩子學習獨立。當然，與孩子的老師配合是相當重要的，關於這點我們會在第二十章討論。

如何使用這本書

我們希望這本書能廣被流傳，能相互告知、思考、分享及討論。本書內容包含的範圍很廣，從最基本的訓練原則到特殊的訓練建議。你可以隨意跳過任何章節而閱讀你及孩子需要的部分。不過第一部分為基礎訓練原則，你需要先閱讀此部分。

第一部分讀完後，你可選第二部分的任何章節來讀，這部分探討一些特殊領域的技能該如何訓練。此部分的前四章檢視孩子目前的一些基本技能，像是第八章的預備技能（Get-Ready Skills），第九章的自理能力（Self-Help Skills），第十章的如廁訓練（Toilet Training），以及第十一章的遊戲技能（Play Skills）。第二部分的後三章則涵蓋更進階的獨立技能，同時適用的年齡層更廣，像是第十二章的自我照顧技能（Self-Care Skills），第十三章的家務整理技能（Home-Care Skills），以及第十四章的實用學業技能（Functional Academic Skills）。

第三部分為介紹管理孩子的問題行為。這部分最好在你開始訓練第二部分的技能後才讀，而且你需要依次序念下來。這部分教你辨識行為問題（第十五章），檢視行為（第十六章），而展開行為改變計畫（Behavior Management Program）則可細分兩部分，一部分為行為後果（Consequences）（第十七章），另一部分為前置因素（Antecedents）及替代行為（Alternative Behaviors）（第十八章）。

第四部分乃此版新增的單元，探討的議題為支持孩子獨立。由於電腦的革新讓你和孩子有了新契機，這契機是我們先前不敢奢望的，為此我們重新撰寫第十九章（電腦──個人化的時代），我們也增加了第二十章探討如何與孩子的其他老師建立夥伴關係。

你開始訓練孩子一些特別技能時，本書的附錄提供了相關的指導原則。附

錄包含訓練預備技能的建議（附錄A）、評量孩子自理能力的清單（附錄B），以及自理能力（附錄C）、遊戲技能（附錄D）、實用學業技能（附錄D）的完整訓練計畫。

本書的網路資源

過去書中提供許多技能評估與紀錄表格供讀者使用，不過現在已不需如此麻煩，你可以上「幼兒獨立訓練」網站http://www.brookespublishing.com/steps，你會發現網路上有更大的表格供你使用，以方便你在家裡下載、列印及運用。

宋　序

　　說起台灣早期療育的發展，台大醫院兒童心理衛生中心（台大兒心）扮演最重要的角色：它開啟心理功能發展障礙（智能不足、自閉症、學習障礙等）的相關研究，建立早期篩選和診斷工具，推動和參與我國第一個啟智班和情障班的設立，並於 1967 年設立日間病房，是台灣最有系統的從事自閉症早期療育工作的單位。我在 1981 年回台灣之後，就負責台大兒心日間病房的督導工作，直到 1999 年交棒給蔡文哲醫師。

　　從楊思根心理師開創起，台大兒心日間病房一直採取行為主義的治療方案。舉凡兒童應該會而不會的行為，就應用行為原理來教；不適應的情緒行為問題，採取行為分析的方法找出相關的原因，運用行為原理來消除不適應行為；經由環境的操弄和教導兒童行為，讓兒童和家人學習新的適應能力。到我接手日間病房時，這套方法已經行之有年，也有不錯的成果，因此有不少的機構都派人來台大醫院學習。我發現訓練治療師是十分漫長的過程。從說明什麼是學習原理，增強物的選取和應用，行為分析的原則和應用在各種問題的處理方法，矯治活動課程的設計和執行，新行為的普遍化，以及訓練父母扮演共同治療者的角色，從一對一訓練到團體訓練，並轉銜到幼稚園和小學，這是個漫長的學習和訓練的過程。一般而言，一位有心理學或護理背景的同仁，約需二年的時間才能將這些相關的原理和技巧上手，成為獨立的自閉症治療師。這對許多機構來講，受限於人力經費，通常只能派人到台大醫院短期進修一到三個月，在短時間要如何訓練成為獨立的治療師？這變成重要的問題。1980 年代，台灣的早期療育機構增加迅速。早療機構大多由社會福利背景或特教背景的人主持，負責療育工作的不是臨床心理師而是高中程度的幼保人員，進行前述獨立治療師的訓練要更長的時間，因此許多人問我，台大醫院訓練自閉症的教材是什麼？教法是什麼？十分希望我們的訓練手冊能給他們參考。

　　老實說，當時我以沒有訓練手冊而由治療師視個案編製訓練課程為榮，認為出版相關書籍是不必要的，因為自閉症的患者的行為很容易固定，個別差異非常大，因此需要針對每個兒童的能力、特性和環境來設計相關的矯治活動。然而社會不斷的推展，這方面的需求很多，尤其是許多早期療育機構採用特教的概念，引進美國的教育訓練手冊在台灣施行，也有不錯的成果，因此我重新思考訓練手冊的必要性。我在 1980 年代初，就曾研讀 TEACCH 出版的 *Individualized Assessment and Treatment for Autistic and Developmentally Disabled Children*（1979）和 *Teaching Activities for Autistic Children*（1983），想在台大兒心使用。在瞭解之後，我對它評量的方式和用評量的內容設計教案的做法，感到和自己的理念不合，因此放棄。那時雙溪文教基金會取得版權出版了「Portage」這套訓練工具，我僅將其中部份的訓練內容供日間病房同仁們參考，並沒有積極引用，一直到 1989 年姜忠信先生進入台大兒心服務，他有系統的在自閉症兒童試用「Portage」，並將使用的經驗整理出版《Portage：父母教育手冊》這一本書，這是台大兒心第一次出版訓練自閉症兒童的工具。這本書獲得好評，也改變我出版訓練手冊的想法。

　　我在 1990 年代初期接觸 *Steps to Independence* 這本書，1989 年出版的第二版。我發現這本書所使用的行為原理和我們所使用的原理是相同的，它用很通俗的語言，將教導幼兒的原理、原則和可用的項目及執行的方法有條理的分章說明，我覺得它是一本實用的好書。訓練父母做為共同治療者是台大兒心治療模式的特色。我有固定的時間和日間病房的孩子的父母親開家長會，在會議中父母提出問題，我協助大家運用行為治療的原理來解決提出的問題，幫助大家學習運用行為治療來幫助孩子。我發現《幼兒獨立生活技能訓練手冊》這本書，正好符合家長討論會的需要，而將它的部份內容和家長分享。也就是說《幼兒獨立生活技能訓練手冊》這本書，不止適用於早期療育的治療人員，也適用於這些孩子的父母親和相關的人員。因此當徐儷瑜女士和陳坤虎先生要我推薦自閉症療育的書籍時，我就把這本書介紹給他們，想不到經過十幾年，這本書已經由第二版擴增到第四版。新版的前幾章和第二版絕大部份相同，新增的是早期療育後來發展的內容，譬如第 19 章有關電腦這部份就是新加進來的。

　　徐儷瑜女士、陳坤虎先生和蘇娳敏女士他們都有相當深厚的心理學基礎，都是十分優秀的臨床心理師，他們在日常和孩子及其父母的工作中累積了許多的經驗，因此在翻譯的過程中，能夠從使用者的觀點，將相關的理論和應用，適當的翻譯出來，十分難得。我要說：「這是一本對教導發展障礙兒童的老師和父母十分有用的書」。

宋維村 於
台大醫院兒童心理衛生中心

蘇　序

　　自從擔任台大醫院兒童心理衛生中心（簡稱兒心）臨床心理師以來，筆者觀察到前來兒心門診中有相當比例的孩童為發展障礙。這些孩童的父母帶孩子來門診之前，雖然盡心盡力，全力照顧孩子，然而所得到的成效卻極為有限，孩子及家庭的生活品質也無提升。筆者在輔導與治療這些孩子時，除了要協助其父母親認識及接納孩子的問題之外，更重要的是還要教導父母如何訓練他們的孩子；簡單的說，就是讓父母也能成為「孩子的老師」。若父母越能協助獨立，孩子亦越能覺得自己有價值，那麼整個家庭就有更大潛能去開創更美好的生活。

　　台大兒心門診對父母的教導有兩大重點：教育、訓練。這兩部分並非各自獨立，相反的，乃是相輔相成、不斷重複練習的過程。例如，我們與父母反覆討論及推敲如何設定「標的行為」（亦即，想要改變的行為）？反覆練習看似簡單的行為，如何拆解成幾個小步驟來訓練（可別忘了，孩子不是天生就會了，而是需要慢慢教導的）？還有很重要的是，我們會與父母討論，要選什麼當獎賞（亦即，增強物），以及如何使用獎賞達到改變孩子的行為，並維持學習成效？同時，我們也與父母討論如何避免孩子只是為了得到獎賞而做出某行為等等。像這樣看似簡單的原則，並非一蹴可及，而是需要治療師、父母及孩子，甚至是學校同心協力、不斷練習才能完成。

　　過去幾十年來，台灣一直欠缺早期療育或孩童教養的訓練機構，然而父母在家中要擔負的教養責任卻從未減輕，許多父母苦於缺乏如何建立孩子「適應性行為」及消除「不適應行為」的資訊。時至今日，有一可喜現象是，民間相關的訓練機構逐漸成立，不過令人憂心的是，這些機構的服務品質參差不齊，更令人憂心的是，有些機構所採用的訓練方法缺乏理論基礎。是故一套具有理論基礎且可行的教養方式是值得令人期待。

　　很高興本書正符合了這樣的期待，書中詳細說明了每一個重要環節及執

行步驟，這些訊息對父母及相關的專業人員都提供了如何處理孩子問題有效的指引。值得一提的是，本書開宗明義說明了為什麼父母或專業人員需要讀此書外，同時亦進一步教導父母如何與學校或機構充分配合，以便提供給孩子最適當的學習環境。

　　如果讀者能確實一步步按照書上教導的方式練習，相信很快就能熟悉如何擬定訓練計劃並執行成功。本書書名雖為《幼兒獨立生活技能訓練手冊》，但部份內容仍可應用到更大的年齡層，像是家務整理技能、衝動行為控制，這些皆適用於青少年或成人。

　　本書還有一重要特色，即是書中所使用之行為訓練原理，皆有堅實的理論基礎為後盾，更巧妙的是作者能深入淺出、娓娓道來如何運用這些行為改變技術。此外，讀者若能熟悉本書所教導的原理，亦可運用它們於不同的個案類型，例如社交焦慮、注意力缺陷（俗稱過動兒）等等。在處理這些個案時，首要的任務是協助他們建立新的適應性行為，相同的，讀者可以運用善用本書教導的「工作分析」原則，一步一步的幫孩子建立起行為鏈，最後始能完成行為改變的目標。

　　在此要提醒讀者的是，臨床工作上我們經常碰到心急的父母，很想訓練孩子短時間內達成目標，因而要求孩子在極短的時間內不斷的練習或是一試便成功，然而欲速則不達，到頭來除了感到氣餒、挫折外，還責怪自己、孩子或家人。所以要提醒父母在執行這些行為改變計劃時，需要有「耐心」，否則不僅目標無法達成，還會造成不必要的情緒困擾，甚至破壞跟孩子的關係。所以奉勸父母在使用此書時，需要做些基本工，先把「工作分析」做好，訂出逐步改變的計劃，才能往目標邁進，這是筆者對父母的忠告及殷殷期盼。

　　最後，本書譯者陳坤虎先生、徐儷瑜女士及蘇婉敏女士都是在臨床心理工作上的佼佼者，擁有豐富的兒童治療經驗，加上流暢的文筆，使得本書易讀、易懂、易上手。為此，筆者大力推薦這是一本值得你（妳）詳讀及奔相走告的好書。

台大醫院兒童心理衛生中心

臨床心理師　蘇淑貞

譯者序

對於父母、保母、保育員、幼稚園老師、小學老師、諮商師、臨床心理師、精神科醫師、社會工作師或其他關心兒童問題的人士，這本書一定讓您派得上用場。它涵蓋了從幼兒期、學齡前期，到學齡期，不管是一般兒童或特殊兒童，在發展過程必經的各種學習歷程，包括：專注力訓練、粗動作與精細動作訓練、自理能力訓練、大小便訓練、遊戲技能訓練到更進一步的自我照顧能力、家務整理能力、辨識時間標誌與金錢使用等，這些都是父母師長非常期待孩子能盡早學會的技能，讓孩子能健康快樂成長。

本書作者布魯斯・貝克博士擔任美國加州大學洛杉磯分校的臨床心理學教授，致力於協助有發展遲緩與問題行為的兒童及家長，發表一百多篇的研究論文，累積三十多年來的理論與實務經驗，用淺顯易懂的概念及實際案例解說撰寫本書，使得本書深受歡迎，不斷修訂到第四版仍深獲好評。

作者所運用的行為改變技術是根據「操作制約理論」所發展出來的「應用行為分析法」（Applied Behavior Analysis）。此方法包含了七個步驟：(1)選擇特定的問題行為，(2)確認改變的目標，(3)建立測量行為的方法，(4)評估行為的基準線，(5)設計減少問題行為與增進替代行為的策略，(6)持續測量問題行為，以判斷改變的效果，(7)維持並增進改變的成效（Sulzer-Azaroff & Mayer, 1991），這種行為改變技術廣泛運用在成人與兒童的諮商輔導、治療與教育領域。書中所列的各項技能都採用逐步分析、漸進式練習，並且附上具體詳盡的訓練步驟及訓練前後評估表、紀錄表格，即使是發展遲緩或特殊發展障礙兒童都能按照訓練計畫循序練習，甚至可以直接上網下載各種表格，對父母而言，這是一本具體實用的親職教育手冊；對專業人員則是一本方便完整的工作手冊。

本書能呈現在大家面前，首先要感謝的是台大醫院兒童心理衛生中心宋維村教授。在儷瑜和小虎的博士班訓練課程中，跟著宋教授學習兒童青少年

心理治療時，他推薦了這本好書，這是從事兒童臨床工作者必讀的實務手冊，宋教授並巨細靡遺地督導我們進行行為治療的每個步驟。三年下來在他敏銳嚴謹、溫暖關懷的指導引領下，使我們的理論基礎、實務技術與研究概念都更臻成熟。

娳敏則是儷瑜和小虎在忙碌的博士生涯中的最佳後援捕手，大家協力完成翻譯工作，這本書也陪伴娳敏從懷孕到生下了可愛的妹妹。

此外，還要感謝心理出版社林敬堯總編輯爭取這本書最新版的亞洲版權，並給予我們莫大的支持與協助，希望這本書的出版能利益每個孩子、父母及關心兒童的專業人員。

徐儷瑜、陳坤虎、蘇娳敏

幼兒獨立生活技能
訓練手冊

第一部分

基礎訓練原則

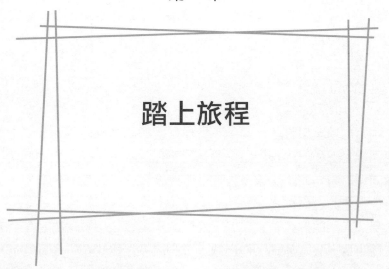

第一章

踏上旅程

對於有特殊需求的孩子而言，二十一世紀是個嶄新的世紀，父母
和專業人員一起決定哪些教育課程才適合孩子的需要。同時，此世紀
父母和專業人員也需重新定位自己的責任。那麼，誰來決定孩子該學
什麼？誰來參與孩子的學習？簡言之，在這新世紀裡，對於有特殊需
求的孩子而言，其父母需重新檢視怎麼當父母，其老師亦需重新檢視
怎麼當老師。

父母的角色

沒有一套絕對「正確」的公式來檢視父母的角色。訓練本來就是
父母天職的一部分。當與孩子相處時，不管你有無察覺到，你已經正
在訓練孩子一些事情。許多有特殊需求孩童的父母，他們往往期望自
己變成老師的角色，於是每天在家裡安排孩子的教育課程。有些父母
則考量他們工作和（或）家庭的權責後，明瞭要全天候訓練孩子是不

切實際的。因此他們需要在週間或週末把握適當時機來訓練孩子。還有些例子是，孩子能獲得成長，特別是因為父母很積極配合學校老師參與孩子的「個別教育計畫」。本書第二十章將更深入說明如何與孩子的學校一起合作。

004 良好的訓練

本書的基本假設之一是，不管你是否曾認為自己的角色是老師，只要你能了解如何訓練對孩子是好的，你就可以勝任。換句話說，一旦你知道有系統的訓練孩子技能，那麼在你孩子的教育世界裡，你將是一位很棒的合作夥伴。

另一相關的假設是，學習「良好的訓練技能」唯一方法，就是去做這件事情。想當然耳，你已教了孩子諸多技能（花一分鐘想想看，孩子從你身上學到的事情有哪些）。對大部分的讀者，本書主要想強化他們原先已有的技能，並建議一些新的方式來訓練技能。不過，不管你是否已有系統的使用我們所建議的方式，當你在讀本書時，都可能會激起一些你教孩子的新方法。我們不建議你再花額外的時間來訓練你的小孩，而只是單純的建議你，花原來的時間就夠了，我們深信這樣做對你和孩子都會是值得且持續的經驗。就像大部分的父母，或許你會因為教得很棒而感到雀躍不已，不過最重要的是，你應該要準備好自己成為孩子教育團隊裡的好夥伴。

哲學理念與流行趨勢

或許你會說：「是啊，教育真的起得了作用。不過方法卻有千百種，那麼本書的主張是什麼，我怎麼知道它行得通呢？」這是很好的問題。的確，在心智障礙領域中有諸多的主張，不同的主張都有其擁護者。對於發展遲緩的見解，你也很難不被這些各式各樣的主張所影響，但若要區分這些教育哲學亦恐非易事，因為他們乍聽之下都煞有

其事。

　　由於本書欲幫忙的對象是有智能障礙及相關障礙的孩童，所以我們特別重視一些新的流行趨勢及哲學理念。這些想法中，有些有其優勢，日後亦可延續成為相當實用的方法。但有些則稍縱即逝，或是會被其他新的流行趨勢所取代。舉例來說，完全融合（full inclusion）這個哲學理念指引今日教育從事者的想法，其基本想法是認為有特殊需求的孩子應當完全地在一般教育環境下接受教育。這個理念快速的發展，有別於先前的一些哲學理念，像是整合（integration）、主流（main-streaming）、正常化（normalization）。此外，它相當強調有特殊需求的孩童應該與一般正常孩子的機會相等。然而，這些早期的想法並非一時譁眾取寵，反而廣被普羅大眾所接受。再者，這些想法不僅是有效果的，更明白告訴我們哪些作法才是正確的。

　　其他的哲學理念和流行趨勢似乎並未發展完全，你曾聽過模組法（patterning）？萬能維他命治療法（Megavitamin therapy）？無添加物飲食法（Additive-free diets）？促進溝通法（Facilitated communication）？這些方法都曾帶給父母莫大希望，他們亦投入了難以估算的時間和金錢；可惜的是，這些方法既無舉足輕重的專家意見，亦無科學的實驗證實，最終唯一的命運就是被淘汰。

005

　　然而有一件事情是可以確定的，本書提供的訓練技能乃奠基於行為改變的準則，主要是以應用行為分析（applied behavior analysis）為主，這些方法教育從事者已相當熟悉且使用了幾十年。它們也被數以千計的研究證實是有效的教育方法，而且無數的父母與老師都分享著共同的經驗。同時，這些行為教育準則已整合成為學校有效的介入方案。

　　雖然絕大部分的教育從事者大致同意本書所使用的教育原則，但有一點他們可能有意見。因為有些教育從事者認為，教育應該讓兒童在自然環境、遊戲進行中及日常生活中進行。不過有些教育從事者則認為，若能將課程設計成幾次不同的教學活動，而老師與孩童不斷重複練習某一技能，那麼孩童就能從中受惠。我們的想法是視情況而定。

研究證據指出這兩種方法看起來都是有效果的，而混合兩種方法對大部分的孩童來說似乎更佳。你決定了你有多願意跟隨我們建議的特殊教育計畫？你決定了當你在教育孩子的各方面時，有多想要使用它們？

你是孩子的專家

　　在你和我們進入本書的內容之前，還有一件非常重要的提醒，乍聽之下雖是眾所周知而不需耳提面命的提醒，但我們還是不厭其煩的說：或許你是有特殊需求孩童的父母或老師，但你絕不是其他任何孩子的父母或老師。你是獨一無二的個體，你有自己的理想與視野，你有自己的慾望和需求。更重要的是，你擁有別人所沒有訊息就是，你比任何人了解你的孩子。

　　據此，在邀請你進入本書之前，不要滿腦子想要改變自己。只需要在你身上添加一些新的技能，或是以另一種觀點來看待孩子，以便培養自己逐漸成為孩子未來教育中的好幫手。對你而言，這本書所說的或許並非是全新的，亦有可能你早已使用本書所說的技能。然而，我們衷心期盼的是，本書能協助你建立這些教學經驗，以便讓你做得更順利。請牢記在心：隨時保持對你自己和孩子有高的期望。

　　第二章將展開你成為一位成功、有技能的老師之旅。不過在踏上旅程之前，我們得先了解父母準備上路需要花一些時間。你將要一窺究竟的教學課程，表面看似簡單，但背後的策略卻是需要你小心謹慎的往前及不斷的練習接下來的章節。

比利的床

　　星期三早上，比利醒來時發現牆上紀錄表多了一些東西。表的底部多了一張乾淨的床的圖案。比利馬上知道這是什麼意思。

　　事實上，這是比利的紀錄表。他和他的媽媽（傑克森太太）不久

之前一起製作這張紀錄表。起初只有兩個圖案，不過現在已經增加到以下這個樣子：

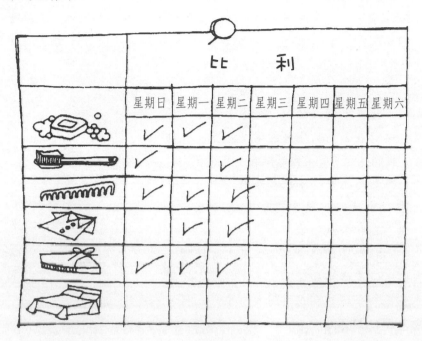

現在是練習整理床鋪。比利從來沒做過，但是昨天他同意媽媽可以試試看。

「比利，你睡得好嗎？早餐準備好囉！」

比利抬起頭再次看看牆上的紀錄表。洗手、洗臉或刷牙已經不再是問題了，這些事情現在已經變得相當容易知道有沒有做，雖然穿衣服仍須仰賴媽媽前一個晚上幫他準備好。對比利來說，穿上背心和毛衣是很簡單的，但是要穿有很多鈕釦的襯衫還是有點困難，有時候仍需別人幫忙。

比利開始逐步完成紀錄表上的事項，這時傑克森太太走進比利的房間，開始幫他整理床鋪。這時比利從洗手間出來，床鋪幾乎已整理完，傑克森太太只留下稍微需要將皺皺的床單鋪平的工作。

比利穿好了衣服，準備出發時，請媽媽在紀錄表上打勾勾。

_007_

「恩，看起來你今天好像都做完了喔，是嗎？」比利媽媽露出很誇張的樣子，逐一檢查每項工作有無完成。「你穿好鞋子嗎？喔，已經穿好了。」……紀錄表上再打個紅色勾勾。「比利，你今天早上有五個勾勾喔，你記得我們約定要多少個勾勾，星期五才能去打保齡球？」

比利問說：「是二十個嗎？」

「是二十個沒錯，但是你看看這紀錄表。紀錄表上新的床鋪圖案還沒有打勾勾喔，我們在吃早餐前再試試看，好不好？」

比利馬上變得不開心起來，他過去碰到學新事情時，通常會稍微退縮一下。「噢！我肚子餓了！」

比利媽媽已學會溫柔但堅定地提醒比利這樣做是值得的。「來，比利，你只需要多花一分鐘就可以得到勾勾了。比利，注意看我怎麼做。」

由於傑克森太太很確定床鋪幾乎快弄好了，只需要一個很簡單的動作將床單鋪平在枕頭上即可。「比利，注意看我怎麼做。」經過慢動作示範後，她將床單回復原來的樣子，並鼓勵比利照著做看看。

比利心想：「看起來真是簡單極了！」

「好，比利，你試試看！拉它蓋過枕頭。對，很棒，你看，你得到了另一個勾勾了。明天我們再多做一點，看看怎樣整理床鋪，好嗎？」

「好啊！」

比利的確完成整理床鋪，為此也得到了他想要的勾勾。他得到了勾勾，就好像得到了全部一樣開心！

第二章

設定技能

許多小朋友跟第一章的比利一樣。但有些小朋友的問題不在於整理床鋪，而在於綁髮帶、接球，或是上廁所。另外有些小朋友已經有很棒的技能面對生活上未發生的事件。這兩種情況，似乎都沒有什麼大問題。

稍後幾章，我們會使用一些方法來刺激你的孩子已學會但不熟練的技能。不過現在，讓我們只專心訓練孩子新技能，你的首要工作是選定一個想要訓練的新技能。

選擇標的技能的指導方針

 什麼技能你現在正在幫孩子做？

首先，觀察孩子的日常活動（記錄於底下的空行內），列出你正

在幫孩子，或是你想要教孩子能自己做的自理能力清單。你所列的清單可包括的技能，像是綁鞋帶、整理床鋪、洗頭髮、收拾玩具與衣服、自己洗澡，或切食物。你的孩子已學會上廁所了嗎？如果還不會，就把如廁訓練加在清單上。

　　或許你還會在清單上加上一些你認為孩子需要學習的家事，例如倒垃圾、擺餐具、掃樹葉，或打掃。那遊戲的部分呢？有哪些玩具和遊戲你希望他可以玩？他可以學習玩得比其他小朋友還好嗎？他能自己來嗎？

010

1. _____

2. _____

3. _____

4. _____

5. _____

6. _____

　　你不可能全部都教的……等等，你列出清單了嗎？如果還沒有，請你現在就做吧！如果你能停下來列出孩子需要學習的清單，那麼第一部分的其餘章節會對你很有幫助。

　　你不可能馬上教會他所有的技能，所以開始訓練時，有三項考量來幫助你設定標的行為。

 你的孩子想要學哪些技能？

　　你應該仔細觀察孩子，看看接下來她應該學習哪些技能。她有可

能直接告訴你，也有可能會試圖表現出她想學的技能，像是想要用刀子塗抹花生醬、綁鞋帶，或跟其他的小朋友玩投籃。

 ## 你的孩子準備學哪些技能？

我們需要謹記在心的是，隨著孩子漸漸長大，他們有些技能發展較先，有些發展較後，例如坐的技能先於走的技能，用刀叉吃飯的技能優先於用刀子切東西的技能。所以選擇標的技能時，需考慮哪些技能孩子已準備好學習，哪些技能則需稍後再學。

就像比利牆上的紀錄清單一樣（請見第一章），每個比利所學到的技能都是學習下一個技能的基礎。學會洗手和洗臉後，再學習刷牙就容易多了。他越常待在家中的浴室，就越容易學到開或關水龍頭，而且也容易知道「沖洗」的意義。發覺孩子會做且喜歡做的線索，或許能幫助你選擇恰當的標的技能。

現在看看你列出的清單，察看一下哪些技能你的孩子幾乎可以學了，是完全會了呢？或者只是部分會呢？

 ## 你想要訓練哪些技能？

天底下的爸媽都希望孩子馬上學會他們認為重要的技能。孩子可能因缺乏某些技能而讓家裡天下大亂。像是小孩不會自己吃飯，導致家人無法坐下來一起吃飯。或是女兒無法一早自行穿衣，以致你沒時間去協助其他的孩子出門。

現在請你馬上圈選清單上的一個你想要訓練的標的技能，在你繼續往下看第一部分的其他章節時，將它謹記在心。或許選取自理或遊戲的技能，對你來說會較容易訓練，但如果選如廁訓練及一些實用的學業技能（例如：辨識時間、金錢）則會較困難，所以你應該等教會了孩子一些自理或遊戲技能後，才訓練他們其他較困難的技能。

要訓練的技能：＿＿＿＿＿＿＿＿＿＿＿＿＿＿＿＿＿＿＿＿＿＿＿

　　請注意：先不要繼續往下念，除非你已經寫下一個技能了（別擔心，你可以隨時改變心意）。你或許還不習慣直接寫在書上，不過這卻是唯一能有效幫助你的方法喔！

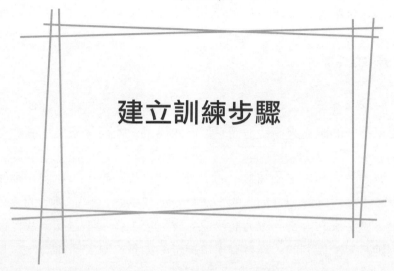

第三章

建立訓練步驟

逐步往前學習

「大夥們,別把我算在內,我要去幫李奇整理床鋪了。」

「嗨,麥可,上次我們來這裡玩牌時,你正開始教他洗澡,他已經學會了嗎?」

「恩,可說是,也可說不是,我的意思是他會自己脫掉衣服且把水龍頭打開,但仍需要人幫忙檢查水溫。他正在學抹肥皂。他已學會怎樣洗臉和洗手,我們現在正教他怎麼洗肚子、胸部和腳。當洗完澡後,他已經會自己擦乾身體,這是我們先教他的。」

「你知道嗎,麥可,你的口氣聽起來真像是一位老師。我問你一個簡單的問題……希望麥可不要像教小孩那樣仔細去想怎麼玩牌,不然我們可要破產了。」

麥可的回答或許讓人感到疑惑，他們認為洗澡不過是普通的技能，小孩子不是會，就是不會。但當仔細考量洗澡這個技能時，我們將會發現是它是由許多分開的動作組合而成的技能。

逐步進行

　　　為了學會一項，首先你必須縮小步驟讓孩子可以輕易進行。父母需要以孩子的眼光來協助他們學習每個作業，才能保證這些訓練會成功。

　　　讓我們回想一下比利牆上的清單（請見第一章），比利和媽媽一起學了很多自理能力。鋪床的工作對於比利媽媽是輕而易舉的事，乍看之下她好像有神奇的魔力能快速完成這項工作。不過如果我們仔細了解她是怎麼做到的，你會發現這神奇的力量一點都不神奇，只是基於一個簡單的行為觀察策略和逐步練習而已。所以讓我們來試試看吧！

　　　當比利媽媽看清單時，認為整理床鋪不是什麼了不起的技能，但卻由許多複雜而有次序的小步驟組合而成。沒有人告訴她這些步驟是

什麼，所以她開始慢慢的整理床鋪，並記錄她所做的動作及順序。當然，她老早之前就做過了相當多次，且動作都很迅速。不過她第一次慢慢做並記錄這些動作時，她感到相當驚訝，整理床鋪竟然需要那麼多的步驟才能完成。

有誰曾經想過整理床鋪這種簡單又例行的技能竟然需要這麼多步驟？比利有機會練習喔！過去比利無法精確地操作正確的次序，致使他總是不能完成這項工作。

比利媽媽詳細列出整理床鋪所需要的每個小步驟，發展了一套訓練計畫。她將整理床鋪的技能分成一些較小、簡單的小動作，這些小動作指引她怎麼教這項任務。她將動作分解如下：

015

標的技能：整理床鋪

1. 拉床單的上緣盡量讓它伸展開來。

   然後，用力拉緊床單的兩邊讓它攤平開來。

2. 將棉被拉開來，並將它鋪平。

3. 將棉被和床單一起對折起來。

4. 拉平並且拉直。

5. 再對折一遍。

6. 放上枕頭。

7. 將整理好的棉被和床單蓋在枕頭上。

將你所選定的訓練技能或作業分成幾個小步驟，這叫做「工作分析」。不要只是想而已喔，而要真正的去做，分析怎麼拿鞋子、撿球、推三輪腳踏車、使用浴缸，或做任何事情。請列出這些小步驟：

_____

_____

_____

_____

　　每個小步驟都構成你基本的訓練計畫。你發展的計畫內容或許跟我們所列出的步驟大相逕庭，不過沒關係，訓練某技能並無單一的方法。

　　等一下，你真的列出了這些步驟了嗎？如果有，你可以稍微休息一下；如果沒有，請你馬上做，這樣會讓你比較清楚第一部分其餘的章節在說什麼。

　　現在你已有這些步驟的清單，它告訴我們要教什麼，不過還沒描述要怎麼訓練，其中最主要的要訣就是逐步漸進式訓練，也就是從你的小孩可以執行的步驟開始進行，然後等他準備好往下一步驟前進時才跳到下一個步驟。訓練過程中，父母常犯的錯誤不是要求太多，就是要求太快。所以能詳細列出某技能分成哪幾個小步驟，那麼我們只會在某時間內讓孩子學習某步驟。第一章中的比利媽媽從最後一個步驟開始教，這方法叫做反向鏈結（backward chaining）學習，它在第九章中會被介紹到。

　　第四章到第七章將描述幾項確保訓練成功的指引，如果能遵循這些章節的指引，並配合小孩的特性將有相當大的裨益。

　　請千萬記住，你的目標絕對不是變成比利媽媽或是像我們這樣，而是變成你孩子的好老師。你終將有自己的訓練風格，而且通常它也是實際可行的。

第四章

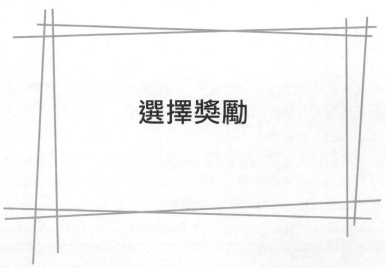

選擇獎勵

讓我們來想想看，為什麼比利（請見第一章）或任一孩子都要學整理床鋪或其他的技能？對於有特殊需要的孩子而言，學習很少是輕而易舉的，學習過程中他們對外界要求容易產生錯亂，也不熟悉物體怎麼操作，他們常會因為失敗而感到沮喪。由於預期會失敗，也難怪他們不願嘗試學習新技能，他們也難像其他的孩子一樣經驗到完成一件事情的歡愉與激勵。因此儘管他們要學的事物很多，比較保險的作法還是你來幫他們想想辦法。

本書從頭到尾，我們都會描述一些簡單，不過相當重要的方法來改變孩子的世界，為此才能以成功與滿足取代失敗與挫折。然而，並非你預備好要教孩子鋪床或騎腳踏車，孩子就有意願學習，相對地，對她而言這些活動可能是另一項失敗的來源。所以，你需

要找些誘因來幫助孩子願參與活動，且嘗試你想要她做的活動。你需要的正是獎勵。

學習的獎勵

　　想想看是什麼型塑我們的行為，我們就能理解是什麼激勵我們。我們經常表現某行為是因為它能帶來一些獎勵：金錢（薪水），贏得他人肯定（讚美、笑容），美好的事情發生（休假），或工作得到滿足感。所有的結果皆意味著我們的表現得到獎勵。每次獎勵出現時，我們都期望它們會再度出現，我們也學會如何表現，這些獎勵就會出現。孩子的行為正可用這種方法來激勵他們。

018

　　獎勵與行為之間重要的關係可被輕易理解為：行為之後就有獎勵，故此行為極可能會再度出現。

讚美與獎勵

　　「……23、24、25！太棒啦，羅莎！你會自己梳頭！來，這是你的髮帶！」

　　羅莎像她的堂姐愛麗絲雅一樣，照著鏡子拉緊頭髮上亮黃色的髮帶。羅莎就像愛麗絲雅一樣，已經能自己梳頭髮了。

　　「羅莎，去給媽媽看，看看你有多漂亮啊！」

　　底帕西太太很驚訝：「為什麼她現在只聽你的話才肯梳頭髮，而不聽我的話呢？我哀求她、哄她，甚至還要取悅她……」

　　愛麗絲雅笑著說：「恩，這我就不知道了！但是我知道她喜歡人家讚美，她愛極了她的髮帶。」

　　當我們表現好時，我們極樂於接受旁人的肯定與讚美。當表現讓

我們愉快時，我們自然會想再表現一次，這是既自然又真實的獎勵。

羅莎喜歡梳頭是因為愛麗絲雅會讚美她，因此她也特別愛綁髮帶。使用這些正面方法來鼓勵孩子良好的行為，比負面惱人的斥喝有效多了。更重要的是，小孩子如能預期他們再表現好的話，他們就會獲得應有的好結果。

「但是什麼行為我該獎勵？」訓練孩子的過程中，通常小孩會表現出下列四項行為中的一項。他會：

1. 什麼都不做（例如：不專心、望著窗外）。
2. 做無關緊要的事情（例如：大叫「不要」、哭、離開房間）。
3. 嘗試做作業（雖不完美，但會嘗試）。
4. 成功地完成作業。

後兩項行為是我們期望的好行為，當它們出現時應立即給予獎勵。019然而前兩項行為是我們不期望出現的行為，故不應給予獎勵。聽起來很簡單，對吧？然而最常犯的錯誤是在訓練過程中給予上述所有的行為獎勵，犯錯的原因是不全然了解獎勵的目的及運用，所以接下來讓我們來探究訓練過程中不同類型的獎勵及其使用與誤用。

獎勵的類型

 關注行為

最棒的獎勵是給小孩你的關注，而關注行為可透過各式各樣的方式來表現，例如微笑、擁抱、親吻、擊掌、鼓掌、歡呼、讚美……等等。讓孩子知道他做得很棒，沒有一樣比讚美孩子更棒的方法了。

由於你熱切的關注是很有力量的獎勵，也由於它能很有效的增強孩子的行為，所以你得小心有智慧的使用這個專注技巧，因為吼叫、

指責、哄騙也都是專注的方法之一。它們雖然不像歡呼、微笑讓人愉悅，但卻也展現你對孩子行為的關注，因此它們會被視為是獎勵。而且就像所有的獎勵一樣，它們都有可能增強小孩的行為，即便是那些不期望出現的行為。

　　如果你的孩子在訓練的過程中不願意與你合作而你開始怒斥他、哄騙他、取悅他，你猜猜看會有什麼樣的結果？答對了，你強化了他的拒絕行為。他會拒絕跟你合作，而且會不斷地拒絕你，且未來仍可能拒絕與你合作。因為他的表現得到了你的關注，那他就沒有理由願意跟你合作了。

　　這也是為什麼我們呼籲你在訓練孩子時需要有智慧的使用關注技巧。當孩子成功完成某作業或努力嘗試時，我們應不吝給他們讚美，或給予真摯的專注行為。當孩子發現他們做什麼能得到正向關注時，他們就會更有可能去表現出正確的行為，而這樣的經驗讓雙方都能感到十分愉快。

 點心

　　運用點心當獎勵是指使用少部分的食物或飲料。它們通常是孩子們最喜歡的東西：幾塊餅乾、燕麥捲、飲料或葡萄。

　　不管什麼樣的點心，你可隨孩子對它們的喜愛程度做適當的調整和更換。當訓練孩子時，最好將他們喜愛的點心放在你的手上。當孩子餓了、渴了就運用它們，那麼它們就會變成孩子很喜歡的東西。最後，點心要常與讚美伴隨出現。當孩子成功時，或做了一次很棒的嘗試，馬上給他們點心以增強他們的行為。

　　訓練過程中，每次孩子開始往下一步驟前進時，成功了就給她一塊點心當獎勵。一旦你發現孩子已熟悉這步驟時，那麼可在孩子成功兩次後才給她獎勵，之後三次成功才給……以此類推。

　　到後來，你在孩子不定次的成功（例如：先需成功兩次，後需成功五次，再來需成功一次，之後又需成功三次）才給予獎勵的作法效

果更棒。省下你的點心以備在孩子有更多的需要，或作業更困難時使用，但千萬不要吝於給予讚美。

對食物的想法

有些父母不喜歡把「食物」當成獎勵，因為父母會認為「像在訓練動物」或因為「沒有食物孩子也可能做得很好」。當然你可以自己決定，不過我們的建議是，當你做決定時，需要考慮到孩子的需要。

最好的老師做任何決定時會根據如何才能有效幫助學生，而非依據他們自己的偏好。事實上，許多孩子只要給予關注行為即可，不過有些孩子使用點心時，他們會學得快一些。這值得我們一試！

 活動

幾乎任何活動，只要你的孩子喜歡做的話，都可以成為訓練新技能時有效的獎勵物，這些活動不勝枚舉，像是聽CD、玩電玩、散步、烤餅乾、在地上摔角、抱喜歡的娃娃、玩玩具車、看電視……，利用這些活動來當獎勵比較適合年紀較大或可延宕滿足的孩子。

利用從事意願高的活動來刺激從事意願低的活動，常被稱為「祖母法則」，祖母總是有智慧的說：「你先吃菠菜，就可以吃冰淇淋。」換句話說，孩子喜歡某個活動，這個活動就能成為那些較少活動的獎勵。

想想看這個例子：維若妮卡愛看

你先吃菠菜，之後就有冰淇淋吃。

電視，特別是卡通節目。雖然她已經過胖了，不過她還是不喜歡運動。她姊姊下定決心教會她溜冰，下面哪個方法是依據「祖母法則」？

　　1.「假如妳跟我溜冰十五分鐘，妳就可以看卡通。」

　　2.「好，妳可以先看卡通，不過之後妳要跟我溜冰十五分鐘。」

021　　　　很確定的是，第一種作法為正確使用「祖母法則」：先給不喜歡（較少做）的活動，然後再給喜歡（較常做）的活動。假如你的答案是第二種作法，那麼你就選錯了，雖然這個方法乍聽之下還不錯，而且你好像可忍住性子不發脾氣，不過通常到最後你只會發更大的脾氣而已。

　　所以，如果你想用活動當獎勵時，請記住的「祖母法則」是很棒的激勵方法，就像大部分的祖母所言，聽起來很有道理啊！

 代幣

　　父母常喜歡過一段時間才給孩子獎勵來代替每次都需要給予活動來做為獎勵，因此為了維持孩子學習的動機一陣子，父母通常會使用代幣的方法。

　　代幣可以是任何東西，像是金錢，金錢極為有用，因它可以交易其他的東西，金錢可彌補現在做但稍後才有獎勵的落差。你可以在紙上、星星上、塑膠撲克牌上、小標籤上，或在紀錄表上打勾，就像比利牆上的紀錄表（請見第一章）。對孩子而言，使用代幣的好處在於它有交換的價值。在比利的例子中，比利媽媽知道他很想打保齡球，所以當集滿二十個勾勾（一種代幣酬賞）就會帶比利去打一次保齡球。訓練孩子時如果代幣很有用，即代表孩子想用代幣來交換他所想要的東西（請見第十二章及第十四章）。

　　介紹孩子了解代幣酬賞制度是簡單但需逐步進行的過程。當孩子表現出標的行為時，應馬上給一個代幣，並給予讚美及簡短的解釋，像是「你做得很棒，史賓賽，這是你清垃圾所獲得的代幣。」通常第一次使用代幣，小孩會不知道什麼是代幣，怎麼用，因此你需要告訴

他代幣的交易價值，像是：「現在，你給我一個代幣，你就可以有……（或許是喜歡的食物、小玩具、遊戲、書）。」當然，你應該馬上給他想要的獎勵。

代幣的使用

不管你決定用什麼樣的代幣——圖表上打勾、撲克牌、硬幣——都需要花點時間讓孩子了解代幣的意義。就像我們剛剛指出的，你要馬上將代幣換成孩子想要的東西。開始的時候，方式要盡量簡潔。讚美他做得很好並給他代幣，然後讓他馬上給你代幣，而你給他獎勵。告訴孩子接下來你要做什麼：「做得很棒，法蘭西斯科，你洗手都不需人家提醒喔！你得到了一個勾勾（在法蘭西斯科的紀錄表上打個勾勾，並將紀錄表拿給他）！為什麼有這個勾勾呢？因為你會自己洗手。現在，給我你的紀錄表（讓法蘭西斯科將紀錄表給你），你看你得到一塊餅乾喔，很棒吧！」

跟小孩交換獎勵前，讓他慢慢地學會「保存」代幣一段時間（五分鐘、十或十五分鐘、一天）。如果需要的話，可以回復到馬上交換獎勵以保持孩子對代幣系統的興趣。請記住，代幣訓練不是一天就一蹴可幾的喔！

當孩子有機會在每個訓練課程中賺超過一個代幣時，且在訓練課程外的時間仍能表現得很好，一旦你教會他代幣的價值後，你也要協助他把代幣儲存起來，例如第一章的比利一樣。像這樣，你就不需要馬上將孩子的代幣兌換成獎勵；相反的，你可以等到一天結束或一禮拜結束後才兌換給孩子較大的獎勵。

什麼可以當獎勵呢？這個嘛，由孩子自己來決定。代幣制度提供良好的機會讓孩子學習如何做「選擇」。開始時，當你要馬上兌換給

孩子獎勵時，你可先問他想要獲得什麼東西，一開始可以有兩種選擇：
「你想要果汁或餅乾？」倘若項目清單對你的孩子有助益的話，你可
製作上面有各式各樣圖案的項目清單。當你的代幣系統逐漸變得較複
雜時，你可與孩子一起討論他想要哪些獎勵，而這些獎勵價值多少個
代幣。你知道他喜歡什麼樣的食物和活動，所以你亦可以給他一些建
議，你們兩個可共同協商出一杯果汁要一個代幣，而一條餅乾要五個
代幣。一場電影和一次保齡球則要等久一點和需存多一點代幣。訓練
過程中，讓孩子有選擇的機會有兩大好處。第一，當孩子能自己做決
定時，意味著他往獨立之路跨了一大步；第二，當孩子選擇某樣東西
做為獎勵時，他將更有動力去學習以便獲得此獎勵。

　　代幣是相當有效的獎勵方法，它對你和小孩而言都相當的便利。
但你需要將以下幾個原則謹記在心。

1. 需要事先清楚界定標的行為，並可獲得幾個代幣。不要讓你的孩
   子認為獲得代幣只是鬧著玩的；相反的，他應了解你想要他做什
   麼，以及表現行為後可得到幾個代幣。若他未達成約定行為時，
   絕不能給予代幣（但要先確定，作業是他做得來的）。
2. 確定孩子的代幣可換取各式各樣的獎勵。例如，你設定甜點價值
   兩個代幣，看電視價值三個代幣，一雙溜冰鞋價值六十個代幣。
   各式各樣的物品和活動代幣皆能兌換，這樣代幣制度才能維持下
   來。
3. 盡可能讓孩子參與挑選他想學習的技能以及挑選他想獲得的獎勵。
   那麼，即可運用代幣制度來教導小孩怎樣做決定。
4. 再次提醒，父母應信守承諾。代幣制度如同一諾千金。當小孩獲
   得所約定的獎勵時，要確保他們一定可以拿得到它，而一旦得到
   後，代幣就是他的，不可因他犯錯就把代幣拿走。本書的第三部
   分（行為管理）我們會討論如何將獎勵和懲罰同時納入代幣制度
   中。有效的制度應顧及公平性及有效性。若拿走孩子所獲得的代
   幣來懲罰他們，不僅有失公平，你亦會發現它一點效果也沒有。

而且若我們這樣做的話，不僅孩子會失去學習動機，且訓練計畫
也終將失敗。

學了一課

伯納太太停在孩子臥室的門口，心想：「房間裡那麼平靜，一定
有什麼事情發生。」伯納太太有個特殊需求的女兒，名叫羅拉，她正
在扮演老師的角色，而羅拉兩歲大的妹妹吉兒正開心的玩著整理床鋪
的遊戲。

「摺起來，乖女孩，吉兒。恩，還有另一邊，乖女孩。」

在不久前伯納太太才教羅拉整理床鋪的步驟，而現在伯納太太微
笑的看著羅拉有模有樣的指揮吉兒整理床鋪。

024

「拿枕頭。好，把這個對折起來。很棒，吉兒。」

羅拉滿意地點了點頭，並走到化妝台旁，從盒子裡拿出一顆紅星
星，將它貼在吉兒的紀錄表上，這樣的動作如同伯納太太每天為她所
做的一樣。現在羅拉已不再需要貼星星來激勵她，雖然五顆星星就能
換冰淇淋甜筒還是相當的誘人。而羅拉快樂的學生吉兒雖不知星星代
表的意義為何，但她還是感覺這星星很有價值：「媽咪，你看……。」

獎勵讓學習變得又快又有趣

訓練孩子一些技能時，他們會因精熟某個作業而感到愉快，而這感覺讓他們對學習保持興趣且意願再嘗試。對於絕大多數的孩子，如果你能加上讚美、他喜歡的活動、點心以及代幣獎勵等方法，那麼你的訓練會日益平順。

小孩子在剛起步學習某些技能時，會顯得有些困難，甚至跌跌撞撞的，這時成功的意義在於別人能認同他們，而非一定要做到正確的行為。羅拉開始學習整理床鋪為獲得媽媽的讚美以及冰淇淋——特別是巧克力冰淇淋。這些獎勵讓羅拉渴望的想去做這作業且從中得到樂趣。雖然羅拉在稍後已相當熟悉這項作業且不再需要冰淇淋，甚至媽媽的讚美，不過她卻獲得了其他的獎勵，例如整理床鋪很有趣、為自己的技能感到驕傲、可以跟人炫耀，甚至可以教別人。

在讀下一章之前，寫下你認為在訓練過程中可以給孩子的獎勵。我們開始列清單吧！

讚美 _____　_____

_____　_____

_____　_____

_____　_____

_____　_____

_____　_____

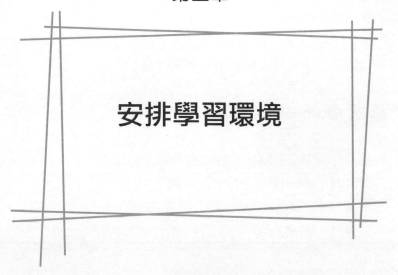

第五章

安排學習環境

如果廚房裡有兩張空椅子，那麼就表示不用坐在地上，而且你還知道哪裡可以坐。同樣地，生活環境的安排與設計規定了我們許多的行為，例如椅子可以坐，但爐子不能坐。

當孩子要學習打掃時，如果滿屋子髒亂、電視也開著、孩子的朋友在外面玩、又有顆新買的球在旁邊，那麼孩子自然不可能專心練習打掃。孩子看球就會想到「丟球」而不是掃帚。

同樣地，不管演員有多厲害，劇本有多迷人，假設舞台沒有設計好，那麼演出將會大打折扣。另外，假如戲服和舞台布景都不恰當，那麼即使劇本再好，演員再棒，演出也不會成功。

學習也是同一回事。

如果你學習環境沒有安排好，不管你有多用心計畫你的訓練課程，那麼孩子的學習成效自然不佳。甚至有最好的訓練課程，也會因不良的學習環境安排，導致學習終告失敗。到頭來，孩子的注意力還是會被身邊的噪音或東西所分心。所以你現在的目的就是要安排良好的學

習環境，盡可能讓你的孩子知道，哪些行為是被允許的、哪些行為是期望出現的，而哪些行為是不允許的。千萬別寄望孩子身邊有諸多讓他分心的事物時能夠學習。

　　所以，首先需設定良好的學習環境，也就是說訓練某些作業時，要有適當的學習環境以避免讓孩子有機會分心。

028　學習環境的安排

　　安排良好的學習環境，你需要考量以下三點：

1. 什麼時候（When）是最恰當的訓練時間？
2. 什麼地點（Where）是最恰當的訓練地點？
3. 什麼教材（What）有助於學習呢？

 什麼時候是最恰當的訓練時間？

　　你對孩子的訓練課程大部分可能都沒有計畫表，不過現在是時候了，我們建議你開始有規律的、有計畫的安排你的訓練課程。課程中，你可嘗試安排每星期三到五天，每天十或十五分鐘的訓練課程。這樣的安排是一般孩子平均的訓練時間，不過有些孩子注意力只能維持五分鐘，有些卻能持續二十分鐘或更久。有些技能很容易學，一星期雖只教一次就能有明顯的進步，像是學踩腳踏車；有些技能則需要你

現在都很安靜了只有蘇西和我⋯⋯

每天教才會有進步，像是訓練孩子上廁所。

　　沒有明文規定一天當中哪個時段教孩子最好，最主要取決於你什麼時候最可以專心教你的孩子。意思是指，選一段你不會被家事干擾的時間，或是身邊沒有其他小孩來干擾的時間，簡單的說，你要確保這段時間真的可以訓練孩子。當然，你選的時間不要是孩子感到疲累或肚子餓的時候。

　　乍聽之下，你或許會認為根本找不到訓練時間。不過你可以想想看，一天當中哪個時間是空下來的？什麼時候你的朋友會打電話給你？當然，很難有「完全有空」的時間，不過你可試著解決此問題並做些時間的調整。

請記住

　　這些指導方針是協助你找到一天當中你跟孩子最適當的時間，以便進行訓練課程。這段時間就是用來練習新技能的時間。

　　雖然已安排練習的時間，不過一天當中如果有幾次你或家人可參與一些偶發、無預備的練習（有時是兩分鐘，有時是十分鐘），這種時間對孩子的學習也是相當重要的。

 ## 哪裡是最恰當的訓練地點？

　　地點的選擇對孩子的學習成效有很大的影響。因此，你需要慎選一個地點（例如：他的臥房、客廳的角落、後院），盡可能避免受到外界干擾，以免分心。你要讓孩子將注意力主要放在兩件事情上：你和你訓練的教材。到這裡許多父母會發現，他們需要先整理一下家中多餘的玩具、鳥籠、電視，甚至是麥當勞叔叔等等。要謹記在心的

是，某些技能需要在特定地方才能訓練，那麼你就應該在那個地方教他們，例如在浴室裡訓練刷牙，在房屋外練習投球，在房間內練習整理床鋪。

一旦你決定在哪兒訓練，那麼接下來的幾天就需要按照訓練計畫每次在那裡完成訓練，而且要一直練習到有成效。這時小孩子亦將很快的習慣他在那個地方學到這個技能。

什麼教材有助於學習呢？

教導大部分的技能都需要使用到教材。所以我們建議可以使用一些教材來幫助學習，而這些教材最好是自然、真實的，像是拿孩子有鈕釦的上衣，來教導他怎樣扣釦子。但是哪一件上衣？哪一雙鞋子？哪一種拼圖？試著從孩子的角度來思考教材的選取：有興趣或喜歡看到它們嗎？它們容易操作嗎？它們會太小嗎？它們會太重嗎？它們安全嗎？如果不小心掉下去，它們會破嗎？訓練課程的目的決定你使用

的教材，所以你須常提醒自己：「這個教材有利於他學習嗎？有無需要更換教材以增加他成功的機會？」

以遊戲技能為例，大球才比較容易接，大珠子才容易串，空推車才容易拉。稍後你才再讓他們學習拿網球、串小珠子，或拉推車上坐著弟弟。另外從簡單逐漸複雜，例如，三片拼圖要比五片拼圖容易，而五片拼圖要比九片拼圖容易。還有，在合適孩子的桌子、椅子上學習會比在大桌子上容易。練習穿衣服時，稍大一點的衣服對孩子來說比較容易練習穿衣。

你還可以想想看怎樣的環境安排可讓孩子比較容易操弄教材。例如，怎樣做讓他的色紙不會滑出桌子？掛衣服的架子是否太高讓他拿不到？裝遊戲豆子的袋子是否有破洞？

對於一些有特殊需求的孩子而言，他們身體或感官的障礙往往多於一種。假設你的孩子有運動缺陷，那麼你會知道他無法輕易地操弄一些玩具或自行穿衣。快去更換他你（或他的老師、物理治療師）所

知道他可以掌控的教材。假設你的孩子有聽覺缺陷，你仍可以依照你的訓練計畫，只要加上手語標示、姿勢，或任何可增進與孩子溝通的方法。假設你的孩子有視覺缺陷，你可使用較大的教材、較亮的顏色，或點字儀器來輔助。關鍵點在於「你最了解你的孩子」，你知道他的優勢與限制。所以盡可能使用任何可以幫助你孩子成功的玩具、教材，或安排不同的環境。

 ## 安排環境的最後一點提醒

我們需要了解的一點是，拿來訓練的「教室」是你家裡真實的一個空間。所以要避免以下諸多干擾的來源：鄰居、電話鈴聲、交通噪音……。

像上述這些常出現的意外情況會造成打擾與分心，好像你也不太能做什麼以避免它們發生。不過，一旦你選了時間、地點，以及教材後，你都應盡可能避免它們所造成的干擾，讓它們越來越少出現。它們可能打亂了一兩次的訓練課程，不過它們不應永遠干擾你的訓練課程。

耐心

要清楚寫出你可以怎樣安排或設計你的訓練環境似乎有點困難，因為要了解怎樣教一個有特殊需求的孩子是一個緩慢的過程。你可以抱持樂觀的態度來訓練孩子，不過也需要一步步慢慢來。要有耐心。雖然學習過程中孩子有時會退步，甚至讓你感到挫折，不過別灰心，堅持一步步做下去，他們還是會有所收穫的。

休息一下！

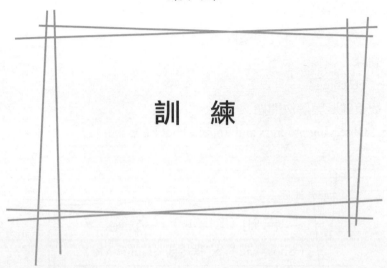

第六章

訓　練

　　本章主要強調兩個良好訓練的重要元素：指導孩子你想要他做什麼，以及獎勵他的努力。在往下看之前，讓我們來回顧一下過去幾章所學的，內容包括有：

開始展開訓練計畫

（**S**etting out to teach）

選定欲訓練的技能

（**T**argeting a skill to teach）

建立不同的步驟逐步學成某技能

（**E**stablishing the separate steps that make up the skill）

挑選給孩子的獎勵物

（**P**icking rewards that your child will work for）

安排環境以利完成學習

（**S**etting the stage to maximize success）

雖然我們已經走了一段路，不過好戲還沒上場呢！即便如此，你和孩子都已經知道，如何訓練才會成功，如何訓練會失敗已有初步的準備。

　　這章和下一章就是要來討論：

訓練

（**T**eaching）

觀察進展與解決問題

（**O**bserving progress and troubleshooting）

032

告知（Tell Me）、示範 （Show Me）、帶領（Guide Me）

　　說千百次，我可能還是不知道你要我做什麼。慢慢地、清楚地示範一次或兩次讓我看看，我就會慢慢地學會。不過還是帶領我一起做，把你的手放在我的手上，帶我做做看，那麼我就很容易學會了。

指導

想想看，當你在教嬰兒時，你不會馬上給複雜的指令，你會相當自然地告訴她和引領她怎麼做。

大部分的人都同意，我們比較容易會做而不會說。我們了解到有些話語反而容易產生混淆，特別是一些指示。基於這個原因，我們嘗試來教你怎麼使用話語，並用一些例子來幫忙。我們會告訴你我們的意思是什麼，或許還會跟你一起做，不過我們不會指導或示範太久。很快地，我們會促使你怎麼使用正確的話語，待你步上軌道時，我們會逐漸降低對你的協助。

我們不可能在你面前告訴你、做示範，和帶領你，不過你卻可以讓孩子的作業藉由告知、示範、帶領而變得容易些。你要怎麼運用每個方法取決於你孩子的能力。如果孩子的語言還相當有限的話，那麼最好的教導方法就是強調你的肢體語言。

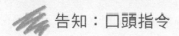 告知：口頭指令

033

清楚簡單的告訴孩子要做什麼。當你在訓練孩子的時候，你需要清楚知道你想要孩子做什麼。不過有時候，我們很難用言語告訴孩子怎麼做，或許我們根本找不到話語來描述要完成的作業。或許我們說太多的話，以至於失去了焦點，這時候我們如何正確地使用指令來簡化孩子學習的作業？雖然我們知道沒有任兩個人給的指令會完全相同，但是有許多準則可以讓你知道哪些指令比較有效。

指令需要慢慢的給，並且只在孩子有注意的時候才給

這個建議相當清楚，不過要謹記在心，我們有時候給的指令像打到空氣一樣，其實小孩子根本沒有注意到。所以，給予指令之前，要叫孩子的名字讓她注意到你。先確認她有看到你才開始——「羅莎，

看這邊。」（請見第八章）

指令需要簡單

假如你能安排良好學習環境，那麼給孩子的作業就不需說太多的話了。你下的指令需清楚且一致，需要簡單明瞭。回想一下第一章傑克森太太給比利下的指令：「比利，注意看我怎麼做。」「好，比利，換你來試試。」「把它蓋過枕頭。」

若我們來換一下傑克森太太的說法，你猜會有什麼後果：「好，比利，要注意喔！我要做一些事情，因為等等我想要你也做做看……現在換你了，我要你正確地做出我剛剛做的；現在你了解我想要你做什麼了嗎？……現在慢慢來，將它拉到床頭。等等，不要太快。好，把它蓋過枕頭，這樣就做完了。」

很不一樣，是吧？我們想一想（不過卻常見）傑克森太太是否花太多時間在下指令，這樣子是不是很容易失去一些重要的訊息。

指令需要孩子能夠聽得懂

想想你平常都怎麼跟孩子說話，他聽得懂你所說的話嗎？
「將襪子放在第二層抽屜裡。」
「它在衣櫥的最上頭。」
他能夠了解以下所有的概念嗎？第二層、最上頭、在……之內、在……下面、右手、紅色、在旁邊、在……旁邊、在……之間、在……之後？有時候你可以使用更簡單的字來表示你的意思。無論如何，當孩子只做到要求的一部分時，問問自己他是否真的了解我們所說的。

034

假如孩子仍無法了解你的口語訊息，那麼你應該更簡化的使用你的用詞，甚至你需要改變你的作業要求。一旦你發現某個指令在某特定的作業上孩子能成功做到時，你要堅持讓孩子練習下去。千萬要頭尾一致。

再怎麼清楚的指令有時透過字詞還是不夠的，所以除了口頭指令外，你應該還要示範正確的步驟給孩子看——這個歷程我們稱之為模

仿學習（modeling）。

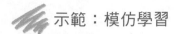

示範：模仿學習

示範給孩子看要做什麼。模仿
學習可說是幫助孩子了解你想要他
做什麼的最好方法。想要增加口語
指令神奇的效果，增加簡單清晰的
實地示範是相當重要的。不僅考慮

到你孩子的聽覺能力，也考慮到他的模仿能力是相當自然的事。

「做這個」……當你拿起刀子切，或堆積木，或將湯匙放在刀叉
的右邊。

你也可以很大聲的這麼說：「看著喔，站在這條線上，將球丟出
去，像這樣。」

當你孩子很認真的看你怎麼做時，你的口語指令要盡可能清楚。
不過你不需要示範整個動作，這樣會太多太複雜，孩子會記不起來。
在你要求他做之前，先示範，但不需示範每個步驟。如果你的孩子模
仿得很快，你就可以開始示範逐漸擴大示範的步驟，每次實地示範時，
都要確保孩子可以理解要怎麼做。

注意！謹記在心的是當示範是慢慢的、逐漸擴大時，它的效果會
最好。

帶領：身教引導

和孩子一起做作業。在告知和示範後，握著孩子的手，帶著他做
動作。

在帶領他一起做的初期，你已是個能手，而你的孩子才剛要上路
而已。不過在你帶著他做個兩三次後，你應該逐漸減低對他肢體上的
協助。讓他自己逐漸地獨力完成作業要求。例如，在堆積木時你慢慢

的減少帶著他的手把積木放在正確的位置。當他能獨力完成，這時可放開他的手，你可以將手稍微靠近撐著以備他需要你的幫忙。

上述「放手讓他做」的方法稱為「逐漸減弱」。當孩子開始熟練某個作業後，帶領與示範逐漸變得不再需要。你也可以逐漸減少口頭上的提示，例如：「現在，床罩。」最後你停止所有的提示，除了給*035* 他基本的指令：「比利，整理床鋪了！」這種「逐漸減弱」是一個緩慢的歷程，需要花幾天、幾個禮拜，甚至幾個月，這取決於你孩子的進步情形。

當你在訓練孩子時，且計畫往下個步驟前進時，檢查看看你的孩子如何執行現在這個步驟。假如他只要有口頭指令就可以做得正確，那麼就可以往下個步驟前進。假如你還需要示範和帶領他做，那麼他可能還不適合往下個步驟前進。

要確保訓練課程最後都要成功。假如你的孩子在執行某項作業時有困難，讓他先做些簡單的步驟，先確定他可以做才停止。

獎勵的使用

 ## 行為塑造：緩慢且平穩

你不應該等到你希望孩子出現的行為完全學會後，才給他獎勵。如果你這麼做，那你可要等上一段不短的時間。相反的，你應該逐漸型塑孩子有想嘗試或有不錯嘗試的行為表現。

當孩子開始願意跟你進行課程時，你就可以先給獎勵，然後她坐在椅子上再給一次獎勵，然後給一個簡單的指令「看這邊」後再給一次獎勵。過了一陣子後，當孩子跟著你並坐了下來，你不需再給她點心之類的獎勵，因為她已經學會了怎麼做。你要簡單地讚美她：「做得好，拉微兒，要開始囉！」把省下來的點心用在接下來的作業上。

逐漸增加你的要求。如果你的孩子昨天在放積木時需要你的幫忙，

那麼今天就從這個步驟開始做。當她做成功時，你要馬上給點心並讚美她。不過你今天的目標是讓她再往前學一點點。在今天剩餘的時間裡，當她不太需要你協助而且她能獨力完成放積木時，你就可以開始節省你的點心了。

成功的行為塑造是緩慢漸進的歷程。期待隔一天就有變化只會讓你感到失望而已。要求你的孩子慢慢的進步，獎勵這些小小的進步，並且逐漸讓每個作業都比前一個作業困難一點，那麼穩定的進步就會發生。通常父母持續這麼做時都證明很有效果。

塑造

梅格正在學注意力與遵從指令。她的爸爸說：「把玩具拿給我。」她要做的就是把漢堡店得來的玩具從房間拿來給她爸爸。初期幾天的訓練還沒完成。梅格開始徘徊、坐下來、心不在焉、丟下玩具，她爸爸逐漸變得有些苦惱。這問題出在她爸爸一開始就要求她太多，他沒有將作業分解成許多小步驟，也沒有給予適當的獎勵。

所以他們重來一遍。梅格媽媽站到她身邊來，把玩具放在她手上，而她爸爸則離她四呎的距離。他說：「梅格，把玩具拿給我。」他太太和緩的幫忙梅格把玩具拿到爸爸這邊。當他拿到玩具時，馬上讚美她，並打開玩具，小丑跳了出來，梅格看了很開心。逐漸地，身體的帶領逐漸降低到只輕輕碰她一下，到最後可以不用任何引導了。然後，他們開始讓爸爸越站越遠，練習她可從不同的位置拿玩具給她爸爸。

我們已經探討了很多技巧說明怎樣能讓孩子注意，以及漸進地學習新技能。我們也說明了獎勵的重要性，以及如何挑選獎勵物。以下將介紹其他獎勵使用的方法，你不用每個方法都記在腦海中，不過在你訓練開始之前，能夠了解它們是很有幫助的。

036

確認你的獎勵物真的有用

　　如果你在飯後就使用孩子最喜歡的點心，那麼會得到很差的效果。如果他們已經熟悉某個有趣的玩具，那麼它也不再變得有趣了。如果他平常就可以去游泳，那麼打勾能去游泳就變得沒有什麼意義。所以，很重要的關鍵在於你的孩子真的很期望得到這個獎勵。如果這個獎勵物是平常其他時間不能獲得，只在表現好才能獲得那會更棒。而且要確定這個獎勵物是可以給的。例如，如果你們星期六要去動物園，不要把這件事當成能獲得十個勾勾的獎勵，因為如果孩子沒獲得這十個勾勾，你還是得帶他去動物園，或你可能因取消行程而對其他的孩子失信。上述的兩種情況發生都不好，所以你要確定獎勵物是真的可給或要保留。

 ## 記住成功也是一種獎勵

037
　　如果作業中的某個步驟需要花的力氣太大，那麼你應該將這項技能再細分為幾個小步驟；同時，你得退回去前一個較容易的步驟。每次的訓練課程都是從已熟悉的步驟開始，然後逐漸往前進。再次提醒，每次訓練課程最後都需成功。如果你的孩子已開始坐立不安，或是你感覺今天需要停在這裡，那麼你應該給她最後一項簡單作業，讓她最後還是可以做成功。

 ## 孩子表現正確的行為時要馬上給予獎勵

　　假如你慢了給孩子獎勵，像是兩分鐘後才發現忘記給，那麼孩子也可能忘記他做了什麼才得到它。最糟的情況是，這兩分鐘內他可能

表現出其他不適切而不願給他獎勵的行為。所以當你的孩子有正確的
行為表現時，就應立即給獎勵，讓他感到他這樣做是值得的。

 ## 試著忽略不請自來的行為

我們很少想到我們偶爾喝斥或起身在房子裡追孩子也是一種獎勵。
然而這兩種（還有其他你可以想到的）都是對孩子專注行為的表現。
而且我們已經知道，專注行為是一種有效的獎勵。請記住簡單的原則：
行為隨後的獎勵才會讓此行為再出現。在訓練課程中你要保留你對孩
子行為好表現的關注，讓孩子學習到假如他要你的專注，那麼他就不
應在房子裡跑來跑去，或跑到外面去。你應該盡可能維持坐著不動，
並且忽略他的行為，一直等待他將注意力回到你的身上。我們了解這
很難做到，不過你的孩子應在做正確的行為時才能得到你的關注。

逐漸不用獎勵物

當你的孩子逐漸熟練某個技能之後，你會經常發現你可以逐漸不
用大部分的獎勵物，例如：代幣、食物、活動等等。讚美與熟練的感
覺常可以維持孩子的正確行為，而且你還可以將獎勵物省下來到下個
訓練計畫。在你給「額外」的獎勵物之前，正確行為出現次數逐漸增
加才給獎勵物。例如，當孩子整理完床鋪，你就可以說：「很棒，現
在把外套掛起來，然後你就可以……」你就已經開始一個新的訓練了。
最後，整理床鋪變成他日常生活的一部分，而且這個行為可以因你的
讚美而持續，同時你就會越來越能掌控他的生活世界了。

不過你要記住的是，你的讚美並不是「額外」的獎勵。它應該在
任何時刻孩子嘗試做或表現某技能時才給予。

第七章

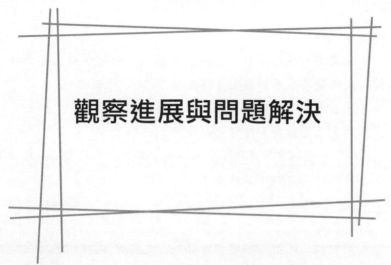

觀察進展與問題解決

　　每個人都有順利和不順利的時候。本章要告訴你三件事情：(1)事
情進展順利時如何犒賞自己；(2)提供你問題解決的方法；(3)當事情進
展不順利時，會碰到哪些常見的問題，以及該怎麼辦。

　　往下看之前，讓我們再次回顧過去幾章所學的內容，包括：

開始展開訓練計畫

選定欲訓練的技能

建立不同的步驟逐步學成某技能

挑選給孩子的獎勵物

安排環境以利完成學習

訓練

那麼現在要：

觀察進展與問題解決

你今天順利嗎？

「嗨，茉蒂，你跟比利今天早上怎麼樣？看起來你已經訓練他整理床鋪一段時間了。不知道他學得怎樣了！」

「等一下，你不用擔心。你來看看這個。」

040

「你的意思是你真實記錄他的進展如何嗎？」

「當然，我想確實知道他整理床鋪進步有多少，你看他做得很好。事實上，我們兩個都做得很好喔！」

想要預知孩子可以學得多快、多好是相當不切實際的，沒有一個孩子的學習方式和時間會與另一個孩子完全相同。所以，不要想知道：「要花多少時間？」倒是可自問：「我的孩子現在進展如何？」或「這個訓練有效嗎？」或「這個禮拜比上個禮拜能多做一些作業嗎？」倘若要能回答上述問題，那麼你就需要持續記錄孩子的表現。本書的第二與三部分之章節皆用來教導如何做記錄。不過，現在我們要與你討論的是，你需要觀察及記錄什麼。

當教孩子的時候，你會很自然地注意到孩子的表現是否有進步，你還會注意到孩子的表現跟之前比起來是否可以做得更多或更順手。同時，你也會注意到孩子何時會失去興趣，而變成心不在焉。

身為孩子的老師的你，注意到孩子這些行為應該是輕而易舉的，不過這些行為卻是訓練過程中極為重要的一部分。為此，在開始之前，容我們花幾分鐘提醒一下自己，請你注意看看當訓練進行順利時，通常你會有什麼反應？（可別忘記，順利與不順利都會同時發生喔！）

順利的時候

　　如果你和孩子共同達成訓練目標，那真是太棒了。如果我們能在現場的話，我們會很樂意幫你看到自己的進步，並獻上我們的讚美，如同你也會讚美孩子一樣。不過不需要我們在現場，你也可以自我犒賞自己喔！聽起來奇怪，是吧？為什麼呢？如果你獎勵孩子能讓他進步的話，那麼獎勵自己也能讓你繼續往前進。

　　獎勵自己的方式有很多種，但最重要的是你怎麼告訴自己。當孩子學會新技能時，恭喜自己：「我做得真棒！」或「你看，我真是一個很棒的老師！」或「這感覺真不賴！」

　　其他人怎麼說也很重要。讓家人看看孩子的進步，並且你和孩子都能得到讚美（當他們教孩子時，你可以示範如何讚美孩子和他們）。同時，你還可以展示你教過孩子哪些技能的日誌簿，告訴老師，讓他了解孩子學過哪些技能，讓他（或她）知道現在的進展為何。日誌簿的紀錄及老師的讚賞皆是很棒的獎勵方式，同時也可提醒自己真的成功了。

　　另一種獎勵自己的方法，就是當達成目標時可以找些樂子，例如買東西，或做自己喜歡的事情。像是出門看場電影？吃聖代冰淇淋？沒有孩子的星期六下午？你最知道怎樣獎勵你自己。

　　的確，獎勵自己乍聽之下有點好笑。雖然教孩子是天經地義的事，而且看到孩子的進步即感到欣慰了，不過犒賞自己一次聖代冰淇淋也不為過，不是嗎？

041

不順利的時候

　　碰到訓練過程不順利時，請不要驚慌，或開始質疑力氣白花了。世間的諸事經常是這樣子的，好老師也會碰到不順的時候？有時甚至事情一團糟？倘若在訓練過程中碰到問題時，先讓自己放鬆下來，並

開始想「問題解決」（troubleshoot）的方法。

　　「問題解決」意即尋求解決問題的方法。讓我們來看看以下這個例子：當你開檯燈，發現它不亮時，你不會只是聳聳肩就離開了，你會開始想可能的解決方法。你羅列出解決問題的方法可能如下：

　　1.檯燈沒有插上插頭。
　　2.燈泡沒有拴緊。
　　3.燈泡壞了。
　　4.線路有問題，或保險絲壞了。

　　因此，檯燈不亮你不會馬上放棄。你也不會抱怨檯燈說：「檯燈不願亮啊！」你更不會抱怨自己說：「讓檯燈亮這檔事，我完全不在行。」你正在「問題解決」。

　　現在讓我們來看看，當訓練一項新技能時，你可以嘗試有哪些問題解決的方法。試想當你接到朋友的求助電話時，而她孩子薩爾有智能不足的問題，她正要教他遊戲的技能，像是教薩爾堆放圓圈圈。前兩天他們都還進行得蠻順利的，不過現在薩爾開始有點分心，要花較長的時間才將圓圈圈堆放上去。不僅如此，還在訓練過程中常跑開來。

　　你應該告訴你的朋友，這時候她不應該馬上放棄，或責怪任何人，

這是「問題解決」的時候。花一兩分鐘想想你的朋友告訴你些什麼，想想有沒有任何可以協助她的方法？

假如你已想出一兩個建議，而且要繼續想下去之前，先停下來。

當然，沒人知道你朋友確實發生了什麼事或做了些什麼。不過，你可先問她幾個問題，像是：

· 有沒有薩爾喜歡的獎勵？（嘗試另一新的獎勵物看看）
· 是否太快撤回你的協助？（退回去較簡單的步驟，重新開始）
· 訓練課程是否太長？（縮短訓練時間，且結束時要成功完成某任務）
· 孩子是否厭煩了堆圓圈圈？（嘗試換同一層級的其他玩具看看）

如果你能給你朋友這些建議，那麼你當然也可以給自己這些建議。

訓練過程中遇到失敗、挫折是家常便飯的事。每個人都有不順的時候，所以不需太苛責自己或小孩。要避免這些負向想法，像是：

· 「我做不到的。」
· 「我不是個好老師。」
· 「她讓我覺得很糟。」
· 「他不可能學會的。」

這些「自我對話」只會把自己弄得很糟，所以要避免這些自我批判。你還是可以跟其他的父母一樣做得很好的。

「問題解決」清單

當訓練一開始就碰到問題，或起初似乎沒問題，不過隨之就碰到問題，那麼參考以下問題解決的清單，你將發現這清單裡綜合許多本書十分強調的方法。

一開始就碰到問題

1. 你的小孩已經有一些基本技能嗎？
2. 你所選的技能符合孩子的程度和興趣嗎？
3. 你有先讓她注意到你嗎？
4. 學習教材易於她使用嗎？
5. 你有選一個不受干擾的時間和地點嗎？
6. 你是從簡單的步驟開始嗎？
7. 你所給的指示簡單明瞭嗎？
8. 你所給的協助（示範、引導）足夠嗎？
9. 你樂於教導並讚美她的努力嗎？
10. 你有使用她喜歡的獎勵嗎？

 開始一段時間後才碰到問題

1. 這時間對你和孩子都合適嗎（生病、生活中面臨不尋常的壓力）？
2. 你的孩子已經失去了對獎勵物的興趣嗎？還有其他東西可以使用嗎？你所給的獎勵常是夠嗎？
3. 你是否進行速度太快？（你是否太快拿掉你的協助？）
4. 你是否進行速度太慢？孩子是否已感到厭煩？（你是否太慢才拿掉你的協助？）
5. 她是否對玩具感到厭煩？有無其他玩具可使用來教導同樣一件事呢？
6. 你的訓練課程是否太長，或在同樣的作業上停留太久？
7. 課程結束時都是成功的嗎？或她有無學到作業中哪些是錯誤的行為？

不順的時候

　　有時候，並非所有問題都能用問題解決和改變訓練方式就能解決問題，真實生活中的問題經常也是如此。有時候某天就不是你和孩子的日子，例如你頭痛，孩子感冒，或是學校到戶外教學，讓他已經精疲力竭而沒時間及力氣去解決問題；又或許喬叔叔帶著八個孩子、四條狗來這裡短暫停留幾天。沒關係，這都還是小問題。這時候你只要將訓練擺在一旁休息幾天就可，等到你和孩子都準備好後才重新開始。

　　不過有時候也會碰上大問題，例如你面臨大手術，失去摯愛的親人，或搬到別的城市。遇到健康、婚姻、友誼、親戚、工作、財務等問題，就不能將教導孩子的事閒置在一旁。雖然可能是一段不短的時間，訓練孩子這件事的優先順序可能被擺在後頭，不過還是需要花點時間來進行。

　　雖然有時需要停一段訓練孩子的時間，但並非意味不能重新開始。事實上，當你將訓練課程擺在一旁時，往往也是重新開始的新契機（例如：「下個月要做的第一件事」或「當喬叔叔離開後」）。

最後的提醒：問題與解決辦法

　　當開始新訓練計畫時，會碰到一些困難不用太在意。如果你希望我們預知和描述可能碰到的任何困難幾乎是不可能的任務。不過，經驗告訴我們一些父母常碰到的問題，我們以下會歸納出這些問題，以及可能的解決之道，儘管不盡完善。

　　常見到的最大問題是不知自己是否已準備好要開始了，這問題的答案很簡單：「做就是了」。將你所學到的實際用出來，那麼你的信

心會日漸增長，孩子也會日益進步，而你也正經歷訓練的過程。

 ## 我可以訓練一個以上的計畫？

是的。不過你需要先只選定一個計畫，然後開始執行此計畫後，才能進入第二個計畫。如果你的家人可協助你訓練的話，那麼若要執行一個以上的計畫就變得容易多了。一旦家人開始熟悉行為訓練方法後，你就能全天使用它來教導孩子許多項技能，不過剛開始時要慢慢來。一開始若想做太多是相當危險的，你可能會因為要做的事情太多，到最後反而容易完全放棄。在每次的課程開始時，要先確定這個計畫是很容易執行的。

 ## 孩子在學校也正學習如何解決問題。那麼，如果我在家中使用此書的方法來訓練孩子，會不會反而讓他產生錯亂？

是的。如果你和老師的要求不一致時就容易讓孩子產生錯亂。孩子的老師應該樂於見到你的努力，所以你可以和孩子的老師談談，讓他們也看看這本書，並確定你們對孩子的要求是一致的。同樣地，如果你已經教某技能的一部分，那麼你也可以跟孩子的老師、祖母、姊妹、或任何可協助他的人說明你的訓練計畫，並解釋還有哪些部分孩子尚待加強或學習。

 ## 我的孩子會稍微自己穿套頭衣服，但方法不像你們所說的那樣。我需要重新來過，並根據計畫內容來訓練她嗎？

應該不用。首先，檢視自己能否計畫一套步驟來訓練她，並從她會的開始著手。訓練一項技能有諸多方法，本書的訓練計畫內容也只是一些建議方案。不過，某方法她現在做起來很糟糕，而且似乎無法

進一步往前學習，那麼就要考慮是否重頭來過。簡單的說，凡事要保持彈性。藉由觀察你的孩子，且將行為改變的訓練原則謹記在心，那麼你就能使用並創新這些方法，為你的孩子量身訂做一套訓練計畫了。

 ## 每個訓練計畫每天都必須執行成功嗎？

比起其他領域的技能，自理能力的訓練很重要的是保持一致性，特別像是如廁訓練。孩子在練習穿衣服或吃東西時，倘若有時你很有耐心的幫忙他，有時卻因匆忙就幫他做，那麼孩子就會感到困惑。當然，有時候家裡其他活動較為優先，或孩子正好生病，或你們或你自己有些原因不適合訓練，不過這些偶爾出現的小插曲並不意味著災難。重要的是，訓練過程中出現不一致性時，那麼常會讓你的努力付之流水。

 ## 獎勵不就等於賄賂嗎？

不是的，因為賄賂的意思是獎勵不道德的行為。訓練孩子時，我們所關心的是孩子表現好行為。事實上，世人皆期待獲得獎勵，不管是金錢、讚美、尊敬或工作成就感。所以當表現好時，我們很樂意接受獎勵，而這些獎勵也讓我們的行為變得更能預期會發生什麼事，也讓表現此行為變得更有樂趣。不過如果我們因不道德行為而接受獎勵，那才真是賄賂呢！

 ## 我的其他孩子都不需要食物做為獎勵物，為什麼她需要？

學習過程中，食物經常被使用來當成獎勵物。對於這個問題，我們的答案很簡單，你女兒過去學習的經驗與其他的孩子可能相當不同。因此，如果我們堅持她應該要學而強迫她學，或是認為她學不會，因此以為如此做都是為了她，這兩者皆對她相當不公平。同樣地，殘障

的孩子需要使用柺杖來幫忙（沒有人懷疑她需要用其他的方法），而你的孩子在訓練過程亦需一些「學習柺杖」來幫忙他們完成任務。

 食物獎勵確實能激勵孩子穿衣服，不過每次都需要它們，我該怎麼辦？

不，不只有穿衣服。剛開始時，有新任務且孩子還不熟悉怎麼一回事時，一些額外的獎勵，像是食物是相當重要的。不過，當孩子漸熟練某技能後，他可能只要你的讚美就行，甚至他會因為自己做得好而感到滿足。所以，訓練過程中食物漸減是一緩慢的歷程。為此，日後激勵穿衣服或許不再需要點心，不過在教其他新技能時它仍然相當管用。

046

每件事情皆不順利，我該怎麼辦？

這是一個典型沒有真正答案的問題。為什麼？因為這問題提供太少的訊息而顯得太過籠統。例如，「每件事情」是指什麼意思？要記住你已學會一些改變行為的方法，你需要好好做一些細微的觀察喔！

訓練過程中，如果孩子開始哭鬧，且將練習材料推開，我怎麼辦？

處理行為問題沒有絕對單一的方法。當孩子表現此行為時，可能想要傳達一些訊息讓你知道。想想下列幾種可能性：

1. 她可能累了。可能課程進行太久，這時候你需要找簡單的作業讓她做。等她先平靜下來，完成簡單的作業，獎勵她，並結束此次課程。

2. 她可能感到挫折。某個步驟對她可能太難，就像其他特殊的小孩

一樣，當感到失敗時，就會先放棄了。這情況下，你先等她平靜下來，讓她做一些簡單的步驟，然後再繼續往下做。

3. 她可能生氣了。她或許想要照自己的意思做，不過你要求她照你的意思做。那麼，她可能因為不能照自己的意思做而直接表現她的生氣。所以，你需要等她平靜下來，然後才繼續往下做。

4. 她可能平常被要求時就以哭鬧的方式拒絕配合，她這麼做通常這要求也會停止。如果常出現此行為，那麼你應該要忽略它，同時訓練課程要繼續堅持下去。

 如果孩子拒絕配合訓練課程，我該怎麼辦？

如果你的孩子平常很合作，在發生此情形時，先不要小題大作，你先等他有意願配合時才訓練。倘若此問題經常出現，那麼你需仔細檢查一下訓練計畫，並確認：

1. 你的要求是他可以做到的。
2. 你知道使用的獎勵是他喜歡的。
3. 你給的獎勵恰到好處。

假如訓練計畫沒問題，那麼你需要的是有耐心，並堅持下去。當導引他進行整個訓練步驟時，需盡量忽略他的哭鬧。同時，課程要保持簡短扼要（一或兩分鐘），且常常獎勵他。

047

 我已經開始訓練孩子脫褲子，不過他連第一步驟都不願意嘗試。相反地，他還會哭鬧，並想離開。我該如何讓他合作呢？

有幾個潛在問題點你需要注意一下。假如你確定所選的某技能對孩子很合適，那麼先問自己幾個問題：

1. 第一個步驟孩子容易執行嗎？

2. 孩子清楚你要他做什麼嗎？你自己也清楚嗎？

3. 獎勵物是他真的想要的嗎，且給他的獎勵是立即且一致的嗎？

不要忘記，他還是這個訓練計畫的生手，不過你亦可能驚訝到你不用教他整個技能要怎麼做。讓整個訓練過程變得輕而易舉，你會發現你常需要做後盾及慢慢來即可。開始的第一步，你甚至可以降低要求，然後才逐漸的往前進。

要堅持他做下去，並立即給他獎勵。只有孩子發現在訓練課程中能夠得到他喜歡的獎勵時，他才會漸漸穩定下來學習而不想離開。

訓練計畫需要同一個人來訓練孩子，還是其他家人也可以幫忙？

其他家人當然可以幫忙分擔訓練課程，這樣他們也可花一些時間來了解你做了些什麼。他們也應該看看這本書，並與你一起討論整個訓練計畫。所以，你需要觀察每個人的訓練方法，看看你們是否都用同樣的方法。如果整個家庭都熟悉且參與訓練課程，那麼訓練就越容易成功。

你繼續往下之前

現在你已經念完了第一部分，你可以開始準備訓練課程了。或許你最關心孩子的行為問題，而想直接跳到第三部分。沒問題，不過我們發現，當父母處理較困難的行為問題之前，如果能先教過一、兩個技能，那麼接下來的成功機率會大大提升。

當你要訓練孩子，希望他來、坐下、注意等基本「準備」技能時，你可從第八章開始。

如果你的孩子正在學習自理及遊戲技能，你可從第九章或第十一

章看起。我們建議你從第九章「設定一個自理能力」開始，並且訓練幾個禮拜（除非你的孩子學習很快）。當你訓練此技能時，你可以繼續往前念，看看其他章節是否能帶給你一些靈感。

如果你的孩子可以完成多數自理能力時，你可直接跳到第十二章，然後依序是第十三章與第十四章。這些章節包含進階的自我及家中照顧的技能，以及一些實用的學業技能（例如：會看幾點）。然後，才再學習下一個技能，例如遊戲技能，或是更困難的如廁訓練（第十章）或行為問題管理（第十五章至第十八章）。

盡快的閱讀第四部分（支持獨立）。科技變化的速度是很快的，所以像是訓練如廁訓練，第十九章會提供你一些有趣的想法。而與你孩子的老師成為合作夥伴關係（第二十章）亦是相當重要的。

048

第二部分

技能訓練

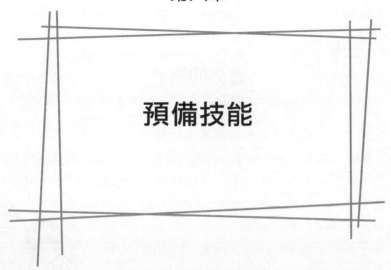

第八章

預備技能

　　預備技能或事先準備技能是學習自理與遊戲技能之前的基礎。最基礎的預備技能包括抓取物體、坐好、站起來、走路、遵從簡單指令、手眼或四肢協調等。很早以前，我們就已學會了許多技能，而且它們都相當的自動化了；換言之，我們能同時間手腳並用，不過我們卻不認為它們是技能。如果你的孩子已經相當熟悉這些預備技能，本章關於孩子注意力的內容相信對你的孩子會相當有幫助。

　　預備技能（像是自己站立、拿杯子、叫他過來）是許多進階技能的基礎（例如：上下樓梯、吃東西、玩簡單遊戲）。一旦學會了，他們就能往其他自理與遊戲技能邁進一大步。

　　不過對於有特殊需求的孩子，要學會這些預備技能並非易事。他們學習其他活動之前，需要刻意教導他們這些預備技能。孩子隨年齡增長，有些技能自然優先於某些技能，像是孩子沒有扶持還不會站，那麼你別指望要教他走路，你需要先教他的是怎麼站立。

　　由於你最了解孩子，所以你有大好的機會來教導孩子這些預備技

能。你知道他現在能做什麼，不能做什麼，哪些地方你還需要幫忙，而且一天生活中有諸多機會可一點一滴來教他。你不需多棒的教材，椅子、樓梯、杯子、桌子、地板都是現成的教學教材。

052

意外的驚喜

雪倫坐在地板上漫無目的地玩了好幾個小時，像是胡亂玩珠子，或是在燈光下玩自己的手指頭。雪倫的媽媽對此情形感到相當的無力。不久後，她開始教雪倫坐下來，與她玩簡單的遊戲（例如：將小東西放在籃子裡），她的心情突然大大改變，開始對於教雪倫變得樂觀起來。

每天要教導孩子做一大堆作業，鐵定讓你和孩子都會感到心煩與挫折。我們發現父母每天若能有系統、短暫的訓練孩子，孩子的表現常會讓父母有意外驚喜。

培養注意力

相信所有的預備技能中最基礎的莫過於注意力了。就像你現在讀這本書，你相當注意我們寫了哪些東西：你正注意這本手冊。同時，你也會忽略或根本沒注意到身邊的其他事物，像是外面交通的噪音，或是桌上一本有趣的雜誌。同一時間裡，你只能選擇注意一件事情，這對眾人來說是相當自然的事。

然而對有特殊需求的孩子而言，要他們將注意力放在某作業上一段時間是相當困難的，不過注意力卻是相當重要的技能。如果孩子在椅子上坐立不安，東張西望，叫他的名字沒有反應，就表示他還沒準

備好要開始學東西。

　　開始學時，首先孩子需將注意力放在作業上，而不是在其他的事物上，所以他必須看著你，聽你在說什麼，然後才能遵從你的指示做。

　　讓我們來看以下這位爸爸如何花力氣教導孩子使用杯子喝東西的例子。孩子用杯子喝東西之前，需要已具備多項預備技能，像這個例子，丹尼的爸爸一開始錯估注意力這項技能很容易，不過之後他做了修正。讓我們來看看如何訓練這項基本注意力技能，並根據我們先前的學習步驟一一來做。

053

訓練注意力

踏上旅程

　　我已經教了丹尼好幾個禮拜如何用杯子喝東西，不過我的努力都付諸流水，真令人感到沮喪，甚至想掉下眼淚來。他總是不能把注意力放在要做的事情上，他常東張西望，甚至叫他的名字也都沒反應，而且他會把手指頭放入杯中或敲打杯子。

設定一個預備技能

　　很明顯的是，丹尼如果沒注意我說什麼，那麼要學習就比登天還難，不過要丹尼學會用杯子喝東西還是有可能的。首要目標是，當我說：「丹尼，看我這裡」時，他就要注意我這邊。

建立學習步驟

　　我決定跟丹尼坐在一起，我們的臉也只與他一腳之隔，我可以用身體引導他看著我。當我叫他時，他能持續看著我時，我才減少引導，然後逐步往前邁進。

挑選獎勵物

　　訓練計畫最重要的部分就是替丹尼準備他喜歡的點心，也就是當他做到我的要求時給他獎勵。我知道他喜歡外表有包糖的餅乾和葡萄乾，所以我預備了滿滿的一杯餅乾和葡萄乾。雖然我知道丹尼並非有興趣學注意力這項技能，不過他可抗拒不了我為他預備的點心。

安排學習環境

　　在我另兩個孩子上學時，我每天下午都會挪出五分鐘的時間，這段時間我全心投入訓練丹尼。我將桌上的糖罐、桌墊、早報清理乾淨，這樣他才不會分心。我拿過一張椅子來，坐在他對面，這樣我們就能輕易的面對面。我希望這段時間讓他覺得舒服沒有壓力，而且他亦能預期這段時間每天都會發生。接下來，我開始維持每天下午五分鐘的訓練課程。

054

訓練

　　我星期二開始此訓練課程。每件事情都各就定位，像是清理桌子、椅子面對面放好、準備好盛滿的餅乾和葡萄乾。然後，我帶丹尼進來，讓他坐在椅子上。當他坐下來時，我馬上給他餅乾和葡萄乾，並讚美他：「丹尼，你真乖，坐下來了。」

　　開始時，我要求說：「丹尼，看我這裡。」他似乎沒有回應，我告訴自己說，他只是注意外頭。我再試一遍，不過這次他站起來亂走動，我才恍然大悟我忘記用肢體引導他。我起身來，帶他回來，當我拉他坐下來時，我說：「丹尼，坐下來。」我馬上給他餅乾，並且說：「你真棒，坐下來了。」

給予口頭指示、身體指引和獎勵

　　一旦他回到座位上，我決定以後不再犯相同的錯誤，就是要求他還做不到的事。這次我搬椅子過來坐在他的對面，不過我們坐得相當

靠近。然後,我稍微彎腰讓我的臉與他的眼睛平行。當我慢慢將餅乾移到我的臉旁時,一邊告訴他:「丹尼,看我這邊。」一邊輕輕抬起他的頭,讓他的眼睛可以看到餅乾。他無法抗拒的看著它,這時他確實已將注意力放在餅乾上了。我馬上將餅乾放進他的嘴巴,並且說:「丹尼,你真棒!」

結束時是成功的

這時見好就收,雖才進行幾分鐘而已。比拉長時間更重要的是,每次課程結束時都要成功做完作業要求。丹尼已經做到要求了,也就是將注意力放在餅乾上。

訓練和逐漸移開協助

每天下午我們不斷進行這項練習。每次進行約四到五分鐘,我重複要求說:「丹尼,看我這邊。」同時給他獎勵。過幾天後,我越來越不需幫他抬起頭來,而經過幾次練習之後,不需要我的幫忙他就會注意我了。此後,我也用同樣的方法來訓練眼神接觸,在給他獎勵物之前,我拿著獎勵物,逐步離他遠一點,並訓練他能注意久一點。現在當我說:「丹尼,看我這裡。」他真的會看了。

055

觀察進展

我會使用紀錄表來記錄孩子的進展。每當我說:「丹尼,看我這裡。」我會在紀錄表上面打個 X。如果他能持續注意三秒鐘,我就將 X 圈起來。如此做,我就能知道他注意力表現的百分比。同時,我還會在紀錄表下面註記我今天引導他的程度為何。我持續多次引導他注意,直到他能持續注意我三秒鐘以上(我決定設定目標為80%或更高)。然後,我逐步減少引導他,不過仍持續記錄。所以從這個紀錄表上,我就能輕易了解他現在的進步情形。

丹尼的爸爸現在已成功訓練他的注意力了。當他對「丹尼，看我
這邊」的話語有反應時，丹尼的爸爸已相當確定能獲得他的注意，這
項技能是訓練所有其他技能都必須的。當然，訓練此項技能需花一段
時間、耐心及毅力，如果你問丹尼的父親「值得嗎？」答案會是肯定
的。丹尼的爸爸現在已開始教他用杯子喝東西，用湯匙吃東西，並玩
將夾子放入桶子裡的遊戲了。

訓練孩子的注意力

　　幾乎所有技能都需要孩子的注意力，不管是注
意你、玩具、物體，或注意其他的小孩。所以當訓
練其他技能之前，可用以下七種方法來增進孩子的
注意力。

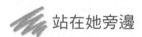 站在她旁邊

　　跟孩子說話時，先確定她是否有在看你，而且
聽得見你說的話。訓練之初，你在房間外頭與她說
話，那鐵定讓孩子的學習變得困難。

靠近她的視線

　　調整你的位置，讓她能看到你的臉，這樣做也是因為你需要獲取
她的注意。如果她坐在地上，那麼你要蹲下來讓她能看得到你。如果
她坐在桌上，那麼你要坐在她面對，讓她能輕易的跟你面對面。

叫她的名字

　　孩子比較容易注意別人叫她的名字，所以要求她做任何事之前，

要叫她的名字讓她注意到你，如此她也知道你在跟她說話。待她轉頭看你後，才開始進行練習。如果她沒看你，要再次叫她的名字，切記要用正確的名字叫她。要小孩子了解代名詞（例如：你、我、他）是相當困難的。如果叫她的名字無回應，你可以用手托她的下巴，輕輕的將她的臉轉向你。

「珍莉，接球喔！」

「珍莉，把球給爸爸。」

眼神接觸

叫她的名字時，當她轉頭看你，你的眼神要與她接觸。如果她面向你，但視線卻看地上，那麼或許她的注意力是在地上而不在你身上。如果她沒直接看著你，那麼用手指輕輕托她下巴，指引她看著你。

慎選你的用詞

使用簡單、熟悉、簡短的句子。簡單且清楚地告訴她你想要她做什麼，例如「珍莉，來玩。」這樣說比「休息了」或「遊戲時間」更佳，因為這些字詞對孩子可能毫無任何意義。

保持一致

面對不同的人、地點、事情時，所使用的字詞要一致。像是父親應只使用「爸爸」（或任何你喜歡的詞），不要一下子使用「爹爹」，一下子又使用「爸爸」。

運用身體姿勢

如果你說話能配合一些動作，那麼你的孩子就越容易了解，而且

也越容易注意到你。

杯子遊戲

　　另一增進孩子注意力的方法是像馬戲團玩猜杯子的遊戲。這遊戲
是讓孩子看食物藏在三個杯子中的哪一個。當你移動三個杯子，孩子

057

看杯子移動，然後選一個正確藏食物的杯子。

　　教材：使用三個紙杯和一些小顆食物（例如：M&M 巧克力、餅
乾、葡萄）

　　課程：課程短暫即可（五至十分鐘）

　　先使用一個杯子，將一顆 M&M 巧克力（或其他的獎勵）藏在杯
子底下。說：「找糖果囉！」先幫你的孩子拿起杯子，找到獎勵物（當
他正確地找到食物時，可以先吃掉它們）。開始稍微移動杯子，並幫
他找到獎勵物。然後繼續移動杯子，讓他自己找到獎勵物。接下來，
加入另一個杯子，將食物藏在其中某個杯子底下，然後稍微移動它，
另一個杯子則先不要移動。當他已經熟悉後，調換兩個杯子的位置。
漸漸地，逐漸增加調換的難度，杯子移動越來越快，或是越來越多次。

　　注意要點：要確認孩子有在看。他大部分的時間都選對，這遊
戲才對他有幫助。不要讓他用猜的，或總挑選同一位置的杯子，如果
他選錯了，那麼速度要稍微慢下來。再加上第三個杯子，不過首先只
移動有獎勵物的杯子，接著慢慢開始移動兩個杯子，然後才是三個杯
子。逐漸增加調換的難度，杯子移動速度也越來越快，包含更多的調
換食物的位置。

　　嘗試點別的：你可以改變一下遊戲的玩法，讓孩子變成老師。讓
他藏獎勵物及調換杯子而你來選，當你選中時要裝出很興奮的表情。

訓練其他預備技能

我們在附錄 A 中歸納了幾項教導其他預備技能的建議。裡面包含許多類似的技能，以及孩子的老師或治療師給你訓練上的建議。我們以下歸納了幾個例子：

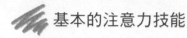 基本的注意力技能

- 叫他看
- 叫他過來
- 辨識物體
- 遵從簡單指令
- 模仿

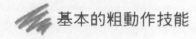 基本的粗動作技能

058

- 坐下
- 從椅子上站起來
- 走路
- 上下階梯

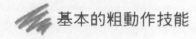 基本的精細動作技能與活動

- 推、拉、握、轉
- 握住和放掉物體
- 玩水
- 將物體放入盒子的洞裡
- 捏揉

你要使用我們從第一章至第七章的訓練方法來訓練上述的技能。
在設定一個預備技能之前，你可以參考一下附錄 A 的內容。

第九章

自理能力

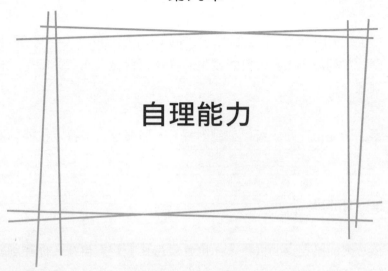

自理能力是孩子學習的最重要行為，包括穿衣、打扮、如廁、進食，以及洗澡等等——這些我們早已不記得是如何學會的，而現在卻每天自動使用的技能。對孩子來說，熟練這些例如用叉子進食或把襯衫扣起來的艱鉅工作，能大大地提高自尊並向獨立自主邁進一大步。

開始

父母們在訓練自理能力方面的責任較任何其他領域的技能更為清楚。畢竟家庭是牙刷、洗手間、衣櫥、餐桌和浴缸的所在地，也是早晨穿衣、一天好幾餐飯、而每回進餐前必須洗手的地方。這些每天的例行事務提供了自然可預期的環境來幫助你訓練孩子，而孩子在此也能安然學習。

你可以花很多時間幫你的孩子洗澡和穿衣，但何不善加利用那些時間訓練他自己做這些事情？這一章可幫助你有效率地協助你的孩子

在進食、打扮和穿衣等方面學習到更多。在讀完這一章後，你應該能
夠做到下列事項：

1. 選定一項自理能力並在每天一段短的、結構化的時段中開始訓練。
2. 確認並利用一天當中自然發生的許多機會做非正式的練習或機會
   訓練。

060　　　當你讀完這一章，可以翻到附錄C，那裡包含了特定技能的訓練
計畫。

 ## 對你的助益

孩子愈能掌控這個世界，你也會變得比較輕鬆自在。你在訓練的
早期階段所付出的耐心與努力，對你和孩子兩人最終都會有幫助。

小紳士

女服務生笑著說：「這是給這位小紳士的熱狗。」

狄波拉太太心想：「小紳士。」多麼好聽啊！她一面把馬力歐的
肉切成數小塊，一面回想起短短幾個月前的場景。那時餐桌上一片混
亂，笨拙地把他的肉放到湯匙裡，那時她做了決定：「我們要訓練他
如何用叉子進食，這可能要花一些時間，但是吃晚餐將會變得愉快許
多。」

當然，這的確需要時間，而且一開始時馬力歐非常不喜歡這樣的
改變。但是他學會了控制叉子而現在可以適當地叉著他的食物。

狄波拉先生問：「你的熱狗吃起來如何，兒子？」他看到馬力歐
是如此地享受在餐廳裡用餐——像爸爸和媽媽一樣。「我們要更常這
樣做，你想是嗎？」

一方面，或許你的孩子尚未準備好學習像是用叉子進食的技能，這時熟練較為早期的自理能力——用湯匙進食、脫下褲子——仍然可以讓你的生活稍微輕鬆一點。另一方面，你的孩子可能已經學會很多自理能力了，然而……

 ## 總有更多需要學習

一旦大的障礙像是如廁訓練或主要的穿衣技能學會後，就會容易忽略你為孩子每天做的無數小事。這些可能是她可以學會自己做的技能，像是將外套掛好、繫好鞋子，或在餐桌上擺好刀子。你的第一件工作就是仔細觀察你到底為孩子做了哪些她可以學會自己做的事情。

有更多需要學習？

061

費爾普太太談到：「自理能力這一章不適用於梅根。我的意思是說她在這方面表現很好。」

現在，她可以為自己做每一件事了！

當我們在費爾普太太的廚房中談話時，梅根剛玩雪回來，她踢開她的靴子，脫掉外套交給媽媽掛起來。

「她已經完成了如廁訓練，而且可以自己穿衣和吃東西了。」

梅根說：「嗨！」她將鞋子拉好並讓媽媽替她繫好鞋子。

「你要吃點心嗎，梅根？」

梅根點頭，費爾普太太拿了麵包和花生醬，拿起刀子開始做三明治。

「所以，如我所說的，她的自理

能力做得很好，現在她可以為自己做每一件事了。」

很多父母因為特別的需要，已經開始計畫訓練孩子自理能力，進展並不一定是順利的，也並不一定會有戲劇化的結果出現，但總是會有一些進展，我們很幸運地看到很多父母成功了。

選定一項技能來訓練

你的第一件工作就是評估孩子現在在自理能力上的表現，哪些技能他可以完全做得很好？哪些技能他只能做一部分或需要你一些協助？而哪些技能他還完全不會？

為了幫助你做評估，我們提供了自助檢核表（第73頁），上頭列了三十項的自理能力。現在由上而下看一遍，在每個技能上指出最符合你孩子現在表現的類別，請在最適合描述你孩子做這些技能的能力的格子中打勾。

接著，下一步是……等一下！你已填完自助檢核表了嗎？如果沒有，請停下來並且完成它，這樣這一章接下來的內容對你才會有意義。

062

自助檢核表

下列的各項自理能力中，請在最適合描述你孩子能力表現的格子中打勾。

技　能	完全不會	會做一些	會做全部
1. 用杯子喝水			
2. 用湯匙吃東西			
3. 用叉子吃東西			
4. 用刀子塗抹東西			
5. 用刀子切東西			
6. 脫掉褲子（不包含解開）			
7. 穿上褲子（不包含扣緊）			
8. 穿襪子			
9. 穿上套頭衫			
10. 穿上前扣的上衣、襯衫或外套（不包含扣鈕釦）			
11. 穿鞋子（不包含綁鞋帶）			
12. 穿皮帶			
13. 扣皮帶			
14. 拉上拉鍊			
15. 扣鈕釦			
16. 扣上拉鍊頭			
17. 綁鞋帶			
18. 掛衣服			
19. 擦手			
20. 洗手			
21. 刷牙			
22. 洗臉			
23. 洗澡——擦身體			
24. 洗澡——沖洗			
25. 梳頭髮			
26. 洗頭髮			
27. 鋪床			
28. 擺餐具			
29. 換床鋪			
30. 掃地			

063   下一步是挑選一項技能來訓練，你可能會想要快點到第二章，我們在那裡談過如何挑選一項技能來訓練，記住，我們談過要選擇一項你的孩子已經準備好、想要去學習，並且你也想要訓練的技能。

    在你的自助檢核表中，圈選三項你接下來要訓練的技能，這些大概都會在第二欄——那些你的孩子會做一部分但是需要訓練得更熟練的技能。先決定你接下來要訓練哪些項目，現在將這三項技能寫在下方的空白處，將你選的第一項技能寫在數字 1 的旁邊。

 ## 要訓練的自理能力

1. 技能 _____

   步驟 _____

_____

_____

2. 技能 _____

   步驟 _____

_____

_____

_____

3. 技能 _____

   步驟 _____

_____

建立步驟

接下來，你需要將你所選定的第一項技能分解，如同我們在第三章所討論的，考慮構成這項技能的所有步驟。完成這件工作的一個方法是實際演練這項技能幾次，記下你所做的每一件事——不管是由杯子喝水、拉上拉鍊、打掃房子，或是洗澡也都一樣；另一個方法是參考附錄 B 的自理能力清單，我們已將自助檢核表中各項技能的所有組成步驟列在每項技能下面。

當然，你所列的並不完全像我們所列的一樣，一則要將之分解成幾個步驟部分取決於個人的決定，對學習非常快的人來說，只需要少數幾個大步驟；對於學得較慢的人，列許多小的步驟會有幫助。再則，我們並不知道如何修正這些標準步驟最適合你的孩子，但是這一點是你可以做得到的。

064

所以，從你所列和我們所列的步驟中，決定如何列才是對你孩子最好的步驟，把這些步驟寫在你選定要訓練的第一項技能之下。你也需要將另兩項選定的技能以相同的方法列出它們的步驟，你可以現在做或者晚點再回過頭來做。

小的步驟

「鈴－鈴－鈴！」當克羅尼太太衝過去接電話時，她正開始進行凱西穿皮帶的每日訓練課程。

「凱西，試著自己做做看。」

凱西拿起皮帶開始笨拙地摸索著。昨天他很容易地就做好了，在媽媽先把其他環帶穿好後，他可以成功地穿好最後一個環帶。可是，當他今天試著做全部時，卻無法像昨天一樣成功。因為企圖進展得太快速，反而弄巧成拙。

凱西流著淚將皮帶拿在手上，而打斷了克羅尼太太的談話。她放下手中的電話一會兒，很快地把環帶穿好並留下最後一個。的確這樣就夠了，這次凱西輕鬆地完成了。

掉淚、發脾氣、受到挫折而不了了之——這些和其他很多的問題行為是當你在對孩子做要求、要求他去做某些你之前總是幫他做好的事情時常見的現象。減少問題的一個方法是將步調放慢，讓這件工作容易些。

如果你能成功地擔任一個訓練者，你的孩子就可以是一個成功的學習者，成功的關鍵在於你能掌握自理能力中的許多小步驟並慢慢地進行，調整你的要求以符合就你所知孩子可以學習的程度，自然可以馬到成功。每一次只要求他做得比之前做過的步驟稍微多一點，慢慢地進展，他就會變得越來越能勝任了。

挑選獎勵

我們在第四章談過挑選獎勵，或許你會想要簡短地瀏覽那些內容。我們發現到你的關注——可能是微笑、擁抱、讚美，不管是什麼——對你的孩子來說是最大的獎勵，然而學習（或訓練）自理能力的過程中通常並不有趣。你的孩子也不一定只因為你的關注而想要做好，所以你應該考慮使用其他的獎勵——小點心、他喜歡做的活動等。

考慮一下關注、小點心，和孩子特別喜歡的活動後，在下方空白處寫下你想要嘗試的幾種獎勵，記得要選擇那些可以用在訓練自理能力的獎勵，例如，你的孩子可能喜歡棒棒糖，但是假如你在他每次扣

好一個鈕釦後都給他一枝——而且在扣下一顆鈕釦前都要等他吃完棒棒糖——每一次你可能要花比預計更多的時間才能訓練完。

使用的獎勵：

_____

_____

_____

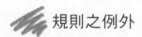 規則之例外

　　儘管我們建議在一項技能學會後就不再給予獎勵，你可能注意到仍然有些技能是你孩子已經會做但不願做的，這種情形下，你不需要再訓練他，而是使用獎勵一段時間來鼓勵他把它完成。

　　將自我照顧技能和家務整理技能之間加以區分會有些幫助。自我照顧技能，像是穿衣、進餐時間和打扮等技能，一旦學會之後通常會變成日常例行事務的一部分，這些是每天你孩子必須做（或你必須為他做）的技能，而當他學會後，他會比較願意繼續做，雖然需要一點提醒和承諾給予獎勵。使用檢查卡片有時也有助於提醒，這樣的檢查也許並不會讓孩子更願意做這些技能，但是如果沒有提醒的話，他可能會遺漏一部分的例行事務（例如：準備床鋪）。如果發生這種情況，可以訓練他在每步驟完成時，就做一個檢查，然後把卡片（一整欄都檢查完）交給你以得到獎勵（或許是活動性的獎勵，例如：睡前故事）。

　　而家務整理技能是一種「額外的」家事雜務，大部分孩子不疊被子、收拾玩具或清理垃圾桶照樣愉快地度過一天。如果你想要孩子參與這些家事雜務，就像其他孩子可能可以得到零用錢一樣，他就應該持續得到某種的獎勵。

雖然你可能會想要要求他要做得更多才能獲得獎勵，完全地減少額外的獎勵可能是不公平且不明智的作法。當然，在做家事雜務時，檢查卡片也有助於提醒他要做哪些事情。

安排學習環境

　　我們在第五章談過布置訓練環境的方法——「安排學習環境」——以增加成功的可能性，你可能會想翻一下我們在那裡談過的內容，讓我們以自理能力訓練的角度來複習一下有關安排學習環境的四個問題。

066

要在什麼時候訓練？

　　自理能力本身常可以直接回答這個問題。早上整理床鋪、用餐前會洗手，而洗澡是每個孩子都有自己習慣的時間。你知道那個時刻，除非你為正式的訓練專程安排了一段較長的學習時段——為了重複練習一項技能——否則你會在需要的時候訓練它。

要在哪裡訓練？

　　自理能力本身同樣可以回答這個問題。刷牙、整理餐桌和大小便都有它們該發生的地方，至於穿衣，你可能會想要看一下孩子的臥室、洗澡間，或其他可能的空間，看看哪裡是孩子最不容易分心的地方。

要如何減少分心的情形發生？

　　這就要從經驗中來學習了。當你開始訓練時，稍微注意一下什麼會使你的孩子分心，一般來說，周圍噪音、人和有趣的東西越少越好，這樣子孩子的注意力就會集中在你們所做的事情上面。在訓練洗澡時，最好將玩具鴨收起來喔！

要使用什麼訓練教材？

在為自理能力安排學習環境時，最重要的就是選擇好使用的訓練教材，像是衣服可使用尺寸大一點的，用餐時則把份量弄得小一點。

觀察一下孩子學習時在哪個部分比較吃力，試試想些辦法改變一下訓練教材讓它變得容易些。這裡有一些例子：

· 用安全別針把毛巾緊緊固定在架子上，防止在擦手時掉下來。
· 用媽媽或爸爸的運動襪來練習穿上襪子。
· 訓練扣鈕釦時，用外套會比襯衫來得好，因為外套的鈕釦比較大，而且容易操作。
· 把紅色和藍色帶子綁在水龍頭上以區分熱水和冷水。
· 將肥皂塊切半，這樣會比較容易操作。

我們在附錄C提供了一些自理計畫的其他點子。跟其他家長聊聊，或許你有一些新發現的花招可以跟他們分享以使得學習更為容易。

改變世界

067

成人的世界很少考慮到孩子的立場，孩子在成人的世界裡常需要努力掙扎。為了讓學習能夠成功，安排環境時常需要將部分的世界做些小改變，使它們比較易於操控。

坦妮走到餐桌前，手裡拿著湯匙準備要吃東西，她母親預計下一個要訓練的步驟是──用湯匙將食物舀起來。她正忙著準備坦妮最愛吃的東西，但是把它們弄得跟往常不太一樣，漢堡被切成小塊小塊的以符合湯匙的大小，馬鈴薯被弄成泥狀以確保不會從湯匙上滾下來，而且今晚不會有湯。

想一下你已選定要訓練孩子的自理能力。

要在什麼時候訓練？

_____

_____

要在哪裡訓練？

_____

_____

要如何減少分心的情形發生？

_____

_____

要使用什麼訓練教材（這些訓練教材可以被處理得更容易操作嗎）？

_____

_____

訓練

　　我們在第六章談過「告知－示範－帶領」或在訓練任何技能時如何使用口語指示、示範和身體引導，現在看一下那幾頁，因為它們對於自理能力訓練非常重要。當你在訓練一些跟手有關的自理能力時（像是用刀子切東西、繫鞋子或繫領結），身體引導會特別有幫助。我們也談過盡快地逐步減少你的協助——就像在「放手」一例中柴克家人所做的一樣。

放手

068

　　放手並不容易，但是堅持不放也不公平。何時該讓你的孩子自己努力？何時他已經從你這裡獲得夠多協助而必須不靠你幫忙地自己做？這些都要由你來判斷。焦急地等待是在訓練孩子過程中最難受的時刻，但是沒經歷過這些，學習就不會發生。

　　「柴克，快點！媽咪，他沒有辦法把手擦乾的。我要去幫他囉，可以嗎？」

　　「不行，讓你弟弟自己擦乾手，他已經會自己做了。」

　　「是啊，可是你知道這件事對他來說有多難，他會花上幾乎一輩子的時間，而且我餓了。」

　　「喔，你不會餓死的啦！聽著，當你想要準備沙拉當晚餐的時候，我就放手讓你做，是不是？而當你切馬鈴薯的時候，我也只是在旁邊站著看而已……」

　　「是啊，那花了我幾乎一輩子的時間。」

　　「但是你做到了，不是嗎？而且你現在可以做得更快了。自從你學會使用刀子之後，你就只需要更多的練習而已，並且不再需要我的幫忙了。你不認為我們也應該讓柴克練習他已經可以勝任的工作嗎？」

　　你幾乎已經準備好要開始訓練了——只是仍然存在一個問題，「我要從哪一個步驟開始？」我們對這個問題的答案是意想不到的。

反向鏈結

　　假設你參加一場沒有規則的賽跑——只有一條終點線和一個發令員喊：「開始。」再繼續假設你想要在這場賽跑中一定贏得勝利，你會怎麼做？在考慮很多可能的方法後，你很可能會決定站在終點線正前方來起跑，然後，當發令員一喊：「開始。」你就已經跑完了——而且也必勝無疑。為什麼不這樣做呢？這場比賽並沒有規則啊，不是嗎？

069

　　一個稱為反向鏈結的訓練策略將訓練技能看作很類似於剛剛描述的特別賽跑的進行，除了孩子是跑者，而完成任務是終點線以外。保證必勝的最好方法是在終點線的正前方開始起跑，或者換句話說，盡可能接近任務的終點。然後，一旦賽跑開始，你的孩子在到達終點線前只有很短的距離需要跑——當然就成功囉！

　　反向鏈結被使用於訓練包含一連串分開、總是按照相同順序的步驟完成的技能。讓我們很快地看一下，要如何根據反向鏈結來訓練一項技能，洗手可以像其他技能一樣被分解成許多小的、可操作的步驟，但是，為了便於說明，在此我們只將它分解成四個步驟：

1. 轉開水龍頭。
2. 在手上塗抹肥皂。
3. 沖洗。
4. 關上水龍頭。

　　現在，哪一個是洗手比賽的終點線呢？步驟4——關上水龍頭，因為這個步驟代表這件工作完成了。所以，讓你的孩子盡可能從接近終

點線的地方開始，你該怎麼做呢？你必須先幫他做好步驟 1、2 和 3，幫他轉開水龍頭、塗抹肥皂和沖洗。你甚至也需要幫他抓好水龍頭，以便你說「開始」時，他可以迅速輕鬆地自己把水關上並且完成任務，贏得比賽。

　　然而事實上，比賽無法永遠都像上述的這麼簡單；我們將會想要應用反向鏈結的策略來訓練不只是技能的最後部分。你已經由實際幫他做技能的所有部分開始，要求他只做一小部分以完成這件工作，你將藉由每次為他做得更少一些而繼續地訓練他；你將一點一點地將起跑線移動得離終點線更遠，直到你最後終於到達這個技能的起始步驟。

　　回到我們四步驟的洗手計畫，一旦孩子熟練了關水龍頭的步驟，你就可以不必協助他而讓他自己做一些沖洗的動作（步驟 3）。在他熟練了步驟 3 後，他已經往回移向在你的幫助下塗抹肥皂的步驟（步驟 2），然後是打開水龍頭（步驟 1）。每次他克服了新步驟，他就朝向一連串步驟中他已經熟練的部分移動，平順地到達終點。

　　遵循反向鏈結的步驟，你的孩子每一次都可以贏得競賽！

由最後一步開始

　　艾斯維朵太太使用反向鏈結訓練潔西脫下外套。她知道潔西已經學會脫下外套的最後幾個步驟；只要將外套解開，她就可以容易地把它脫下並且掛起來。艾斯維朵太太因此往前移動一個步驟，要求潔西解開最後一個鈕釦，在潔西克服這個新步驟後，她再將已經學會的那幾個平穩的步驟加上以往終點前進。艾斯維朵太太已經解開所有其他的鈕釦，甚至開始解開最後一個，所以對潔西來說這些階段的設定是恰當的。

　　當潔西學會每個步驟，艾斯維朵太太就在訓練順序上往回移動，每一次要求潔西漸進地做更多的步驟。更重要的，潔西從不需要看媽媽將某項技能接續完成。

如果可以仔細地遵循反向鏈結的原則，一旦孩子開始就可以完成。大部分的自理能力遵循反向鏈結的原則，穿襯衫、擦手、吃義大利麵——我們所能想到技能的列表是列不完的。事實上，每一項技能是一些分開步驟的順序連結，而我們最好從最後一個步驟開始訓練起。

觀察進展與解決難題

如果你能持續記錄訓練過程與孩子的進展，那麼訓練自理能力的過程會比較順利。你已經使用了附錄 B 的自理能力清單以達到訓練計畫的步驟，持續追蹤進展的一個方法就是將這些步驟做為指南，逐次記錄你實行的步驟與孩子的表現，在附錄 B 的結尾，你可以找到進度表。以下的方針有助於你使用它：

1. 在紀錄表的左手邊依序寫下你訓練計畫中即將要訓練的步驟（以反向鏈結的順序）。
2. 寫下執行的日期與步驟。
3. 以一個「✓」標誌表示每一次訓練中你的孩子成功的嘗試。
4. 以一個「✗」表示一個步驟中不成功的嘗試。
5. 在每一次訓練的最後，把最後一個「✓」標誌圈起來表示已完成這次的訓練。

還記得第一章中提到比利的媽媽嗎？她正開始訓練收拾床鋪。你可以從我們的範本紀錄表中看到比利的媽媽除了早上的練習時段外，另外又安排的一個練習時段。比利成功地完成了第一步驟，但是在進行第二步驟時因為忘記做第一步驟（他已經熟練的步驟）而遭遇到困難，後來媽媽的提示幫助他成功了。

在表中可以看到，10 月 5 日時媽媽讓比利由一個新的步驟開始，而沒有先讓他做一個他已經知道的步驟，她馬上回到先前的步驟，比利再次地成功了。隔天，比利在整理床鋪時成功地完成了步驟 3，但

071

進度表

計畫：鋪床

列出步驟	日期	步驟	1	2	3	4	5	6	7	8	9	10	11	12	註
1. 把床單拉到枕頭上	10/2	1	⊘	✓	✓	✓	⊘	✓	✓	⊘					他放了枕頭，但是沒有做步驟1
2. 將枕頭放在床上	10/3	2	⊘	✓	✓	×	✓	⊘							
	10/4	2	⊘	✓	✓	✓	⊘								
3. 對折回來	10/5	3	×	⊘	✓	✓	✓	⊘							由新的步驟開始
	10/6	3	⊘	×	×	✓	⊘								
4. 把床單拉起並使之平順	10/7	4	⊘												上午忘了在表上打上星號
5. 將毛毯和床單一起摺回來															
6. 把毛毯拉起床單並擦平皺摺															
7. 將頂端的床單拉起並在兩側用力拉以擦平皺摺															

嘗試編號

✓＝成功　　×＝不成功　　⊘＝完成的部分

是媽媽忘記在紀錄表上記載，到了下午的時候，比利對自己練習時段沒有很高興，直到媽媽想起來自己忘了什麼。

記錄進展是訓練中很重要的部分，如果我們提供的進度表不適合你的話，你也可以自己設計，你可能會比較喜歡維持每日的紀錄，當成功時就記錄下來，重點在於能有一個方法可以定期地檢查看看你們是否持續有所進展。如果有的話，獎勵自己——你的確應該得到，如果沒有，回到第七章的解決難題部分求助吧（參見第 46 頁）！

行為問題

每個孩子都是獨特的，而且每個孩子會用自己的方式來面對新的訓練情境。然而，因為有特別需求的孩子常經歷到失敗的經驗，我們確信：你的孩子會用某些策略來逃避訓練情境，她可能會在首度克服失敗後才會願意合作，或許你沒那麼幸運也說不定。許多孩子在這些作業上會表現得一點興趣也沒有，丟掉肥皂、東張西望就是不看你，或者岔開正題。有些孩子在第一次被要求時會非常生氣，放聲大哭、咬人、打人和尖叫，使得訓練看來似乎是不值得的。有些孩子則沒有那麼明顯，可能會找一些有趣的事情做以分散你對訓練的注意力。

你所看到的這些策略有部分是想要讓你撤銷學習的要求。過去，每當這些策略成功地使得某人放棄訓練，那問題行為就被一點一點地加強，就像在一個想要的行為後面給一個獎勵，則這個行為就更有機會再次發生，而當不想要的行為（像是在訓練時尖叫或亂踢）後面接續了一個獎勵（可以離開訓練情境），則此不想要的行為發生的機會也會變高。

我們的重點在於：藉由一些使得學習更容易、更有趣的訓練策略來減少問題行為的發生。然而，儘管你已經盡了最大的努力，可能還是會有一些問題行為發生。

為了能夠比較清楚地呈現訓練一項技能時的各項步驟，我們還未談到很多關於會在你的孩子身上發現、可能會干擾你的計畫的行為。

很多時候，這樣聽起來好像我們所描寫的是一個理想的情境，而你孩子的行為問題將不會這樣地發生，實際上卻不是這樣。我們確信，每一位閱讀本書的父母將把這個理想的訓練方法改寫成它實際在家中的樣子。

第三部分列出了行為問題和它們的處理技能。無論如何，我們相信你應該先將工作放在訓練技能上。附錄 C 中包含一些出現在自助檢核表（第 73 頁）與更詳細的自理能力清單（附錄 B）中的訓練準則。

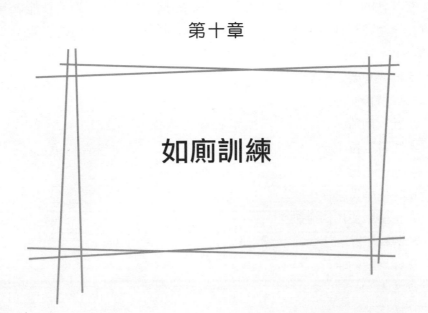

第十章

如廁訓練

不用說你也知道，如廁訓練是孩子需要學習的一種最重要的技能，而教孩子上廁所是件不太愉快的事情，需要好好地分配時間，且過程中會經歷很多的挫折與失敗，這些都是你原本就知道的事情。也許你曾嘗試過一些方法想要讓孩子在上廁所時表現得「像個大男生（或女生）」，然而永不結束的換衣服過程與偶爾發生的難堪仍然不斷上演著。也或許你的孩子還未完成如廁訓練，以至於無法參加某些要求必須能夠自己上廁所的活動。

如廁訓練並不容易，它沒有任何捷徑，過程中也很少會有快樂的經驗。而要做如廁訓練必須要下定決心，並且需要遵從一套系統化的程序，這一章的內容就是設計來協助你做到以上兩者。

如廁訓練涉及到的技能

當我們想到如廁訓練的時候，我們常會想到乾燥、乾淨的褲子⋯⋯

少有其他的。然而，一個已經學會如廁的孩子所需學習到的技能，其實比單單在馬桶中大小便這件事還要多得很多，包括下列的技能：

1. 辨識想要去的需求。
2. 等待排便。

076

3. 進入廁所。
4. 將褲子拉下。
5. 坐上馬桶。
6. 在馬桶裡排便。
7. 正確地使用衛生紙。
8. 將褲子穿回去。
9. 沖馬桶的水。
10. 洗手。
11. 擦手。

　　你的孩子可能已經會做其中的某些技能了，而你應該讓他盡量自己完成這些已會的技能。也有可能，上述的技能他都還不會做，如果是這樣的話，你也不用太擔心。

　　我們最初目標只放在訓練他一項技能：在馬桶裡排便。開始時你需要幫他做大部分或所有的其他技能，之後，你可以漸漸地開始訓練他做這些完成如廁訓練的其他所有技能。

你的孩子準備好了嗎？

　　你的孩子已經準備好學習如廁了，如果他：

1. 可以遵從簡單的指示（「過來這裡，比利」）。
2. 可以坐在椅子上長達五分鐘。
3. 排便的間隔至少可以等待一個半小時的時間（開始小便訓練以

前）。

附註：如果你的孩子還不能遵從簡單的指示或是坐五分鐘，你應該先集中地訓練這些技能（請見第八章）。

做決定

無論你之前從未嘗試過訓練孩子如廁，或是已經試過但只成功了一點點，現在都要立刻下決心學習這些方法並且堅持下去。依照其他父母的經驗，你的努力會非常值得。

記住，沒有人可以代替你對孩子做如廁訓練；這是一個日夜不間斷的工作，而你的孩子跟你在一起的時間最多。然而要使如廁訓練能夠成功，你們的態度與方法必須要維持一致，意思是你需要那些會跟你的孩子相處的人來協助你──包括保母、鄰居、老師，當然還有其他的家庭成員。

前人的建議

我們有些為人父母的「同事」給了我們幾個重要的建議，現在與你分享：

惠特尼的媽媽認為我們對於「如廁訓練是一個緩慢而漸進的過程，且會遭遇到很多的挫折」不夠強調。她告訴我們：「有時候你不知道有沒有進展，而且很容易就會想要放棄。」很多其他的父母贊同她所說的，認為我們能夠傳達給你的最重要訊息就是──「不要放棄」。

拉菲爾的媽媽告訴很多父母，她回想起來，訓練之所以能夠成功的一個重要原因就是仔細的做紀錄。她回憶說：「我很害怕算數，但是一段時間後就覺得還好。實際上做紀錄其實比看起來簡單很多，而且如果沒做紀錄就沒有辦法成功。」

最後，史考特的爸爸分享整個家庭因為參與史考特的訓練成功而獲益良多：「我們全家一起參與，為了史考特，也為了我們自己，必須要讓訓練成功。」

做紀錄

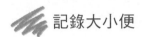 ### 記錄大小便

如果你的孩子已經有自己的「如廁時間表」，即當你規律地帶他到廁所時他能夠排便在馬桶裡，而且白天從未尿濕褲子，則往前跳到獨立地如廁（第 115 頁）的部分。為孩子做如廁訓練的第一件也是最重要的事情就是，找出他的排便模式——他每天最可能小便或大便的次數。在知道他的排便模式後，才能夠開始用系統化的計畫來訓練孩子。

為了確知孩子的排便模式，你應該持續記錄他的小便或大便次數達兩週的時間，當這個兩週的期間過了以後，你才能夠開始如廁訓練。

 ### 兩週期間要做什麼事

1. **持續**（Continue）在兩週期間，像往常一樣處理孩子的大小便。如果你還未開始帶孩子到馬桶去大小便，也不要開始這樣做。如果你已經開始帶孩子到馬桶去大小便了，就記錄他坐在那裡時是否有小便、大便，或沒有大小便。
2. **檢查**（Check）孩子在早上剛起床時尿布（幫寶適、好奇，或其他廠牌皆可）是否是乾的、排了小便，或排了大便。
3. **一個小時後再檢查**（Check）一次，並且每個小時繼續地檢查，直到他上床睡覺為止。

4.每一次記錄（Record each time）他是否是乾的、排了小便，或排了大便（有關這個部分，後面會談得更多）。

5.當你檢查時，如果他小便或大便了，就幫他**換下**（Change）尿布或褲子。你應該要做這個，這樣你才會知道下一個小時他是否再度排大小便了，而且他也會開始習慣乾爽的感覺。

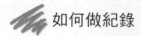 ## 如何做紀錄

第 94 頁的大小便紀錄表是讓你用來做紀錄的，在你讀完這個部分其餘的內容後，將這張表格影印兩份並且寫上日期，以便你可以記錄兩週的時間。你也可以從我們的網頁（http://www.brookespublishing.com/steps）下載這個表格（還有這本書中的任何表格）。將大小便紀錄表放在廁所裡，並且從明天就開始做紀錄。

褲子欄

每個小時在褲子欄中記錄：

D	如果是乾的	BM	如果大便了
U	如果在褲子裡小便了	U/BM	如果兩者都有

當然，你不需要一整個小時都在等，任何時間你認為他可能尿濕或排便了，就檢查一下，將時間寫在表格中，並且將結果記錄下來。

馬桶欄

如果你有將孩子放到馬桶上，則以相同方式將結果記錄在馬桶欄（記住：如果你還沒開始將他放到馬桶上排便，也不要現在開始這樣做）。

D	如果他沒有在馬桶裡大小便	BM	如果他大便了
U	如果他小便在馬桶裡	U/BM	如果兩者都有

大小便紀錄

孩子姓名：_____

開始日期：_____

時間	第1天		第2天		第3天		第4天		第5天		第6天		第7天	
	褲子	馬桶	褲子	馬桶	褲子	馬桶	褲子	馬桶	褲子	馬桶	褲子	馬桶	褲子	馬桶
7:00														
8:00														
9:00														
10:00														
11:00														
12:00														
1:00														
2:00														
3:00														
4:00														
5:00														
6:00														
7:00														

如你所見，做紀錄在每個小時中花不到你一分鐘的時間，然而，這卻是你如廁訓練計畫中最重要的部分。 *079*

你以前可能有過做紀錄的經驗，而現在也準備好了。或者，你和其他大多數的父母一樣以前從未做過行為紀錄，而且把它想成是件困難且令人困惑的過程，我們要確定你不會在開始前就想要放棄，所以我們在這裡列出幾個例子，將做紀錄這件事說明得更清楚。

紀錄表格

080

傑夫的媽媽對於要開始如廁訓練計畫感到非常焦慮，當問到傑夫的大小便模式，她最早的描述：「尿布通常是濕的，有時在上午的中段時間，下午則有兩三次。」而這樣的描述還不夠明確，兩週的紀錄期可以蒐集到更精確的資訊。傑夫的媽媽除了每個小時檢查傑夫是否有排便並且寫下結果之外，其餘的如廁例行程序都維持如同往常一樣。

她第一天上午的紀錄為：

第 1 天		
星期三		
時間	褲子	馬桶
7:00	U	D
8:00	D	
9:00	D	U
10:00	D	
10:25	U/BM	
11:00	D	

這個表格顯示的資訊為：

- 7:00 時，她發現他的睡褲尿濕了（U）；她如同往常一樣將他帶到馬桶上，但是他沒有排大小便（D）。
- 8:00 時，為一個小時後，她再次檢查，而他的褲子是乾的（D）。她並沒有將他帶到馬桶上。
- 9:00 時，他仍然是乾的（D），但是當他被帶到馬桶上時，他小便了（U）。
- 10:00 時，又是乾的（D）。
- 10:25 時，傑夫尿濕了並且大便在褲子上（U/BM）；他的媽媽看到了，但是太晚帶他到廁所，她將時間寫在表格中。
- 11:00 時，他是乾的（D）。

081

到了兩週紀錄期的末尾，這個簡單、每日 D、U、BM 的紀錄讓傑夫媽媽知道她需要展開訓練了。當然，在這兩週期間她有好幾次因為很忙而忘記「檢查」傑夫是否大小便；在如廁訓練計畫進行時如果能夠讓整個家庭都一起參與將有很大的幫助。

現在，讓我們來看一個小孩一週、從上午 8:00 到中午 12:00 的大小便模式紀錄。你會很驚訝地看到它可以回答多少問題。

寫下你的答案：

時間	星期日		星期一		星期二		星期三		星期四		星期五		星期六	
	褲子	馬桶	褲子	馬桶	褲子	馬桶	褲子	馬桶	褲子	馬桶	褲子	馬桶	褲子	馬桶
8:00	D		D	D	D		D		U	D	D		D	
9:00	BM	U	U	D	U		U		U/BM	D	D	U	U	D
10:00	D			BM	BM	U	BM		BM		BM	D	BM	
11:00	U			D		D	D	D	D		U	D	D	U
12:00	D			U		U		U		U		U		U

1. 星期六時她在哪裡（where）排了大便？

_____

2. 星期三幾點鐘（what time）她排了大便？

_____

3. 她在星期四時排了多少次（how many）大便？

_____

4. 她有多少次（how many）的排大便時間是在九點？

_____

5. 在幾點鐘（at what time）的時候她有最多次的排大便？

_____

082　　　整個表格看起來很混亂。但是每個單一的格子告訴你的其實是十分單純的訊息。檢查一下你的答案：*1.*褲子，*2.* 10:00，*3.*兩次，*4.*兩次，*5.* 10:00。

　　　現在你已經準備好記錄你自己孩子的大小便模式了。持續記錄兩週，在這段時間，閱讀這章剩餘的內容，為開始你的訓練計畫做好準備。

　　　如果你沒有在接下來的兩週持續一致的記錄，本章剩餘的部分對你不會有幫助。記住，在這兩週內，沒有所謂的成功或失敗；你只是嘗試去看孩子的大小便模式，然後你將可以為她設定一個對她有意義的如廁時間計畫表。

　　　為了讓紀錄可以整理出一個模式，你必須知道孩子清醒時的所有時間在做什麼，這意謂著你必須讓表格跟著她到學校去或是交給祖母，而且你必須仔細地將記錄程序告訴你的家人，甚至是你的保母。你是這個計畫的老師，如果你清楚其他人應該做什麼，而且如果他們看到你很認真地看待這個計畫，這些人對你將會有很大的幫助。

從哪裡開始──大便或小便訓練？

　　　初次為孩子進行如廁訓練時，你應該從大便訓練開始。然而，如果：⑴你的孩子都在馬桶裡大便，而且⑵你的大小便紀錄顯示他可以在兩次排尿中間等待一個半小時，那麼你的孩子已經準備好開始做小便訓練了。

　　　附註：如果你的孩子已經做好小便訓練但是還未完成大便訓練，那麼還是進行大便訓練。

　　　為何從大便訓練先開始呢？因為排大便的動作跟小便比起來比較少發生且比較系統化，所以到廁所的次數會比較少，你需要花的時間也比較少，對孩子的新期望也比較少，更重要的是，每一次到廁所去大便都幾乎會成功。還有，你孩子需要排大便時的徵兆對你來說會比較容易辨認（例如：用力、臉紅、安靜或蹲下）。大便訓練完成後，接著的小便訓練會比較不困難，因為你的孩子已經熟悉如廁的例行程

序了。

當你已經：(1)做了兩週孩子的大小便模式紀錄，並且(2)決定開始大便或小便訓練了，你就已經準備好要決定他的如廁時間計畫表了，接下來的重點在於如何為大便訓練決定時間計畫表。即使你以小便訓練開始，你還是應該仔細閱讀這個部分，因為兩個例子的程序幾乎是相同的，在這之後，我們再來考慮進行小便訓練時一些不同的作法。

決定如廁時間計畫表

1. 拿著你做的兩週大小便紀錄，並且將每一個 BM 圈起來（最好是用顯著的色筆）。

2. 將兩頁紀錄表中你孩子在每個時段（7:00、8:00、9:00，以此類推）中大便的次數加起來，在左邊的頁邊空白、緊鄰時間的位置處寫下每個時段的總次數。

   下兩頁是某個孩子的兩週紀錄範例，已完成上述步驟 1 和 2。在繼續下去之前先花一些時間了解一下這些例子顯示的資訊。

   對大部分孩子來說，將可以從中看出某種的大小便模式，在一天中應該會有幾個 BM 最常出現的時段，也就是兩週期間有最高總數的時段。例如，在範例紀錄表中你可以看到，艾力克斯最常在下列的一個時段中出現 BM：上午 9:30 到上午 10:00，上午 11:30 到中午 12:00，或者下午 5:30 到下午 6:00。

3. 如果你孩子的大小便模式規律且容易辨認，如廁的時間會比較容易計畫。在每次他通常排大便時間的十五分鐘前，你應該帶他到廁所去。對艾力克斯來說，初次的如廁時間應為上午 9:15，第二次為上午 11:15，而第三次為下午 5:15。

   如果你的孩子通常在上午只有一次 BM，並且如果他在初次的如廁時間就已經有 BM 了，則你不需要再帶他去一次。然而，如果他在這一次沒有排便，你將需要在下一個預定的時間帶他去廁所（對艾力克斯來說，這個時間會是上午 11:15）。

083

085

083

大小便紀錄

孩子姓名：艾力克斯

開始日期：11月14日

時間	第1天 星期三 褲子	馬桶	第2天 星期四 褲子	馬桶	第3天 星期五 褲子	馬桶	第4天 星期六 褲子	馬桶	第5天 星期日 褲子	馬桶	第6天 星期一 褲子	馬桶	第7天 星期二 褲子	馬桶
7:00									D	U				
7:30			7:30 U								7:30 U			D
8:00	D	U	D		U	U	D	U	D		U	U	D	
9:00	D		D		D		D		U		D		D	
9:30		(9:30 BM)										(9:30 U/BM)		
10:00	D			U	D			(BM)	D		D			U
11:00	U			D	U		D	U	D	D	D		D	
11:30				(11:30 BM)										
12:00				D	D					(U/BM)	D			(BM)
1:00	D		D		D		D		D		U		U	
2:00	D			U	U		D		D		D		D	
2:30	2:30 U													
3:00	D		D		D		D		U		D		U	
4:00	D		D			D	U		D		U		D	
4:30					4:30 U									
5:00	U		D		U	D	D		D		D		U	
5:30					(5:30 BM)				5:30 U					
6:00	D		D			D	U		D		D		D	
6:30											6:30 U			
7:00	D			U	U		D		D		D		U	

（左側欄位標記：9:30 行「2」、10:00 行「1」、11:30 行「1」、12:00 行「2」、5:30 行「1」）

大小便紀錄

孩子姓名：　艾力克斯

開始日期：　*11 月 21 日*

時間	第1天 星期三		第2天 星期四		第3天 星期五		第4天 星期六		第5天 星期日		第6天 星期一		第7天 星期二	
	褲子	馬桶	褲子	馬桶	褲子	馬桶	褲子	馬桶	褲子	馬桶	褲子	馬桶	褲子	馬桶
7:00														
			7:30 U	U			7:30 D	U					7:30 D	U
8:00	D	U	D		D	U	D		D	U	U	U	D	
9:00	D		D		D		D		D		D			
9:30			(9:30 BM)											
10:00	U		D		U		U		(BM)	D	D		U	
10:30									10:30 U					
11:00	D		D		D		D		D			U	D	
12:00	U		U		(U/BM)		U		D		D		U	
1:00	D		D		U		D		U		D	U	D	
2:00	D		U		D		D		D		D		D	
2:30	2:30 U													
3:00	D		D		D		U		U		U		U	
4:00	D		D		U		D		D		D		D	
5:00	U		U		D		D		U		D		D	
5:30	(5:30 BM)						5:30 U							
6:00	D		D		U		(BM)		D		U		(BM)	
7:00	U		D		D		U		U		D		U	

我們進一步具體地討論在這些如廁時間中你應該做些什麼，現在我們嘗試建立一個如廁最佳時間的時間計畫表。根據兩週的紀錄中，我們要你能夠做一個像這樣的描述：「通常在大約上午10:00 的時候有一次BM。如果這次沒有，則通常會在 11:30 到 12:30 之間。下午的時候，他有時在 4:00 到 5:00 之間會有第二次的BM。」

從這樣的描述中，你可以列出最佳的如廁時間，再一次提醒，是平常排便時間的十五分鐘前。

4. 如果你的孩子的大小便模式並不規律或容易辨認，你應該將初次如廁時間定在第一個 BM 紀錄時間的十五分鐘前，之後的如廁時間預定為每兩個小時一次。如果他通常一天只有一次的BM，則在他出現 BM 後，就不需要再帶他去廁所了。

5. 現在你應該在一天中選擇兩到四個最適合帶孩子到廁所去進行大便訓練計畫的時間。請將你選定的時間寫在這裡：

_____

_____

_____

_____

你應該在這些精確的預定時間執行大便訓練為期一週。一週後，研究你的紀錄，必要時，改變時間計畫表以使它更符合孩子的排便模式。例如，如果他總是在你帶他去廁所的二十五分鐘後有一次的 BM，則將你的預定時間延後十五分鐘。如果他有幾天在你帶他去廁所時就已經有 BM 了，則將你的預定時間提早十五分鐘。在第一週時不要對你的時間計畫表做任何的改變；在後來幾週，如果你的紀錄一致地顯示應該有所改變時才去調整你的時間計畫表（不要改變你的時間計畫表的原因在於他的排便時間在

一或兩天就會改變）。

如廁訓練失敗的主要原因為：父母沒有發展好的如廁時間計畫表並且堅持。有些人沒有仔細地做紀錄，或沒有花時間閱讀這些內容並且仔細察看他們的兩週紀錄以找出大小便模式。其他人做了這個，但是沒有始終如一的遵循他們發展的時間計畫表。如果如廁訓練失敗了，父母與孩子都會是輸家。然而，大部分的父母成功了，而你也可以是他們的其中之一。

大部分父母發現，在決定如廁時間計畫表時如果能夠得到配偶、鄰居，或其他較大孩子的協助將會非常有幫助。你會發現此刻與其他人討論你的如廁訓練計畫，一起參與、討論進度會是很好的一件事。

086

 特別附註：為小便訓練決定如廁時間計畫表

為了決定小便訓練的如廁時間計畫表，你應該遵循列在大便訓練的相同步驟。記住以下一<u>些</u>不同的地方：

1. 在兩週的大小便紀錄中，將 U 圈起來並且相加。
2. 小便次數將會多很多。在一天中選擇四到八個你的小孩最常去小便的時間。不要選擇兩個時間是間隔少於一個半小時的。
3. 安排你的如廁時間計畫表，將已為大便訓練建立的如廁時間變成它的一部分。
4. 在所有預定的時間帶孩子到廁所去。

如果你已經要開始小便訓練了，將最佳的如廁時間寫在這裡（從兩週紀錄中決定）。

_____

_____

_____

_____

_____

_____

_____

記住：決定時間計畫表是如廁訓練中最重要的部分。

使用獎勵

　　你可能會想要回頭去參考第四章以複習我們已經談過的獎勵部分，跟教其他的技能一樣，獎勵對成功的如廁訓練是非常重要的。

　　首先，你應該要求你的孩子只做一個小的步驟，像是坐在馬桶上，你應該立即地讚美她並且給她一個葡萄乾、喝一口飲料，或是任何你所選擇的獎勵。隨著時間過去，你的孩子將不再需要獎勵並且能夠在你的要求下坐到馬桶上，然後，你應該只在她排便後才給她獎勵。

087　　　你應該準備在她排便後立即地給予關注與特別的待遇——然後迅速地將她帶離廁所，讓她不至於在廁所裡花太久時間吃點心或玩玩具。記住，廁所不是遊戲間。

獎勵

　　強生太太的大便訓練計畫在一開始就遇到了困難：傑梅爾無法坐在馬桶上超過三十秒的時間。她知道他喜歡香草餅乾與讚美，但是如

果他無法坐在那裡，就無法因為在廁所如廁而得到它們。所以第一件要增加的行為就是坐在馬桶上，而我們建議她在第一次傑梅爾只坐三十秒鐘時就讚美與獎勵他，然後四十秒，然後五十秒，以此類推，直到他可以坐上五分鐘。當他太早起身時，強生太太會幫他穿好衣服並且將他帶離廁所，盡可能地給予很少的關注而且不要給他餅乾。傑梅爾很快地學習到他要得到關注——與餅乾——的唯一方法就是要坐在馬桶上。

當傑梅爾坐在馬桶上較長一段時間後，他也開始在馬桶中排便了——他也立即地得到讚美與餅乾。

行為問題

為比較清楚地呈現如廁訓練的步驟，我們並未詳述很多你孩子可能出現干擾你的計畫的行為。很多時候，聽起來我們描述的是一個你孩子的行為問題不會在這過程中出現的理想情況，實際上卻不是這樣。

在本章的最後，我們討論一些我們最常被問及的其中一些問題，有些與訓練期間的行為問題有關。另外，你可能會想要參考第十五章到第十八章的行為問題與處理部分。

大便訓練

大便訓練的這一節包含七個部分。在開始你孩子的計畫前，請先閱讀所有的內容。

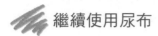 繼續使用尿布

還不到換穿訓練褲的時候，所以在大便訓練期間，繼續讓孩子使用尿布（最常是紙尿布）。當他排便在尿布上時，在廁所裡幫他換下，並且不要大驚小怪。不要責罵、處罰他，或甚至表現得心煩意亂，盡你所能地不要給予關注。孩子在改變時所得到的關注——即使是責罵——常常是他們繼續拉在尿布上的一個原因，把你的關注節省起來，等到孩子在馬桶中排便的時候再使用。

辨認孩子的徵兆

你將會依照孩子的大小便模式所決定規律的時間計畫表來訓練孩子如廁，然而，你應該也要對他在其他時間可能出現想要排便的徵兆有所察覺，孩子以不同的方式來表示想要排便的徵兆——用力、臉紅、安靜或蹲下是典型的例子。學習辨認孩子的徵兆，並且在出現時就帶他到廁所去，每次帶他到廁所都要做紀錄，即使那個時間不在原來的時間計畫表中。

為成功安排學習環境

你應該給孩子機會能夠在廁所成功地表現，你已經在他那些最常大小便的時間為他發展了如廁時間計畫表，為了使他成功的機會更能夠增加，遵循那些安排環境的指導方針。

要一致

將你的如廁程序盡可能地維持一致，以讓你的孩子能夠預測並且輕鬆看待。依照時間計畫表帶她到廁所去，並且在第一週時不對計畫表做改變，帶她到同一間廁所（如果可能）並且使用相同的字眼以使

得整個過程盡可能地可預測。如果她會在學校中被帶到廁所，確定你
已經將你的計畫從頭至尾地與她的老師分享。

從一開始就使用一般的馬桶

如果你的孩子太小以至於無法使用一般的馬桶，就在一般的馬桶
上放置一個比較小的馬桶以使座位較為舒適，並且給她一個小箱子或
凳子讓她可以將腳放在上面。如果你發現有必要使用嬰兒便盆，則在
廁所裡使用它，並且一直在那裡使用。

089

避免分散注意力的玩具和人

開始的時候，讓孩子學習到「廁所不是遊戲間」是重要的，她在
那裡的原因只有一個；在馬桶裡排便。為了協助她專心在這個任務上，
你應該將廁所裡可能吸引她注意力的任何的玩具或遊戲（或人！）移
開。

避免分散注意力的談話

同樣地，你和孩子在廁所裡只有一個特別的理由：協助她進行手
邊的任務。因此，當她坐在馬桶上時，告訴她要做的事情、馬桶是做
什麼的，此時要避免談到可能會分心的無關事情（托兒所發生的事、
晚餐吃什麼等等）。

分心

查理斯太太已經得到兩週的紀錄資料並且決定茱莉的大小便模式
了。現在，是大便訓練計畫的第二天早上，茱莉已經坐在馬桶上進行
7:15 的如廁，查理斯先生和布列塔妮兩人因為要使用洗臉槽而闖了進
去，茱莉很快地站起來並加入了他們，爹地和布列塔妮已經不自覺的
讓她從手邊正在進行的事中分心了。

為了讓這個大便訓練計畫能夠成功，需要更小心地處理這種「早上匆忙」進入廁所的狀況。有這種狀況發生時，爹地與布列塔妮可以在茱莉的如廁時間之前或之後使用廁所（布列塔妮同意早幾分鐘起床，而爹地願意晚一點起床）。然而，當在大家庭中，又只有一間廁所的情況下，排定時間總是會比較困難，而如廁訓練計畫更是會如此，成功是需要家人的合作的。

 ### 將孩子放到馬桶上

　　一般如廁的例行程序如下：

1. 依照時間計畫表或當孩子出現徵兆時帶他到廁所去。將他的褲子拉下到膝蓋以下（如果他會自己做這項工作的全部或任何部分，就鼓勵他這樣做）。

2. 讓他坐在馬桶上五分鐘，和他一起待在那裡。偶爾對他坐在那裡給予讚美（「太好了！你正坐在馬桶上」），並且以簡單的、不嚴格要求的方式說明他要做的事情。
3. 如果他排便了，讚美他並給予獎勵。
4. 如果他沒有排便，將他帶離馬桶與廁所十分鐘，然後回來坐在馬桶上五分鐘。再一次地，如果他排便了，讚美並獎勵他。如果他沒有排便，就等他出現徵兆，或是下一個預定的時間再帶他去。

　　當然，你不能「苛求」他排便在馬桶裡，這只會讓他緊張並且更不容易成功。相反的，一開始，到廁所去應該是一件除了坐在那裡以外僅有小小要求、隨性的事情。

　　在那二十分鐘期間，給你的孩子兩個五分鐘的機會去排便，之間中斷十分鐘。這樣的例行程序避免了要坐在那裡長時間的挫折與不舒服。即使他沒有排便，他已經成功地完成部分的任務，而一開始你應

該只針對他坐在那裡而給予獎勵。

讓你自己漸漸地從廁所離開

　　讓你自己逐漸地從廁所離開是重要的，這樣你的孩子才會習慣獨自待在那裡，只要你的孩子在不需要你的協助和口頭提示的狀況下能夠待在馬桶上，你就應該開始這樣做。在你帶孩子到廁所，或已經將他放到馬桶上後（決定於他需要多少幫忙），花越來越少的時間和他待在一起，逐漸地離開。開始時，假裝在廁所做其他的事，然後站在門口，最後則完全離開廁所。

　　雖然你「讓自己逐漸離開」，但是當他成功時還是必須繼續給予關注與獎勵，回來讚美並獎勵他，並且當他需要時協助他完成。當你的孩子一致地在廁所裡排便，你可以開始像教其他新技能一樣地逐步將獎勵減少。

持續做紀錄

　　持續地在大便訓練計畫的全程中做紀錄。在廁所附近的牆上放一張表，將你選擇的時間圈起來以作為你的如廁時間計畫表。每次你帶孩子到廁所後，無論她是乾的、濕的，或是排便了（D、U、BM）和她在馬桶裡做了什麼（D、U、BM）都要寫下來。這個表格跟你在那兩週紀錄期間所使用的相同，除了一點，現在你並不需要每個小時都檢查他。

　　如果你在預定的時間以外帶她到廁所去（或者如果她在尿布裡有BM），在表格裡記錄時間與結果。

小心地記錄進展和我們討論的訓練策略一樣重要。每日持續的進展紀錄可以提醒你規律地執行如廁計畫，同樣也可以幫助你看到「進展得如何」。

 評估進展

　　藉由一週一週地看你的表格，你可以回答一些重要的問題：

你是否在最佳的時間訓練他如廁？

　　記住，我們建議你維持原來的時間計畫為期一週，然後檢查看看是否需要做任何改變。如果你在預定時間帶他到廁所去時，他常常在尿布裡有 BM，你應該將時間提早十五分鐘。如果他通常在如廁時間後很快地排便，你應該將時間延後十五分鐘。

　　你可能也會發現當你的孩子開始如廁訓練後，他一天只有發生一次 BM，而一些較晚的如廁次數減少了。在對時間計畫表做改變後，再次改變前，要堅持新的時間計畫表為期一週。當你的紀錄至少有五天清楚地指出需要改變時才改變它。

你正在進步嗎？

　　你努力訓練的獎勵就是看到孩子在學習中。有時候我們無法很清楚地看到訓練的技能每天有什麼改變，而藉由進展的紀錄可以幫助我們看到他在過去幾週學習到了什麼。每一週你可以從你的表格中數(1)他在尿布中 BM 的總次數，與(2)他在馬桶中 BM 的總次數，每週都將那些總數寫下來，如果在尿布的總次數正在下降，而馬桶的總次數正在增加——那就是進步。

　　在下面的例子中，前四週並沒有太多的進展，然後逐漸的改善就開始了。有時候進展會比這個快一些，有時候則慢很多，藉由正確的紀錄，你將能夠看到你在其他方面可能沒有注意到的改變，進展紀錄就是你得到的獎勵。

	第 1 週	第 2 週	第 3 週	第 4 週	第 5 週	第 6 週	第 7 週	第 8 週
在尿布裡 BM	7	8	5	5	6	5	4	4
在馬桶裡 BM	1	2	2	2	3	4	3	4

最後評論

092

　　我們敘述的這個計畫比你實際去做的容易許多，實際的狀況是：要記得時間計畫表並且常常要打斷你正在做的事情，以便在正確的時間訓練孩子如廁。它意謂著將尿布脫下又穿上的次數會是如廁次數的兩倍（因為執行五分鐘，休息十分鐘，執行五分鐘的例行程序），並且每天要這樣做好幾次。它意謂著要持續幫他換被弄髒的尿布，設法接受這件工作實際上就是會這樣子。而特別地，它意謂著要維持你的熱情並且準備對孩子每一個小小的進步給予讚美。

　　當然，你會在很多時候感到挫折、失望、不確定，以及不安，你會有某些天因為其他的活動而讓你無法堅持你的時間計畫表。當你的孩子大便在尿布裡而你又沒有及時「趕上」時，你會覺得好像做錯了事情。你常常無法等到一週過去就會很想要改變時間計畫表，你需要沉住氣，我們不再對可能的問題做更長的敘述，如果你能堅定這個計畫，雖然很不容易，你就會成功。

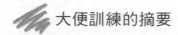 大便訓練的摘要

繼續使用尿布

　　讓孩子繼續使用尿布，直到你準備好要做小便訓練。

辨認孩子的徵兆

要能夠察覺孩子可能表現出來想要如廁的需要，而不只是注意預定的時間。

為成功安排學習環境

- 要一致。
- 使用一般的馬桶。
- 避免分散注意力的玩具和人。
- 避免分散注意力的談話。

將孩子放到馬桶上

- 依照時間計畫表或當孩子出現徵兆時帶他到廁所去。
- 讓他坐在馬桶上五分鐘。
- 如果他排便了，讚美他並給予獎勵。
- 如果他沒有排便，將他帶離廁所十分鐘。
- 帶他回到馬桶上再坐另外的五分鐘。

讓你自己漸漸地從廁所離開

- 當你的孩子可以不需要你的協助與口頭提示而待在馬桶上五分鐘就開始。
- 繼續回到廁所，並且在他排便時給予讚美與獎勵（「很好！你正坐在馬桶上！」）。

093

持續做紀錄

- 每次訓練孩子如廁時，將他坐上馬桶之前（D、U、BM）和在馬桶上做的事（D、U、BM），無論是乾的、濕的，或是排便都寫下來。
- 如果你在其他時間帶孩子去廁所，也要記錄下來。

‧任何時候你孩子在尿布裡有 BM，將它記錄在你的紀錄表裡。

評估進展

‧決定你是否在最佳的時間訓練他如廁。
‧在改變時間計畫表前，至少先維持新的時間計畫表一週的時間。
‧每週計算孩子在尿布裡與在馬桶裡 BM 的次數，並且寫下來。
‧最後，不要忘記偶爾對能夠堅持計畫而獎勵你自己！

小便訓練

　　你的孩子已經準備好進行小便訓練了，當(1)她的 BM 發生於第一個五分鐘的如廁期間（所以第二個五分鐘期間是不必要的），而且(2)她在典型的一週裡沒有發生超過一次在尿布裡有 BM 的「意外」。

　　如果你剛完成你的兩週紀錄，並且已經決定如廁時間計畫表，你就可以準備開始了。然而，如果你剛完成大便訓練計畫，而你的孩子現在也準備好小便訓練了，能夠先做另一份像在大便訓練時做的兩週紀錄將會有幫助。為小便訓練決定一個如廁時間計畫表，並且確實地將大便訓練中如廁的時間合併到你新的如廁時間計畫表中。

　　小便訓練遵循和大便訓練一樣的七個步驟，而且只有一點點的改變，所以我們不再複述，我們只說明那些小便訓練不同於你之前學到的部分。

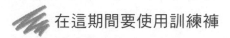 ### 在這期間要使用訓練褲

　　現在是脫去孩子的尿布或尿褲而換穿訓練褲的時候了。一開始這對你來說會有些不方便，必然會有很多的意外與忙亂發生，然而，這是個必要的不方便。從孩子的觀點，尿布是要用來尿濕的，脫掉他的尿布就是告訴她那些日子結束了，訓練褲是給那些正在學習到廁所去的孩子用的！然而，晚上時你應該繼續讓她使用尿布。

094  將孩子放到馬桶上

　　為了小便訓練，讓她坐在馬桶上五至十分鐘。如果她沒有排尿，將她帶離廁所直到下一個預定時間——除非她在下個時間之前出現想要去如廁的徵兆。

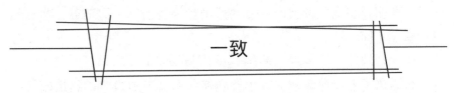

一致

　　羅伯特的例子很典型。他的父母對訓練他如廁這件事有時候很投入，有時候又興致缺缺，我們不知道羅伯特經驗了這幾週的如廁訓練計畫後有什麼感覺，但是我們猜會是：自在的。現在，如廁訓練有個一致的例行程序。例如，在上午 9:30，媽媽會帶他去廁所。如果他已經尿濕了，她不會責罵，只是不動聲色地讓他坐在馬桶上。在廁所裡沒有東西會使他與媽媽分心，媽媽每隔幾分鐘會提醒他要「去馬桶屁屁」。

　　媽媽只讓羅伯特坐在那裡大約五分鐘。如果他沒有小便，她只會安靜地幫他穿上衣服。但是當他小便了，媽媽會很高興。她會笑並且讚美他（「羅伯特是一個大男生了！」），甚至會為他準備麵包或點心。而當爸爸跟姐姐幫助羅伯特時，他們做的事情也一樣——甚至餅乾也一樣！所以我們猜羅伯特對這個計畫覺得非常自在。

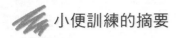 小便訓練的摘要

在這期間要使用訓練褲

在這期間脫去孩子的尿布與尿褲，在晚上繼續使用尿布。

辨認孩子的徵兆

要能夠察覺孩子可能表現出想要如廁的需要，而不只是注意預定的時間。

為成功安排學習環境

- 要一致。
- 使用一般的馬桶。
- 避免分散注意力的玩具和人。
- 避免分散注意力的談話。

095

將孩子放到馬桶上

- 依照時間計畫表或當孩子出現徵兆時帶他到廁所去。
- 讓他坐在馬桶上五分鐘。
- 如果他小便了，立即地讚美他並給予獎勵。
- 如果沒有成功，將他帶離廁所直到下一個預定的如廁時間到了為止。

讓你自己漸漸地從廁所離開

當你的孩子可以不需要你的協助與口頭提示而待在馬桶上五分鐘就開始。記得要回來並且在他排便時給予讚美與獎勵。

持續做紀錄

- 每次訓練孩子如廁時，將他坐上馬桶之前（D、U、BM）和在馬桶上做的事（D、U、BM），無論是乾的、濕的，或是排便都寫下來。
- 如果你在其他時間帶孩子去廁所，註記在你的紀錄表裡。

評估進展

- 決定你是否在最佳的時間訓練他如廁。
- 在改變時間計畫表前，至少先維持新的時間計畫表一週的時間。
- 每週計算孩子小便在褲子上與在馬桶裡的次數，將這些總數寫下來。
- 最後，不要忘記偶爾獎勵能夠堅持計畫的你自己！

獨立地如廁

你的孩子準備好了嗎？

　　你正依照時間計畫表帶孩子去如廁。當她被訓練到能夠一週沒有超過一次的意外時，她就可能準備好可以自己上廁所了。如果下列任一個答案是肯定的，他就一定準備好了。

1. 她是否會有任何的徵兆表示她需要排尿或排便的需要？這可能是用字像是「屁屁」或「便便」，或是用手勢表示廁所。它也許會是一個對你孩子來說有私人意義的聲音，像是「嗯嗯」或「噗」，或

也許像是突然地安靜下來或「跳腳」或交叉他的雙腳。
2. 她是否曾經用拉你的衣袖、或指、或發出聲音等方式來直接地向你指出她的需要？
3. 她是否曾經自己使用馬桶（在你沒帶她去的情況下）？

學習所有的步驟

記得我們之前說過，完成如廁訓練的孩子可以表現很多的技能。如下列：

到廁所去

1. 知道他何時需要去
2. 等待排便
3. 進入廁所

在廁所裡獨立

4. 將褲子拉下
5. 坐上馬桶
6. 在馬桶裡排便
7. 正確地使用衛生紙
8. 將褲子穿回去
9. 沖馬桶的水
10. 洗手
11. 擦手

你的孩子現在會坐在馬桶上排便，而且或許也會做一些其他的步驟。如果他會作步驟 4 至 11，他就算是——在廁所裡是獨立的。如果他不會自己做這些步驟中的其中一些，接下來你應該先教這些，以便他在知道自己何時需要去並且進入廁所後，能夠自己完成全部的步驟。

或許你一直都有在教這些技能，但還是讓我們簡短地看一下其中的一些步驟。

將褲子拉下（步驟 4）　將褲子拉下，和將褲子穿回去、洗手與擦手一樣，都是你孩子獨立如廁時需要的技能。閱讀第九章，並且參考附錄C中針對如廁時所需要的打扮與穿衣技能所列的特別計畫綱要。

097　**正確地使用衛生紙（步驟 7）**　這或許是在如廁例行程序中孩子熟練的最後一步驟，雖然你應該在大便訓練的過程中訓練他。你的孩子需要學習的不只是用衛生紙「快速擦過」，你需要示範應該撕下多少量的衛生紙（超過一張，少於整捲！），你也需要監督他的擦拭動作，鼓勵他慢下來，或許引導他並且要他重複那個過程，直到擦乾淨為止。因為使用衛生紙是最不吸引人的步驟（沒有特別吸引人的技能可以教），所以你和孩子很容易就會忽略，但是這個步驟一定要注意！

將褲子穿回去（步驟8）　回頭參考步驟4。更多的技能像是將褲子拉鍊拉上、扣釦子和扣好皮帶都是你孩子在如廁時完全獨立所必須的。這些你可以在他完成如廁的例行程序後再協助他做。如果你認為他已經準備好學習那些拉拉鍊—扣釦子—扣皮帶的技能了，就參考第九章與附錄C。

沖馬桶的水（步驟 9）　這個步驟對你的孩子來說是最容易學習並且最有趣的部分。在大便與小便訓練過程中，你應該在他排便後就要他沖水。它雖然很容易地變成例行程序的一部分，但是提醒也許還是需要的。

洗手與擦手（步驟 10 與 11）　你應該教孩子這些技能，但是不需要等她熟練這些技能以後再來進行步驟 1 至 3：到廁所去。

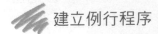 **建立例行程序**

你的孩子可能已學習好這些分開步驟中的每一個，而在缺乏你的重複督促之下，還無法以一個流暢的例行程序將它們一個接著一個地做出來，但是這樣一個例行程序對你的孩子真正地要在廁所裡獨立是

必要的。你需要將你的提示逐步減少，
在她完成一個步驟後，等一會兒看看她
是否能夠不需要提醒就做下一個步驟，
如果她需要一個提示，嘗試問：「接下
來要做什麼？」而不是立即地告訴她。
在這例行程序中將你的提示逐步地減少，
並且讓你自己逐步地遠離廁所。

真正的獨立

一旦你的孩子在廁所裡獨立了，就可以開始教他自行進入廁所，
然後知道自己何時需要去，以及忍住便意直到坐上馬桶了。

教他進入廁所

停留在每個步驟上，直到你的孩子可以在三至四次到廁所的途中
成功地做這個步驟為止。然後前進到下個步驟。

1. 帶你的孩子幾乎到達廁所門邊，並且說：「去廁所」，或「去屁
   屁」，或任何你一直使用的字眼（用一個他知道的字眼會有很大
   的幫助）。記得要讚美與獎勵他。
2. 帶他到廁所門前半途，並且說：「去廁所」，讚美並獎勵他。
3. 指著廁所的方向，並且說：「去廁所」，讚美並獎勵他。
4. 說：「去廁所」，讚美並獎勵他。

098

延遲如廁時間：忍住便意直到坐上馬桶

當規律的如廁時間來到時，在帶孩子去廁所前先等一下下。一開
始先嘗試十分鐘（背後的理由為：頻繁地讓孩子如廁讓他沒有機會體
驗膀胱的尿意，讓他學習那些緊繃的感覺就是表示「到廁所去了」的
信號，藉由等待，你可以給孩子一個體驗這種緊繃感的機會）。當你

延遲時間，可能會發生各種狀況：

1. 當你的孩子感覺到膀胱滿了的緊繃感，他可能會直接到廁所去。很好！讚美並獎勵他。

2. 他可能會走向你，表示他知道他需要使用馬桶。也很好！讚美他，帶他去，並且對他使用馬桶而給予獎勵。

3. 他可能開始在褲子上小便或大便，然後才走向你。這也是好的（開始時）──一個好的開始。帶他去廁所，並且在他使用完廁所後給予獎勵。

4. 他可能沒有到廁所去，也沒有走向你，也沒有開始排便。在這個例子中，總是在你延遲的十分鐘結束後再帶他到廁所去，而下一次讓延遲的時間再長一點，假定是十五分鐘。

5. 在這十分鐘的延遲時間中，他可能會小便或大便在褲子上，而沒有走向你要求帶他到廁所去。以當他大小便於褲子上你一貫處理的相同方式來反應──盡可能不慌亂與給予關注，並且不要責罵。繼續嘗試十分鐘的延遲以給他機會知道膀胱滿了與直腸緊繃的感覺就是需要使用馬桶的信號。如果他繼續大小便在褲子上，試試看短一點的延遲（五分鐘）。

　　除了規律的如廁時間外，你的孩子可能會在其他時間以用力、指、說某個字，或發出某種聲音等方式來對你表示需要上廁所了，當他這樣做時，帶他到廁所去，並且開始時無論他是否排便都獎勵他。後來，當他能夠規律地表示上廁所的需要後，就只在他排便後才獎勵他，無論何時你的孩子自行到廁所去並且使用馬桶，都要讚美與獎勵他。

　　我們常常從父母那聽到孩子已經完成如廁訓練了──因為總是依照如廁時間計畫表排便，但是同一個孩子的老師可能會發現這個孩子「完全地未訓練」，因為老師沒有在固定的時間帶他去廁所。當然，兩者都不是正確的，他已經學習到一些步驟了，但不是全部，他仍必須依賴成人帶他到廁所去。父母常常對要訓練已經在預定時間能成功

上廁所的孩子獨立如廁感到猶豫，但訓練的最後結果一定會是值得的。

問題與解答

當你開始如廁訓練計畫，發現事情的進展並不總是如本章所描述的一樣順利，這並不令人驚訝。父母常會有很多的疑問：

 如廁訓練計畫要每天實行才能夠成功嗎？

維持一致在訓練如廁時比訓練其他的技能更加地重要。一個正學習在馬桶排便的孩子，如果某些天你很有耐心地訓練他如廁，而其他天你又因為很忙而無法訓練他的話，他會覺得困惑。當然，偶爾會有幾天要以其他家人的活動為優先，或是你或你的孩子生病了，無論什麼原因，覺得無法提起勁來訓練他。在你的如廁計畫中，偶爾的失誤並不代表失敗，但是，如廁經常的不一致可能會對你在如廁訓練計畫中付出的努力造成妨礙。

一定要由同一個人對孩子進行如廁訓練，或者可以由不同的家人輪流進行？

如果可能的話，讓家人和你一起分擔這個工作。首先，他們需要和你一起花時間來了解你在做的事情，他們應該閱讀這一章，而你們應該一起討論如廁訓練計畫。你們也應該互相觀察，以便你們都以相同的方法來做這件事，而且孩子可預期到相同的事情。

我的孩子已經在學校進行如廁訓練計畫了，我在家裡用這本書的方法嘗試訓練她會不會使她感到困惑？

會的，如果你和她的老師正在做不同的要求的話，你們可能會使

她感到困惑。訓練如廁最好是在家裡做,而你孩子的老師應該會對你的努力感到高興,和他或她一討論,分享你的紀錄,並且確定你們都對孩子做相同的要求。同樣地,如果你已經訓練你的孩子如廁的一些步驟了,而她的老師或其他家庭成員繼續地為她做這些步驟,則跟他們討論你的計畫,並且告訴他們有哪些事應該放手讓她自己做。

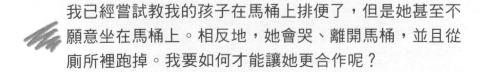 這章說當我女兒排便時要給她獎勵,這個意思是說在她還待在馬桶上的時候我就要給她食物嗎?

100　　在一開始的時候,在她排便後立即給予獎勵(當她還在馬桶上時)是重要的,這樣會讓她明確地知道是什麼行為被獎勵了。之後,當她可以成功地在馬桶裡排便,你將會想要等待並且針對下一個你孩子需要學習的行為給予獎勵(穿上褲子、洗手等等)。一旦你的孩子學習到一個特別的技能,記住針對她的成功繼續給予讚美是重要的。

我該在何時與如何訓練我的兒子站著上廁所?

　　對大部分孩子來說,開始小便訓練時最好是坐在馬桶上。對男生來說,跨坐馬桶(坐著而背朝向你)使得訓練他站立著小便較為容易,而他將會知道小便時與大便時的差異。當他能夠在跨坐時成功地小便,而且他已經夠大到站在馬桶前(可能會需要一張寬的凳子),就可以使用示範的方式。可能的話,請一位男性(像是爸爸或哥哥)示範如何做,這會是讓你的兒子學習如何站著小便最容易的方式。

　　我已經嘗試教我的孩子在馬桶上排便了,但是她甚至不願意坐在馬桶上。相反地,她會哭、離開馬桶,並且從廁所裡跑掉。我要如何才能讓她更合作呢?

　　一般來說,當一個計畫沒有發揮作用時,有幾個潛在的問題點是

你應該回顧的。如果你確定你的孩子已經準備好大便訓練了，你應該
再考慮：

1. 她可以坐在其他地方五分鐘而不起來嗎？

2. 她對於為什麼坐在馬桶上清楚嗎？

還有，她是否常常在面對要求時，都以你描述的這種方式來反應，
而這些要求就會「消失」了？如果這個行為是她常見的反應，你應該
嘗試忽略這個行為，不要給予關注。同時，堅持她要待在馬桶上。

或者，你用來獎勵她的東西會不會不是她想要的？又或者她會不
會是在測試看看你會不會隨意地給她獎勵？

不要忘記她對這個如廁計畫是陌生的，而且可能訝異於你不再只
是幫她換尿布而已。試著讓這件事對她來說變得很容易，支持她並放
慢速度，只先做少於第一個步驟（在馬桶裡排便）的要求──先針對
讓她合作地坐在馬桶上而努力。

一旦你已經考慮過上述的這些點並且確定你的要求是她可以做到
的，就堅定與堅持地做，並且準備立即地獎勵她。當她發現只有合作
地配合如廁計畫時才能得到她想要的點心時，她就不會這麼急著想離
開這個訓練計畫了。

休息一下！

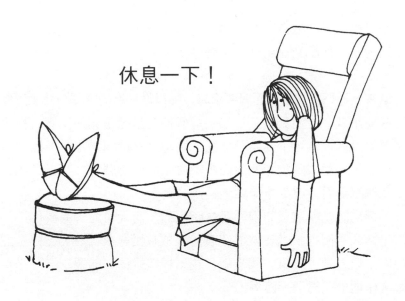

第十一章

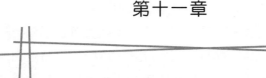

遊戲技能

有人曾經要求路易斯・阿姆斯壯為爵士下一個定義，他回答說：
「老兄，如果你一定要問，你就永遠不會知道答案。」

相同的說法可以來說明遊戲的意義。遊戲有上百個定義，而你自己的定義才是最正確的，畢竟，遊戲是我們每個人都很專精的主題。既然如此，為什麼還要學習如何訓練遊戲技能呢？有兩個理由。

首先，你的孩子在學習新的遊戲方法時所學得的技能在其他方面也很有用。舉例來說，學習坐在桌子前拼五片拼圖的孩子，在學習一些需要坐著、付出關注，以及遵從指令的技能時會準備得比較好。而學習自己在電腦前玩遊戲的孩子可以藉此認識兄姊的高科技世界。當孩子遊戲時，他們做的不只是得到樂趣而已，事實上，遊戲也是孩子的重要工作之一。

第二，你做為訓練者所獲得的技能與信心也能延續到其他方面，你將更有自信可以讓孩子在家中由你擔任老師來學習。

當然，訓練遊戲的最重要理由在於：協助你的孩子發掘更多可以

玩得開心的方法。遊戲能夠讓孩子參與朋友或其他家庭成員的活動；遊戲時，犯錯並不等於失敗，而只是遊戲的一部分。

　　遊戲也提供了挑戰與克服它們的機會，熟練遊戲活動可以幫助孩子建立自信心與感受到自我的價值。最後，遊戲可以將空白的時間填滿，如果能夠隨手拿到玩具並且知道如何去玩，可以讓孩子在空閒時找到事情做——而這樣對你們兩個都是好事。

104

　　這一章，我們將會討論如何訓練相當基本的遊戲技能——例如堆圈圈，而非高空跳傘。我們將會討論標準的訓練計畫，以便你在訓練時可以遵循相同的步驟，就是你所讀過，我們在最初的七章內容中所呈現的 STEPS TO 方法。現在，你已經決定：

　　開始（**Set out**）訓練遊戲，並且你將

　　選定（**Target**）一個或兩個遊戲技能來訓練。接下來，你將

　　確立（**Establish**）構成此技能的分開步驟，並且

　　挑選（**Pick**）獎勵，儘管你已經做過了。接下來，你將

　　安排（**Set**）訓練環境，並且你將準備要去

　　訓練（**Teach**）。在你進行時，你將

　　觀察進度（**Observe**），並且在遇到難題時予以解決

　　就是這樣。這一章以遊戲技能為例回顧 STEPS TO，並且提供一些其他的建議。我們已經準備好主要針對幼兒並且開始遊戲技能的內容，雖然同樣的原則可以應用於訓練較大孩子更進階的技能，但還是會有一些差異。如果你的孩子比較大，他比較會開始遊戲，更有機會在學校或在社區活動中和其他人一起玩。你的訓練或許不會是在家中且有計畫的時間裡做，而可能是在機會來臨時才「忙個不停」，當然，找出與計畫孩子們一起遊戲的機會，你扮演了關鍵的角色。

傑森與瑪莉貝斯

蘇利文太太望著窗外的瑪莉貝斯，她正在沙箱裡安靜地玩著她的新桶子與鏟子。當蘇利文太太回到電腦前的工作時，她看到傑森穿過柵欄並且呼叫：「嗨！瑪莉貝斯，要不要跟我一起玩球？過來這裡看看你能不能接住這個球。」

瑪莉貝斯從沙箱中抬頭看時，網球剛好從她的肩膀上彈開。傑森走過院子把它撿起來。

蘇利文太太想著她十歲的姪兒：「他是個好孩子，他知道瑪莉貝斯有智能障礙，而他總是會想要幫助她。如果他對訓練懂得更多的話，他會知道這樣做對她來說太難了。」

瑪莉貝斯繼續玩她的桶子與鏟子，似乎對這個剛從網球練習場回來的訪客未曾察覺。

「你知道這一天我是怎麼過的，瑪莉貝斯！我已經漏接這個球無數次了，也許我需要一個比較大的球，噢？」

瑪莉貝斯仍然忙著將沙子鏟到桶子裡，瞄了傑森一眼。

「過來，試著接住這個球！」這一球越過了沙箱從瑪莉貝斯正要舉起的手彈開。

「沒關係，瑪莉貝斯，你幾乎接到了！我看你剛得到一個新的桶子可以玩，嘿，你想要再試試接這個球嗎？」

這一次，瑪莉貝斯連頭都沒抬起來。

選定遊戲技能來訓練

傑森想要跟瑪莉貝斯一起玩接球，因為他是個玩球好手。如果他換個想法考慮瑪莉貝斯所能夠做的程度，他或許會想要跟她一起玩別的東西或以不同的方式玩球。

當然，對年幼的表哥來說要考慮這些實在太困難了，但是在你開始訓練以前，你必須要先了解你孩子做這些技能的程度為何。

如何知道訓練你的孩子某個遊戲技能是有意義的呢？先填寫檢核表（可幫助你了解孩子目前技能的表現程度）會有幫助。然後，你可以選擇三項適合的新遊戲技能來訓練，且設定你認為孩子可以學會這些技能的期限。

察看你孩子的遊戲技能

遊戲技能檢核表（第 129 至 130 頁）中的技能包含三個分類：分類 A 是基本遊戲技能，其中大部分是孩子學習新遊戲方法時所需要有的技能；分類 B 與 C 包括你孩子可以自己樂在其中（獨自遊戲的技能）或與他人一起分享（和別人一起遊戲的技能）的遊戲活動。

現在就花一點時間填寫這份檢核表，這會是你後續訓練的基礎，你可能會需要與孩子一起做一些遊戲活動以了解她會做些什麼。

遊戲技能檢核表

這份檢核表包含了很多類型的遊戲技能。請在每個技能的右邊選擇一個最能夠符合你孩子目前表現程度的描述，並在欄位中打勾。

	1 不會做	2 需要大量 幫忙	3 需要部分 幫忙	4 可自己做
分類 A：基本遊戲技能				
對某人說話給予注意力				
對音樂給予注意力				
抓或握住大的玩具或物體				
抓或握住蠟筆或鉛筆				
推、拉與轉動玩具				
說出玩具和用來玩的物體的名稱				
說出身體部位的名稱				
玩簡單的捉迷藏遊戲 （躲貓貓、尋找不見的玩具）				
遵從指令：給或拿玩具				
遵從指令：打開和關上蓋子或門				
遵從指令：在桌上或地板上排列玩具				
遵從指令：將玩具從一處拿到另一處				
獨自坐五分鐘以上				
模仿手勢				
分類 B：獨自遊戲的技能				
不須陪伴地坐五至十分鐘				
堆疊圈圈				
用三塊積木堆成塔				
用六塊積木堆成塔				
從一個容器舀水或豆子到另一個容器中				
將珠珠丟到容器中				
穿珠珠				
用剪刀剪東西				
黏圖片				
用蠟筆在紙上亂塗				
在著色書上著色，大部分為線條				

訓練手冊

	1	2	3	4
	不會做	需要大量幫忙	需要部分幫忙	可自己做
做簡單的非連結的拼圖				
做連結的拼圖，四至六片				
做連結的拼圖，七至十五片				
做連結的拼圖，十六片以上				
做顏色和形狀配對遊戲				
做圖畫配對遊戲				
玩電腦遊戲				
玩電視遊樂器				
分類C：和別人一起遊戲的技能				
投擲豆袋				
在三呎內丟和接中型的球				
在三呎內丟和接小型的球				
在超過十呎外丟和接中型的球				
在超過十呎外丟和接小型的球				
用球拍拍球，未中目標				
在往前踏時用球拍拍球				
踢球，如同足球或踢球遊戲				
擊球，如同打排球				
將籃球投進籃子（低的）				
騎三輪車				
騎踏板車				
溜冰直線移動				
游泳				
和其他孩子一起畫圖（如：兩個或更多孩子畫大圖畫）				
和其他孩子一起用黏土做計畫好的作品				
玩戲劇遊戲：假裝是某人（如：媽咪、超人）				
跳舞				
跟著其他孩子一起唱				
做簡單的手勢				
和其他人一起做玩偶表演				
和別人一起演簡單的小喜劇				
和別人一起玩電視遊樂器				

107

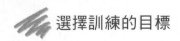 選擇訓練的目標 *108*

本章的例子假設你的孩子已經會做遊戲技能檢核表分類A中所列的基本遊戲技能，如果你的孩子還未熟練這些基本技能，仍然可以使用本書的訓練策略，但是你需要從第八章（預備技能）與附錄A中選擇技能來訓練。

如果你的孩子已經熟練了基本的遊戲技能，找出那些在分類B與C中勾選第二欄（需要大量幫忙）或第三欄（需要部分幫忙）的技能，在其中選擇三項你想要訓練孩子的技能，盡量挑選他會喜歡做並且你也喜歡訓練的技能。

你可以和孩子的老師一起討論你的選擇（如果可能的話，跟物理或職能治療師討論）。他或她不只會歡迎你成為一起訓練的夥伴，並且可能可以提供一些有用的建議，而這些建議可能會影響你最後的選擇。

在以下的空白處寫下你剛剛選擇的三項技能（先不用管「最後期限」的部分；我們很快會討論到）。盡可能地讓你的每一個訓練目標具體化，每一個目標應該精確地包含你想要孩子去做什麼行為（「接球」而不是「玩球」），在何時或在什麼情況下你想要孩子做這個行為（「接球，當球由三呎距離處丟過來時」），還有你要孩子做這個技能到什麼程度（「在不需要協助下，接住由三呎距離處丟過來的球」）。將你想要孩子在何時做這個技能與做得多好列入，可以提供你一個測量孩子進度的方式。

技能目標1：＿＿＿＿＿＿＿＿＿＿＿＿＿＿＿＿＿＿＿＿

　　　最後期限：＿＿＿＿＿＿＿＿＿＿＿＿＿＿＿＿

技能目標2：＿＿＿＿＿＿＿＿＿＿＿＿＿＿＿＿＿＿＿＿

　　　最後期限：＿＿＿＿＿＿＿＿＿＿＿＿＿＿＿＿

技能目標 3：_____

最後期限：_____

 有關最後期限的說明

你或許正在參與發展孩子的個別教育計畫（individualized education programs, IEPs），除了找出要訓練的技能外，IEP 也會列出學會每一項技能的最後期限。當然，這些最後期限只是推測，你的孩子可能會學得比你和老師所計畫的來得快一些或慢一些，但是訂了最後期限提供給你一個監督進度的有效方法。

109　　所以回到你剛剛所列的三個目標，並且針對每一項目標估量一下你認為實際可行的最後期限。舉個例子：

目標：在我的指導下用五個積木做一個塔。最後期限：3 月 1 日以前。

目標：不需要協助而能在大樓周圍騎三輪車。最後期限：暑假結束前。

等一下！你做了嗎？如果還沒有，請現在花幾分鐘時間完成檢核表，並且選擇你將要訓練的遊戲技能。

建立步驟：你的訓練計畫

有特殊需求的孩子不像其他孩子容易或常常成功。對你的孩子來說，最簡單的遊戲可能像是一項不可能達成的挑戰或只是讓他挫敗的經驗而已，他可能不會願意再嘗試一次，只要你不要太著急地放慢步調，就會有成功的機會。

現在你已經選擇了三項孩子準備要學習的遊戲技能，你需要再做三個步驟以確保你的訓練成功。首先，你需要設計你的訓練計畫；然後你需要挑選獎勵；並且安排學習環境。

假設你已經決定訓練孩子接球，也假設你可以清楚地想像玩接球的樣子，為了設計一個成功的訓練計畫，你最好先忘記那個想像。在

訓練的最早階段，你和孩子一起做的事情看起來跟想像會有很大的差距。

　　實際的狀況是──你們可能會在桌子上或地板上將球滾過來再滾回去，或你可能會將球放到他握成杯狀的手裡並且很快地在他讓球掉下去前將球拿走。重點在於，不論你決定先訓練哪項技能，你必須先從那項技能的基礎開始，以確保孩子能夠有成功的經驗。

110

　　基礎是什麼呢？它們是所有加起來使得一項技能可以平順執行的分開步驟，而將這些小步驟列表將可形成你的訓練計畫。

　　在為你選定的技能設計訓練計畫之前，回頭想想傑森想要跟瑪莉貝斯玩接球的例子。對傑森來說，玩接球顯然是一項簡單、他很在行，而已不記得如何學會的技能。但是對瑪莉貝斯來說，接球沒有那麼簡單，她需要從基礎開始被訓練。

　　然後假設瑪莉貝斯的爹地決定協助傑森訓練瑪莉貝斯如何接球。蘇利文先生的訓練計畫應該要像這樣：

接球的步驟──

告訴她將她的手維持接球的姿勢並且──

_____

_____

把球放到她手中。

| 將球丟進她手中。 |
| 從一呎以外的距離輕輕丟球。 |
| 從二呎以外的距離輕輕丟球。 |
| 從四呎以外的距離丟球。 |
| 從…………………… 丟球。 |

　　這些步驟是從哪裡來的呢？蘇利文先生如何想出從哪裡開始，而下一步又該接到哪裡呢？可能的情況是，瑪莉貝斯的爹地做了兩件事以建立訓練計畫：首先，他玩了接球（或許跟傑森一起）以便讓自己想起接球所包含的步驟；第二，他自問（也問了蘇利文太太和傑森）如何針對瑪莉貝斯的學習將這些步驟加以簡化或分解。

　　仔細看一下蘇利文先生列的步驟。注意它是從一個他知道瑪莉貝斯會做的活動（瑪莉貝斯將手維持接球的姿勢）開始，藉由從最基本的步驟開始他的訓練計畫，蘇利文先生得以確保瑪莉貝斯在一開始時就能有一些成功的經驗。也注意一下，起始的幾個步驟是讓自己待在瑪莉貝斯附近，準備提供任何她需要的協助。最後注意一下，所列的每個步驟是如何逐漸地發展到下一個步驟。

　　這個意思是說蘇利文先生的計畫是接球唯一的訓練計畫嗎？當然不是這樣。如果你正要寫一個玩接球的訓練計畫，你的步驟可能會多一些或少一些。對大部分的遊戲技能來說，並沒有唯一正確的步驟列表，重要的是你的步驟列表——你的訓練計畫——是從一個你知道孩子會做的步驟開始，並且包含了逐漸發展的步驟。記住，你的孩子需要一步接著一步地學習每一個遊戲技能，而非跳來跳去。

　　在附錄 D 中，我們已經將很多的遊戲技能分解成許多步驟，現在是個快速瀏覽它們的好時機。你孩子的老師或許也有已經發展好、針對一些遊戲技能計畫的書或工作表（請他或她與你分享這些資料）。

　　利用你所選擇的第一項遊戲技能來設計你的訓練計畫，開始準備訓練你的孩子。準備拼圖、剪刀、蠟筆、三輪車，任何你做這項活動需要的物品。現在，趁著孩子不在身邊時先自己做一遍，將所涉及的

111

步驟記錄下來，並且思考一下你的孩子在哪些地方會需要協助。

將這個技能所涉及的步驟簡短地列出。首先，將你設定的目標寫下來（步驟 6，在下面）。

現在會做　　步驟 1._____

　　　　　　步驟 2._____

　　　　　　步驟 3._____

　　　　　　步驟 4._____

　　　　　　步驟 5._____

目標　　　　步驟 6._____

接著，填寫步驟 1，技能中你孩子現在會做的部分，你的訓練計畫將從這個步驟開始，所以你們很快地就會成功。現在填寫步驟 2，藉由給予少一點點的協助使得這件任務稍微難一點點。現在填寫步驟 3 至 5，每一個都將你的協助再減少一點點（你可能會發現你需要更多的步驟）。

如果你已經設計好你的訓練計畫了，先休息一下。如果沒有，請現在就做。我們發現能確實完成步驟並且將它們寫下來的父母們在後來的訓練上更容易成功。

小的步驟

今天的主題是貓——中等尺寸的貓。爹地先畫一隻貓，而小玲指出眼睛、鼻子和嘴巴應該畫在哪裡，然後由小玲來塗上顏色。

小玲畫本中的小動物都被紅色亂塗的筆跡蓋住了，而且線條內外都被塗得亂七八糟。在爹地和小玲開始一起畫他們自己的動物後，小

玲的作品開始有了改變。

　　爹地從上星期開始畫有趣的胖胖貓，尺寸大到幾乎占滿整個頁面，這樣做讓小玲在為這些貓上色時幾乎不可能再塗到線條外面去。現在，塗的是中等尺寸的可愛貓，但是比上星期的貓稍微小了一點，而小玲大部分的著色都可以在線條內。

112

　　很快地小玲就可以開始塗小尺寸的貓。

挑選獎勵

　　現在你可能會想要看一下我們在第四章針對獎勵的討論。有些遊戲活動過程中就會有獎勵，或遊戲本身對孩子來說就是個獎勵，特別是當孩子熟練這個遊戲以後。你的孩子也許會樂於騎三輪車、用積木做塔、打網球或使用電腦，而她會在沒有任何其他獎勵的情況下就做這些活動（當然，你熱切地給予關注總是受到歡迎的）。然而，當一個遊戲活動對孩子來說只是另一項可能導致失敗的威脅時，加上其他的獎勵會有幫助。

安排學習環境

　　將遊戲技能分解成簡單的步驟已經增加了成功的機會，藉由適當地安排學習環境將使成功的機會大大地提升。如我們在第五章所說明的，安排學習環境意謂著決定你將在何時與哪裡進行訓練，與你將使用什麼教材。思考一下你將如何安排學習環境階段來訓練已選定的第一個遊戲技能：

　　1. 要在什麼時候訓練＿＿＿＿＿＿＿＿＿＿＿＿＿

　　2. 要在哪裡訓練？＿＿＿＿＿＿＿＿＿＿＿＿＿

　　3. 要使用什麼教材？＿＿＿＿＿＿＿＿＿＿＿＿＿

訓練遊戲

在訓練計畫中你的行為看起來會是什麼樣子？以最簡單的話來說，它應該像這樣：

指導：你設法讓孩子做某件工作。
反應：你對他的表現做反應。

那就是訓練。而一次又一次地重複這樣的次序就等於訓練課程。通常，你愈小心地做這個次序的每個部分，你在訓練中會有愈多成功的經驗。

給予清楚的指導

事實上，孩子常常可能在不確定他應該做什麼的情況下而無法完成任務。雖然你很清楚要他做什麼，但是你的溝通方式可能不夠簡單，以至於他無法清楚了解你的指導。

我們列出了三種讓你的指導更清楚的方式：告訴他、示範給他看，並且引導他。讓我們簡短地複習一下。

113

告訴他

最有效的口語指示為：

1. 由你孩子的名字開始。
2. 簡短的。
3. 只包含你孩子能了解的字眼。
4. 清楚地與堅定地說出來。

一旦你針對某件工作發展了指導語，就不要改變它。如果你的孩子並未對你的指示做立即的反應，就再重複一遍指導語。不要增加各種「有用的」詞語並且期待它們會使你的溝通更為清楚。實際上，大多數時候，那些詞語會更容易使孩子分心。

不要像這樣：

「好，緊緊地握住不要鬆掉，並且在這上面擺動你的腳。」

要像這樣：

「傑森，將你的腳放在這個踏板上。」

「這裡有很多圖片，是不是？跟這一張最像的一張在哪裡？」

「卡洛琳，找出看起來像這個的圖片。」

　　你可能會發現甚至是最簡短、最簡單與最清楚的口頭指示本身也無法給予孩子足夠的訊息來成功地做這件任務，他可能仍然感到困惑，並且需要更多的協助來了解他應該要做什麼。你可以藉由將你的意思示範給他看並且引導他做這件任務來協助他。

示範給他看

藉由示範技能讓孩子看到你的意思。引起他的注意並且慢慢地以誇大的手法為他說明這項任務，使他可以容易地模仿你的行為。

你也可以藉由手勢的提示來讓他看到，換句話說，就是用你的手來說明，擺手勢讓他坐下、指出拼圖該放的位置等等。再提醒一次，示範時要誇大你的手勢。

引導他

當說與示範都不夠的時候，把你的手放到他的手、手臂或腳上，並且以身體來引導動作。協助他拿起積木、擺動球拍或推動踏板。當他學著做這個動作時，將你引導慢慢地減少。

記住：一定要以成功的那次嘗試做為每次訓練計畫的結束。必要時，在結束你的訓練課程前回到較容易的步驟。

行為塑造

微瑞拉太太：「賽兒，將圈圈放到柱子上。」

她將一個最大的圈圈放在她四歲大兒子——賽兒前方的柱子旁。他在過去幾天已經將這個遊戲做得很好了，幾乎不再需要身體引導。現在，在稍微引導他後，微瑞拉太太決定該是讓他在提醒後就自己嘗試的時機了。

她指著圈圈說：「賽兒，你來將這個圈圈放到柱子上。」

賽兒笨拙地伸手拿了圈圈，圈圈掉到了地板上。

微瑞拉太太已經剝了一塊巧克力薄餅，但是她還沒有把它交給他，她知道他可以做得比剛剛更好。

她把圈圈放回柱子前面說：「賽兒，將圈圈放到柱子中。」賽兒看看圈圈，又看了看他最愛的餅乾。他抓了圈圈，用兩隻手拿著，並

且對著媽媽微笑。

　　她說:「很好,賽兒。」她看到他正有一個好的開始。她用手指輕拍柱子的頂端說:「現在,將圈圈放到柱子中。」

115　　當他將圈圈拿到柱子的頂端時,她說:「好孩子,賽兒,很好,繼續。」而幾乎在圈圈滑下去之前,賽兒已經拿到餅乾並放入口中了。

 增加獨立的遊戲

　　現在你可能會跟其他父母說同樣的話:「這些訓練建議很好,但是我無法花整天的時間和她一起玩遊戲。要怎樣才能讓她自己玩遊戲——甚至只要一下下就好?」這是一個好問題。讓我們來討論兩個增加獨立玩遊戲的方法:就是當孩子獨立玩遊戲時給予關注,之後將你的關注逐步地減少。

關注獨立的遊戲

　　當孩子獨自遊戲時,我們通常因為擔心我們的關注可能會使得她停止自己開始的遊戲而不願意打擾她。我們已經知道獎勵在訓練過程中的效用,它對鼓勵孩子在遊戲中主動的嘗試上也同樣有效,今天對孩子獨自遊戲予以鼓勵或讚美,明天孩子就會更願意獨自玩遊戲。

給予關注

　　周太太正坐著喝咖啡,凱文和他的朋友山姆渾然忘我地玩著電動玩具。以前,當她兒子在玩的時候,她從不曾打擾他,但是她剛學到讚美的妙用。

她說：「凱文，你和山姆在遊戲中的表現真是太驚人了。」

兩個男孩抬頭，微笑了一下，很快地將注意力放回了電視螢幕。

逐步減少你的關注

你孩子玩遊戲的樂趣大部分來自於你——包括你給予的關注和獎勵。對很多孩子來說（特別是在一開始的時候），並不是玩具使她持續維持著興趣，而是「老師」持續的關注。為了訓練獨立的遊戲，你將需要開始逐漸地移除你的關注。

當她能夠自己做這個活動時，就稍稍地離她遠一些，或許坐在她附近並且「看」雜誌，時常抬起頭看看她並且用言語鼓勵她。當她能夠專注在活動上比較長的時間了，就漸漸地讓自己再離她更遠一些與更長的時間。之後，在她開始進行活動後，你就可以離開房間，幾分鐘以後再回來讚美她並且給她一個點心當作獎勵。

當你逐漸減少關注，你的孩子就停止遊戲想要跟著你或是變得吵鬧不安時，你會怎麼辦？你可能會責怪她或鼓勵她回去，但是這樣做，可能對她跟著你的這個行為給了獎勵，並且增加了她在未來跟隨你的機會。如果任一種情況發生了，可能是因為你還沒有將活動安排得夠好，或者是因為你離開得太快了。那就再試一次，讓活動稍微簡單一些，並且再說明一遍——她應該完成活動而你在稍後會來查看。以就事論事的態度這樣做，試了幾次應該就會成功。

116

逐步減少

麥克和他的媽媽已經進行這個活動一段時間了。一開始是配對兩張蘋果圖片，然後配對樹和鳥。很快地，他已經能夠在媽媽的讚美下配對一堆的卡片。

不久之前，媽媽不再將卡片一張一張地交給麥克。然後她稍微離他遠一些，偶爾對他的努力給予讚美。現在她在讓他開始遊戲後就離開了房間——麥克很投入，根本沒有注意到媽媽離開。

觀察與解決難題

你應該使用你在第 133 頁所列的步驟來做為測量進展的依據。你可以將孩子熟練每個步驟的日期稍微記下來，或者你可以寫個日記為你的訓練計畫做個紀錄，並且持續追蹤你孩子的表現。無論你做什麼，都為他的——和你的——進展做些紀錄。

此刻你可能會翻一下第七章看看有關於當訓練進行順利時該做些什麼，而進行不順利時又該做些什麼。

訓練課程的舉例

許多父母告訴我們，個案實例可以幫助他們了解在訓練計畫中要做些什麼。因此，我們列了兩個訓練課程的簡短描述，它們使用的是你現在應該感到很熟悉的原則。

117 首先，讓我們回到傑森和瑪莉貝斯的例子，去看看傑森如何使用本書所列的訓練策略來訓練他的小堂妹。

傑森和瑪莉貝斯
（續集）

傑森穿過柵欄，微笑地向瑪莉貝斯打了聲招呼，走到了院子的角落。瑪莉貝斯玩著她的桶子與鏟子，並且看著傑森正從他院子裡的「訓

練角落」收拾著玩具與小樹枝。

　　蘇利文太太從客廳的窗戶看著。過去五天來，她十歲的姪兒傑森，都會在網球練習後順便過來教瑪莉貝斯玩球。而每一次看起來都跟前一次很相似：同樣地收拾院子的角落、用同樣大小的球、同樣是進行十至十五分鐘，甚至使用同樣的小點心當作獎勵。

　　傑森走到沙箱前面並且說：「來吧，瑪莉貝斯，玩接球的時間到了。」

　　走到訓練角落的短短路程中，傑森不再需要握著瑪莉貝斯的手，只在訓練的起初兩天有需要這樣做。今天，她很高興地跟著他。

　　「很好，瑪莉貝斯。你完全靠自己走過來這裡。」他立即給了她一塊餅乾當作獎勵。

　　傑森將球握在手中，讓自己直接地站在瑪莉貝斯前面，讓手放在只比她手臂高度略高的位置。

　　「很好，瑪莉貝斯，接住這顆球。」

118

　　瑪莉貝斯伸出手臂並且將手握成杯狀（她只有在第一天做這個動作時需要肢體協助，現在已經學會這樣做了），他將球輕拋出去，在幾乎落地之前球輕輕地落到了她的手中。

　　「很好，瑪莉貝斯。你接到球了。」

　　傑森心想：「她還不是玩得很熟練，但是她顯然正在按自己的步調學習中。」

如果一個月後，我們回頭來看傑森和瑪莉貝斯，誰知道我們可能會在哪裡發現他們？或許他們彼此在將球彈過來彈過去、將球丟到廢紙簍、在圖板上滾球，或許他們只比現在進展多一些。我們無法斷言瑪莉貝斯會學得多快，但可以確定的是她正在學習中。

逐步的訓練課程

開始

華金斯太太決定要訓練她六歲大並且患有智能障礙的兒子達瑞玩一些簡單的玩具。他會玩的進展不多，所以她認為規律的訓練課程可能會發揮比較大的作用。

選定一個技能為目標

華金斯太太將由拼圖開始。達瑞可以在大量的幫忙下拼拼圖，而且也對拼圖有一些興趣。還有，他在學校進行的個別教育計畫中正好要訓練精細動作技能，因此華金斯太太和達瑞的老師可以針對相似的目標而努力。再者，如果他可以學會拼拼圖的話，他就會有自己可以做的事情，所以這似乎是一個適合來訓練的技能。

確立步驟

華金斯太太拿了一個四片、木製的拼圖，並且將她要遵循的步驟（首先，拿出一片，並且指示他將它放回去……）記錄下來。

119
挑選獎勵

她需要點心來當作獎勵——至少在一開始的時候——而她決定使用小餅乾，這是達瑞目前的最愛。

安排學習環境

該是開始的時候了。華金斯太太檢查她選定來做為「教室」的廚房。她想：「必須將狗狗帶到別的地方去，餐桌上的東西——帳單、餐巾與鹽巴罐也要移開，現在每樣東西都準備好了。哎喲！忘記將廚房的計時器拿開了，達瑞很喜歡聽它響的聲音，但是現在讓它放在桌上只會使他分心而已，他可以在做完工作時玩。」她將拼圖放在空蕩蕩的餐桌上，並且將一杯小餅乾放在遠方的角落（這樣達瑞就不會在一進房門後就衝向它）。

訓練

現在她準備好了，她告訴家人接下來的十五分鐘她和達瑞將待在廚房裡，而且她不想被打擾。達瑞正坐在客廳的椅子上，手指旋轉著湯匙，「達瑞，我們來玩拼圖！」她牽著他的手，並將湯匙順手收到她的口袋裡。

當他們進入廚房並且走到餐桌後，華金斯太太放開了達瑞的手，讓他走到他的位置上，並且使眼色要他過來並坐下。

「達瑞，坐在這裡。」

關上門後，華金斯太太牽著達瑞並且引導他到他的位子上。「好孩子，達瑞，你坐下來了。」當她讚美他時，也給了他一個小餅乾。

將拼圖放在達瑞的面前，她將一片拼圖片幾乎拿離原處。「達瑞，把這片放進去。」她抓著他的手幫忙他將那片拼圖片放入空格處，「很好，達瑞。」又給了他另一塊小餅乾。他們在一列中做了相同的步驟四次，而每一次她都少幫一點忙。第四次以後，她甚至不再需要碰觸他的手來引導他了；他能夠自己拿起拼圖片並且將它放回去。

這一次，她將相同的一片拼圖片完全拿起，將它遞給達瑞，並且告訴他：「把它放進去。」他在第一次時需要一點點協助，但是後來他可以自己將它放入並且贏得了幾個小餅乾——還有媽媽的笑容。

根據計畫，下一步是拿起兩片拼圖片並且一次遞一片給達瑞，告

訴他：「把它放進去。」達瑞拿了第一片拼圖片，對準了拼圖板，但是錯過了空白處，他很快地從餐桌上離開並且將椅子闔上。

120　觀察與解決難題

　　華金斯太太以前就看過這樣的事情發生，並且知道達瑞因為失敗而感到不安，她堅定且冷靜地將他帶回餐桌。在他坐下之後，她回到計畫的第一個步驟（將一片拼圖片幾乎拿起，並且協助他放回空白處）。

　　「好孩子，達瑞；你將拼圖片放到拼圖板裡。」她給了他另一個小餅乾還有一個大大的擁抱。當她結束這次課程將拼圖拿開時，也順便拿了計時器交給達瑞當作獎勵。

　　「今天做這些就夠了。」看著達瑞正在玩計時器，她驕傲地對他說：「你知道嗎？達瑞，我們剛剛做得好極了。」

　　附錄 D 包含了一些針對訓練遊戲技能的計畫建議。有獨自遊戲的技能，與和別人一起遊戲的技能。

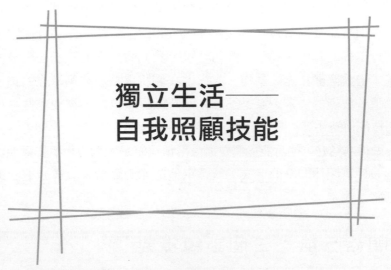

第十二章

獨立生活——
自我照顧技能

就像大部分特殊孩子的父母一樣,你擔心孩子的未來,而這些擔心會隨著孩子進入青春期與日俱增:「她從現在開始的十年或二十五年將會在哪裡?」「社區中有他的容身之處嗎?」「如果我們不在了,他會發生什麼事?」「有誰可以照顧他?」

這些是困難且沒有辦法簡單解決的議題,也無法忽視或是期待未來這些問題能自動地解決,計畫與準備的責任大部分還是落在你身上。

為了立即開始為你的孩子籌畫未來,你可以訓練他使他變得更為獨立。如果你仔細察看你孩子每天過的生活,你很可能會發現你的協助占了其中一大部分。因此,我們的目標在於讓你訓練孩子能夠更有能力地獨立完成一些日常生活的基本活動。我們選擇了三個領域來詳細討論:自我照顧技能、家務整理技能,以及訊息技能。這一章討論的是自我照顧技能,而十三章與十四章則分別來看家務整理技能與訊息技能。

自我照顧技能是一些諸如穿衣、打扮與健康照護,是你的孩子在

開始一天的生活與能夠在公眾場合有好的儀容而需要完成的活動。在
本章中我們假設你的孩子已經會做大部分第九章所敘述的「基本技
能」——穿上褲子、上衣、襪子及鞋子；扣釦子與繫鞋帶；洗手和洗
臉——但是需要學習獨立地在合適的時間做這些技能，並且使它們成
為例行工作的其中一部分，換句話說，我們假設你的孩子已經會做許

122 多基本自我照顧技能的動作。本章中我們將重點放在訓練你的孩子做
關於這些技能的決定，像是應該在何時做這項技能、需要哪些材料、
這項技能何時才算完成。例如，雖然你的孩子可以將穿上套頭毛衣（動
作）做得非常好，他可能仍需要你來幫他決定是否夠冷而需要穿毛衣，
挑選一件搭配休閒褲的毛衣，並且幫他從頭到腳檢查以確定毛衣的穿
法正確（決定）。

在開始之前：三個訓練重點

當你開始訓練更多進階的自我照顧技能時，考慮以下三點。

 ### 期待

身為一個老師所做的最重要的決定就是：決定要期待孩子做到多
少。你的期待必須是適度的，如果期待太多，你就要承擔挫折與失敗
的風險；如果期待太少，你可能就會調降孩子的進度。

因此，我們鼓勵你仔細地察看孩子一天的生活以決定你要期待她
在哪些領域為自己做得更多。的確，冒險（像是讓她單獨到商店去）
有時候會讓人感到不舒服。然而，合理的冒險是必要的，對你的孩子
期待得更多是增加她獨立的第一個必要步驟。

 ### 幫助

當你仔細察看孩子一天的生活時，你也需要看看你在其中扮演的

角色。為了真正的獨立，你的孩子需要在沒有你的提醒、建議或指示下開始做這些技能，並且一路完成它們。想想看今天一天，你的孩子是否記得她必須自己做的那些自我照顧技能？或者，你是否提醒她去刷牙？挑選搭配的上衣？或將她裙子背後的拉鍊拉上？為了訓練獨立，你需要仔細的察看你為孩子做了些什麼，然後決定你何時與如何將你的協助漸漸地減少。

 動機

雖然你可能已經準備好要期待你的孩子做得更多，並且對他幫助的少一些，他可能還是無意承擔這個日益增加的責任。就他的立場而言，總是有你在身邊協助負擔這些自我照顧的責任，對他來說這是一件多麼棒的事。

所以呢？你可以單純地期待他為自己做得更多一些，因為他「應該這樣做」，但是這樣通常也沒有用。為了增加你孩子做這些技能的動機，你需要使用某些種類的獎勵，至少，你需要用你的關注、鼓勵和讚美來獎勵他的努力。你可能也需要其他引發動機的因素，而我們會在接下來的篇幅中談到一些選擇。

如果你每天幾乎可以做到對你的孩子多期待一些、少幫助一些，並且對他邁向獨立給予獎勵，你離一個非常好的開始就不遠了。

123

在基本原則之外

現在你的孩子已經會做許多基本的自我照顧技能了，而你可能會忽略其他可以繼續訓練的方向。舉例來說，或許你將一些他不願意做的技能當作是他不會做，所以你為他做這些事情。為了增加你孩子在自我照顧方面的獨立性，你的第一件工作就是辨認出哪些事情是你孩子可以學著自己做的。

讓我們看看吉姆與艾莉森這兩位特別的年輕人，他們在最少的監

督之下在社區中生活得多好。當吉姆與艾莉森在早晨準備離家去工作
時，從他們做的事情可以得知過去這些年來他們學會了哪些自我照顧
技能——而他們使用這些技能來獨立地整理自己的外表。

典型的一天

吉姆

　　吉姆以他一貫的幽默方式抱怨著：「如果他們可以花數十億在太
空旅行上，應該在這個地方加蓋一間浴室。」

　　對住在商場街187號——一個智能障礙年輕男人居住的團體之家——
的八位居民來說，每天早上上演的浴室爭奪戰是一件令人煩惱的事。
吉姆很快地沖了澡、刷了牙、抹了體香劑，並且帶著牙刷與梳子回到
房間以空出浴室。

　　當吉姆小心地用他剛買的電動刮
鬍刀刮鬍子時，他的思緒飄到了他家
人的家中，想到他的爹地曾經教過他
用舊的刮鬍刀刮鬍子。吉姆現在二十
二歲了，已經在這個團體之家生活了
大約一年的時間。

　　他很快地將上衣扣好，看了一下
手錶，離上班還有一段時間，所以他
把動作放慢下來。然後他注意到左邊袖子的鈕扣快掉了，他嘀咕著：

「應該要縫一下。」吉姆猶豫了一會，然後決定將它縫回去以免把釦
子弄丟。從宿舍管理人處借來了針與線，他坐在床邊並且聚精會神地
投入這項困難的工作。

　　現在他變得有些遲到了，他很快地收拾錢包、零錢、鑰匙和梳子，
看一下他貼在衣櫥上做為提醒的清單：「我已經拿好所有東西了。」

然後，他利用鏡子最後一次檢查了自己的儀容。

艾莉森

艾莉森打開客廳的窗戶，迎面而來一陣涼風，她將浴袍拉緊，看了一會無雲的藍天與灑在來往車子上的陽光，真是美麗的一天。

艾莉森墊著腳尖快速地走回臥室，以免吵醒室友，並且開始挑選要穿的衣服。首先，她決定好穿上連身褲襪與丹寧裙，她其實並不需要為了她的配裝電話設備的工作如此費心裝扮，但是今天她就是想要這麼做。接著她穿上了米黃色毛衣（「這樣就夠暖了，並且搭配得很好」），然後注意到袖子上有污漬（「喔……吉兒知道如何將污漬去除，但是她還在睡覺……好吧，我就改穿那件黃色毛衣好了」）。

艾莉森現在已經二十歲了，與兩位年輕女性同住在公寓中，把自己照顧得非常好，指導老師每天傍晚都會來幫忙做晚餐，並且與這些女性討論她們所遇到的問題。早晨時艾莉森則是獨立完成出門的準備工作。

現在，輕輕拍上淡香水（她想起媽媽的叮嚀：「不要太多。」她離家已經快要兩年了，初始時是為了工作訓練，後來就搬進了這棟公寓，但是她幾乎每個週末都會回家看家人）。艾莉森注意到她前晚被紙張割傷的手指上的 OK 蹦，輕輕地扮了個鬼臉，她把它撕掉並且重新貼了個新的。她在鏡子中很快地檢查：指甲、頭髮、牙齒……穿黃毛衣氣色看起來很好，她微笑著走進廚房做了個三明治──吉姆應該已經在巴士上等她了。

在一天開始的幾分鐘，吉姆和艾莉森如常地完成了好幾項的自我照顧技能。或許你的孩子還無法像吉姆和艾莉森一樣熟練很多技能，並且可能永遠無法像他們一樣做得那麼好。但是，我們還是舉他們的例子讓你看看獨立自我照顧看起來會是什麼樣子。

125 # 自我照顧評估

　　你的第一件工作就是仔細地觀察你孩子一天的生活，並且特別注意你在其中所扮演的部分。是否有一些自我照顧技能是你經常為孩子做的？是否有其他技能總是需要你來督促或提醒他去做？

　　自我照顧技能只有在一個人具備以下條件時才算真正的精通：(1)知道何時使用，(2)知道如何使用，(3)使用，並且(4)檢查她是否好好地使用。

　　第154至156頁列出了許多自我照顧技能。在開始訓練以前，你需要先完成這個自我照顧評估，現在，簡單地看一下這幾頁，並且瀏覽本節剩餘的部分，然後回到這幾頁並且完成評估。

　　做這些評估需要花一些時間，但是你的努力會是值得，正確地了解你孩子的技能表現是使訓練能夠有效的第一步。

　　當你評估完每一項自我照顧技能後，使用要訓練的自我照顧技能（第153頁）開始選定要訓練的技能。首先，從被評估為精通程度1的技能中選擇三項（大約）你最想要訓練孩子的技能，並且列在「訓練基本步驟」底下。類似地，從被評估為精通程度2的技能中選擇三項（大約）你最想要進一步訓練的技能，並且列在「訓練獨立」底下。接著，從被評估為精通程度2與3的技能中選擇幾項符合日常例行工作需要而你希望孩子學習的技能，列在「發展為例行工作」底下（這些可能是需要在早晨準備的技能，如吃早餐等等）。最後，從動機一欄中被評為「被動」的技能中選擇三項你最想要你的孩子定時做的技能，列在「鼓勵實行」底下。

訓練的自我照顧技能

訓練基本步驟
（從精通程度1）

_____

_____

發展為例行工作
（從精通程度2與3）

_____

_____

訓練獨立
（從精通程度2）

_____

_____

鼓勵實行
（從「被動」）

_____

_____

邁向獨立地自我照顧

　　喔，她可以刷牙刷得非常好，但需要其他人說服才會去做。
傑夫已經學會自己穿衣服了，但是如果沒有我來建議搭配的顏色，
就要注意了。羅西塔穿好洋裝後會坐在那裡，必須由我來提醒她
接下來該做什麼。

　　你會不會認為訓練孩子一項新的自我照顧技能之後事情就結束了？　*128*
也就是你訓練、她學習，然後她就會做了，然而事情常常不是這樣進
行的。沒有人可以保證你教了一項技能的基本步驟後，你的孩子就能
在適當的時間或以正確的方式來完成它。

　　相反的，大部分的父母發現當孩子成功地學會自我照顧技能的基
礎後，會出現三種挑戰。

　　1.鼓勵技能的實行。　　　　2.做有關技能實行的決定。
　　3.發展為每天的例行工作。

126

自我照顧評估

請依照下列敘述評估你的孩子在下列每項技能的精通程度與動機：

技能的精通程度

1. 不精通基本步驟：還不會做這項技能的所有基本步驟，他還需要學習其中的一些（或所有）動作。

2. 需要協助做決定：會做基本步驟，但是在實行技能時仍需要協助才能做決定——他需要被告知何時做這項技能、或需要什麼材料、或如何開始、或此技能是否已經做得很好。

3. 可以做得很好並且獨立完成：會做基本步驟，並且做必要決定——所以一點也不需要你在場。

實行的動機

1. 被動：沒有鼓勵就不做；他需要被引發動機。

2. 主動：並不需要特別鼓勵就能習慣性地實行。

技能	精通程度			動機	
	1	2	3	1	2
	不精通基本步驟	需要協助做決定	可以並且做得很好獨立完成	被動	主動
基本的穿衣					
穿上內褲					
穿上汗衫					
穿上襪子*					
穿上褲子*					
穿上套頭衫或毛衣*					
穿上前扣襯衫或上衣*					
脫掉套頭衫或毛衣					
將拉鍊拉上／拉下（如果扣好拉鍊頭）*					
穿皮帶*					
扣上拉鍊頭*					
扣鈕子*					
扣緊暗釦，掛鉤					

（下表續）

（承上表）

技能	精通程度			動機	
	1	2	3	1	2
	不精通基本步驟	需要協助做決定	可以並且獨立做得很好完成	被動	主動
繫鞋帶*					
穿上襯裙					
穿上胸罩（如果適當的話）					
穿上絲襪／褲襪（如果適當的話）					
打領帶（如果適當的話）					
衣物選擇與照顧					
將髒衣服放進洗衣籃					
收拾乾淨的衣服					
摺疊或吊掛衣物*					
穿著乾淨與燙平的衣服					
選擇合身的衣服					
選擇相配的衣服					
選擇與年紀相稱的衣服					
選擇與天氣相稱的衣服					
選擇與社交場合相稱的衣服					
打扮與個人衛生					
使用廁所與衛生紙					
洗手與擦乾手					
洗臉與擦乾臉*					
使用肥皂與澡巾泡澡或沖澡*					
使用體香劑					
洗與沖洗頭髮*					
刷牙*與使用漱口水					
清潔耳朵					
刮鬍子（如果適當的話）					

127

（下表續）

（承上表）

技能	精通程度			動機	
	1	2	3	1	2
	不精通基本步驟	需要協助做決定	可以並且獨立做得很好完成	被動	主動
塗抹化妝品（如果適當的話）					
梳理頭髮*					
使用鏡子檢查儀容					
修剪手指甲／腳趾甲					
使用修臉潤膚露／香水					
使用手帕／面紙					
照顧眼鏡或隱形眼鏡（如果適當的話）					
去理頭髮					
去除衣服上的食物／髒污					
使用衛生棉條或衛生棉並且妥善地扔掉它們（如果適當的話）					
健康照護					
食用均衡的飲食					
有充足的睡眠					
規律地運動（如騎腳踏車、散步）					
照顧不嚴重的切傷					
處理不嚴重的燙傷					
辨認感冒的症狀					
處理一般的感冒					
處理一般的頭痛					
處理一般的流鼻血					
處理一般的腹瀉／便祕					
處理一般的噁心					

* 請見本書後面的附錄 C 有這些技能的完整訓練計畫

本章剩餘的部分將分別說明上述每一項挑戰，與促進獨立自我照顧的各種策略。　　*128*

鼓勵技能的實行

你可以很容易地想到許多比洗手或穿褲子有趣很多的活動。不是所有的自我照顧技能活動都是有趣的，因此，為了增加你孩子來做這些已學會的自我照顧技能的動機，你需要使用獎勵。　　*129*

我們在前面的章節已經花了一些篇幅討論過獎勵了，特別是第四章。在這只是補充說明——當你的孩子年齡增長，她會變得更在意她的外表，因此可能會更有意願實行自我照顧技能。再者，你對孩子完成技能給予的關注與讚美具有更大的重要性。即便如此，你仍然需要使用更實際的獎勵來鼓勵她，特別是使用代幣。

 ## 代幣

代幣是你可以用來鼓勵孩子獨立表現的獎勵品當中最彈性與最有效的一種，然而，因為代幣不像讚美那樣自然，也不像活動可自然地發生，若要成功地使用，需要仔細地計畫。我們已經在第四章與第九章討論過代幣。我們在這裡稍微複習一下並且補充一些新的資訊。

代幣幾乎可以是任何東西：在一張紙上打勾做記號、塑膠製的籌碼，甚至是少量的錢，它們的內容物或本身並不是非常有價值，只有當它們被用來交易或交換某樣想要的物品時才具有價值。舉例來說，在表格上有十個打勾的記號可以換得一場電影，五十個籌碼可能意味著可以買新的棒球手套，二十個一元硬幣是有價值的，因為使用它們可以購買……好吧！你知道現在二十塊錢可以買多少東西。

要開始一個簡單的代幣制度包括三個步驟：

1. 列出你孩子可以做以贏得代幣的活動，並且決定每一項你要給多

少個代幣。

2.列出你孩子可以使用代幣來購買的獎勵品，並且決定每一項價值
多少個代幣。

3.教孩子他賺得的代幣可換得他想要的東西。

在選擇要做的技能與要買的獎勵品時盡量讓孩子參與，準備一張
表格列出活動與獎勵品是個好方法。這裡有個簡單的例子，每一項活
動可贏得一個代幣，而孩子在一天結束之前有好幾項獎勵可以選擇。

	可贏得的代幣
早上整理床鋪	1
將早餐用的盤子放入水槽	1
為晚餐布置餐桌	1
	需要的代幣
看電視三十分鐘	3
額外的點心	3
跟爹地玩接球遊戲	3

對一些孩子來說，一開始就立即使用代幣來兌換獎勵品可能是有
必要的，一旦他們了解賺代幣與用代幣交易的概念後，你可以開始將
兌換延到傍晚進行。

130　　　　代幣制度可以很詳細，包含很多的活動與獎勵，而每一項活動與
獎勵的代幣價值不同。然而，我們建議你讓它簡化一些。代幣制度會
失敗的主要原因是很難持續，做紀錄花掉太多的時間，或者獎勵品可
能太貴或不方便準備。當父母們失去興趣而沒有為代幣的兌換做準備
時（「喔！我沒有空去買獎勵品」），這個制度肯定會失敗。所以，
讓它簡化一些，清楚一些，才能夠繼續執行。

現在思考一下你之前在本章鼓勵實行底下所列孩子的技能，你能
夠了解如何使用你的關注、有趣的活動，或簡單的代幣制度來增加她

做這些技能動機了嗎？

做有關技能實行的決定

　　當你的孩子已經會做大部分（或甚至全部）的基本穿衣與打扮技能後，他可能還是依賴你指導他做這些事情。例如，總是你在提醒他在何時該做什麼事情……或者某件事情做完了並且應該開始去做另一項，像是孩子穿上衣服後，依賴你做「藝術裁判」：這件蘇格蘭上衣（他知道如何穿上）是否與那件條紋褲子相配（他也知道如何穿上）？

　　這個部分討論的是如何使你孩子的自我照顧技能實行品質更好。而這可以藉由讓你的孩子學習詢問──與回答──四個基本的問題來達成：

　　1. 我需要在何時做這項技能？
　　2. 我需要什麼材料？
　　3. 哪一個步驟是第一個──而接下來呢？
　　4. 何時才算完成與做得很好？

　　一位最近認識的父母告訴我們他的女兒已經學會了「穿上前開上衣」所有涉及的技能，他非常引以為傲（「她終於會做了」）。然而，當我們要求他對他女兒的表現考慮得更深入時，他隨即了解「會做這項技能」並不完全意味著可以獨立地穿上上衣：

　　「我必須提醒她何時穿上上衣。」（我需要在何時做這項技能？）

　　「我協助她挑選一件與她穿著搭配的上衣。」（我需要什麼材料？）

　　「她可以做得更好，如果我為她安排好讓她開始做的話。」（哪一個步驟是第一個──而接下來呢？）

　　「當她做完，我需要幫她做檢查──她忘記將背面拉下來。」（何時才算完成與做得很好？）

131　　　雖然他的女兒多多少少知道如何穿上上衣，但是她在做這項技能上面無疑地還未獨立，她仍然需要她父親的許多指導。如果她在這項與其他技能上要變得完全獨立，則需要：(1)她父親將對她的指導減到最少程度；並且(2)她父親需要在面對女兒的問題時，以問題（*questions*）來代替直接給答案（*answers*）。

　　　第一點非常顯而易見。如果父母們總是在孩子身邊提供協助，就永遠無法知道孩子能夠獨立完成多少。一開始雖然困難，但是除了最基本的協助外，減少其他額外的協助是絕對必要的。

　　　第二點比較不明顯，但是這可能是協助孩子增加獨立的最有效的方法。思考一下，以前你為了協助孩子，總是對孩子的疑難問題直接給答案，但是在大部分例子中，癥結可能在於你的孩子不知道要發問什麼問題。如果他可以清楚地發現問題，那麼答案就不會太難想出。

　　　所以，我們的目標在於讓你改變給予協助的方式。如果你可以學習以不同的方式來指導孩子，他在實行技能時就有機會變得更獨立。而成功的關鍵在於——當給予指導時，試著提供較少的答案，並且問更多的問題。讓我們看一下例子。

問問題

媽：「準備要去舞會了嗎？首先你需要做什麼？」

凱蒂：「洗個澡，清理我的指甲……」

媽：「還有呢？」

凱蒂：「對了，梳理頭髮。」

媽：「好，你的頭髮乾淨嗎？」

凱蒂：「不乾淨。我需要洗頭髮。」

媽：（在蒐集用具前停了下來。）「你需要什麼來做這件事？」

凱蒂：「洗髮精、浴巾與吹風機。」

之後

媽：「你都準備好了嗎？」

凱蒂：「好了！」

媽：「讓我們用鏡子檢查一下。你看起來如何？」

凱蒂：「我的臉很乾淨，頭髮也梳好了。」

媽：「還有呢？你的指甲如何？」

凱蒂：「很好！」

媽：「太棒了！你看起來很好！」

132

注意凱蒂的媽媽是如何發問問題而非告訴凱蒂答案或是向她示範如何做。不久後凱蒂將會學到該問自己什麼問題，然後順利地邁向獨立。

讓我們更詳細地說明做有關技能實行的決定相關的四個基本問題。

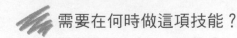

需要在何時做這項技能？

你的孩子可能不知道──或可能忘記──何時需要做某項技能，當有需要時，你通常會在身邊提醒他。如我們討論過的，你需要學習將你的提醒漸漸地減少──而你的孩子需要學習在你為了引導他實行技能而發問問題時，能夠自己回答。

開始時，對你來說要退居幕後會很困難，因為你已經習慣插手，給予指導、建議或提醒。但是從現在開始，問問自己：你的指導是否是絕對必要的？在幫忙孩子前先等一下，然後看看會發生什麼事，或許他會自己找出作法。如果過了一會而他還是不記得如何做這項活動，就用引導問題的方式來提供你的協助，而不要直接提供答案。

引導問題

　　外面正下著大雨！喬思正要去上學。愛維拉太太在她習慣性的直接提醒孩子（「喬思，帶著雨衣」）之前暫停了一下。她試著發問：「喬思，下雨了，你需要穿上什麼？」之後，她甚至能夠問更基本的問題──「喬思，外面怎麼了？」而不久之後，喬思將能夠提供自己解答以決定要穿上什麼。

　　羅絲正要坐下用餐，手髒兮兮的。她的爸爸看著女兒的手，以前他會直接說：「羅絲，去洗手後再坐下！」現在，他換了個方式，問道：「羅絲，你已經做好用餐前的準備了嗎？」

　　珍已經自己穿好衣服要去教堂了，出發的時間快到了，媽媽很快地看了一下，發現珍的臉上有一個污漬。在「去洗臉！」這句話脫口而出前，媽媽阻止自己並且改問道：「珍，你用鏡子檢查過自己的儀容了嗎？」

133

　　喬思、羅絲和珍都會學習到在行動時更為獨立，因為他們的父母學會了問引導性的問題。接下來，他們的父母──與你──要將這樣的發問逐漸減少。例如，你最後可能只會問：「你需要問你自己什麼問題，雷？」藉由這樣的方式，你的孩子得以開始問自己特定的問題並且藉此引導自己執行技能。

需要什麼材料？

　　一旦你的孩子知道他需要做什麼與何時去做，他就必定能夠將所需的材料蒐集在一起。有些技能所需的材料很明顯──如洗臉需要肥皂、毛巾和浴巾，而這些東西應該很容易找到；有些技能的材料則比

較難決定。舉例來說，你的孩子可能了解在天冷的時候要穿得暖和一些，但是還是有很多決定需要做：哪件衣服是溫暖的？哪件衣服比較搭配？應該穿得隨性一些或是要「盛裝打扮」？

為了讓你的孩子對材料加以考慮，在他完成一項自我照顧技能後，試著加以評論，開始養成習慣做類似下列的敘述：

- 「你認為這件上衣夠乾淨嗎？」
- 「這件毛衣搭配得真的很好。」
- 「當我們刷完牙後應該將牙膏放在哪裡？」

接著要討論的是可以用來幫助孩子計畫實行與預期他需要什麼的活動。

問題解決遊戲

可以在空閒時間玩這個遊戲，像是一起坐在車上、等待晚餐準備好，或其他時候。這個遊戲會假設任何可能發生的狀況，讓孩子練習計畫所需的材料。而在設定情況時，你應該考慮什麼情況最適合你家與你的孩子。

- 「如果現在下雨了，你要穿上什麼？」
- 「為了在你的上衣縫上鈕釦，你需要什麼東西？」
- 「當我們要去海灘玩時，需要帶什麼東西？」
- 「如果你的手指有了一個小切傷，你會怎麼辦？」
- 「要去過夜旅行時，你應該打包哪些行李？」

記住，為了讓孩子能夠正確地準備技能所需的材料，你應該讓自己多問這些問題，而不再只是代替他做這些事。只要問了正確的問題，你的孩子很快就會習慣獨立地準備自己的物品。

 哪一個步驟是第一個——而接下來呢？

　　你的孩子可能並不確定如何開始做一項技能，或對接下來的步驟感到困惑。雖然她知道何時要做這項技能與準備所需的物品，在起始的步驟時可能因為你的協助而妨礙了她的獨立。

　　例如，或許你：

- 幫她將毛衣鋪在床上。
- 弄鬆她的鞋帶讓她能夠比較輕鬆地將鞋子穿上。
- 幫她穿好針線。
- 將舊的刮鬍刀片換成新的。
- 將維他命丸放到她的盤子上。
- 為了她要沖澡或泡澡而先將水打開。

　　雖然這些動作在孩子剛開始學習每一項技能時可能很有幫助，但是現在它們卻反而造成了妨礙。你第一步要做的事情就是——當你提供這些協助時能夠有所察覺；然後你就能學習漸漸地減少這樣的協助。

　　你可以藉由問問題取代直接幫她做。舉例來說，當你的孩子從鞋櫃中拿出鞋子時，你可以問道：「在你穿上鞋子之前需要做什麼？」或者在刮鬍刀刀片的例子中，你可以問道：「你認為這個刀片夠利嗎？」

　　在很多時候，你要做的不單只是問問題，必要時還要向孩子示範如何做這些第一步驟。這裡是一些讓你的協助漸漸變得不那麼必要的方法：

- 首先，當你做第一步驟時，讓你的孩子仔細地看著。
- 接著，引導她做整個過程，當她進行時大聲地強調每個部分。
- 然後，你只對每個部分給予口頭引導，讓她試著自己做這個步驟。

• 最後，當你將指示漸漸減少時，她將能夠自己做。

運動鞋：第一步

　　每次當潔西準備要穿上運動鞋時，潔西的媽媽會很快地先將鞋帶弄鬆一些。現在是幫助潔西在這個技能上完全獨立的時候了。媽媽先讓潔西仔細地觀察整個過程幾天的時間，她確定潔西注意聽了每個步驟的說明。接著，她向潔西示範如何自己做整個過程的每一個部分，並且在需要時協助她。不久以後，潔西拿起運動鞋並且自己弄鬆鞋帶──她已經像學會其他步驟般地學會了這個第一步驟。

135

何時才算完成與做得很好？

　　現在，你的孩子已經知道何時要實行自我照顧技能、要使用什麼材料，以及如何開始做第一步。但是他如何知道何時才算完成這件工作──何時才算正確地完成所有的步驟？

　　對大部分的自我照顧技能來說，使用鏡子可以對你的孩子做得如何提供解答。你可以訓練她如何利用鏡子做最後一分鐘的檢查，如同之前所討論的，使用引導性的問題會讓這件工作更容易且更有效。我有沒有漏了什麼嗎？都對了嗎？看起來可以嗎？

使用鏡子

「準備好了嗎，羅西納？讓我們看看，手乾淨嗎？臉乾淨嗎？」

「是的，我的頭髮都梳好了，緞帶與我的上衣也很搭配，並且
……」

開始與你的孩子一同站在鏡子的前面，並且問她適合的問題。當你問問題時，讓她和你一起檢查她的穿衣與打扮。最後，讓她開始問自己這些相同的問題以便她能引導自己做檢查。

一開始時，在鏡子旁邊放個清單，可以幫助你的孩子記得所有要檢查的重點。你也可以給他某個已經打扮好的人的照片——可以用你幫她拍的照片——而讓她能和照片中的人對照一下儀容。

現在想想你早先列在訓練獨立底下的孩子的技能。你能領會漸漸減少給予的協助並且使用問題指導他的方法了嗎？

發展為每日的例行工作

136

你之前列在發展為例行工作底下的技能，是你的孩子不需要幫忙就會做，但是仍需要學習在不用你督促的情況下成為例行工作。這裡所謂的例行工作就是：不需要任何人的協助，能夠完整地將一項以上的技能，一項接著一項，以合適的順序完成。訓練例行工作就像是做一個鏈條——你的孩子有許多分開的環，並且只需要學習如何將這些環以合適的順序連接起來。

訓練例行工作的關鍵點在於那些環何時該連在一起——例如，當完成刷牙後，就應該開始整理床鋪，當床鋪整理好後，就該是穿上鞋子的時候了。在這些活動銜接時，你常常會需要給予提醒、暗示、督

促或協助。常有的狀況是：孩子完成一項技能後，就開始閒晃──翻雜誌、做白日夢，或做有的沒的事情──雖然他們「知道」接下來該做什麼事，並且在你提醒後會去做。要使孩子將原本會的技能發展為例行工作，就要訓練她使用一項技能的結尾做為開始另一項的線索或信號。你可以教她問自己「接下來呢？」讓她提出答案，而非由你來告訴她該做什麼。詢問自己「接下來呢？」可以做為一個簡單的提醒。

接下來呢？

　　奎希穿上她的裙子然後又再次坐回床上。媽媽望向她的房間，在幾乎像平常一樣將「奎希，穿上你的上衣」脫口而出以前，她即時阻止了自己，並且只說「接下來呢？」，現在還需要由媽媽指著她上衣，但是很快地奎希將能夠自己問這個問題。

　　像奎希的媽媽一樣，一開始你需要為「接下來呢？」提供信號或線索。這樣，當你的孩子問問題時，答案就會顯而易見。提供信號的一個方式是讓你的孩子每天以相同的順序執行需要完成的自理能力，這樣做可使得一項技能的結束成為下一個技能開始的信號。

　　另一個有用的信號是使用圖片或文字來表示例行的工作，並將圖表掛在執行例行工作處的牆上，在每一項做完時和他一起在該項工作上做記號。之後，協助他在完成每項工作時自己將記號標示上去，你就能夠逐漸地減少你的協助。下一個工作的圖片或文字將成為他要去做這項工作的信號，所以他也就不再需要你的提示。一段時間後，他將不需要那麼依賴圖表，那些工作本身就會成為他「接下來呢？」的唯一信號。

圖表

讓我們更仔細地討論：如何利用圖表來引導你的孩子並給予獎勵。

1. 製作圖表時讓孩子參與，鼓勵她問與回答使用圖表的問題，讓她協助設計與製作圖表。
2. 讓圖表簡單化。最好的圖表是簡單又容易遵循的。你可能會想要使用明亮的顏色或圖畫使它比較引人注目，但是為了做一個花俏的圖表會花太多的時間，而且你會想要能夠在需要時容易地改變圖表並且在圖表做滿了記號時做一個新的。
3. 將圖表放在視野所及的位置。將它放在技能實行的附近與你孩子伸手可及之處，如果你將圖表放到櫥櫃或抽屜裡，它將難發揮作用。冰箱門上是一個不錯的位置。
4. 保持興趣。只要這個圖表對你來說是重要的，它對孩子就會有意義。有些父母一開始對圖表興致勃勃，後來卻又失去興趣。隨著時間過去，圖表會運作得很好並替代你的提醒。

這裡是一個孩子早晨例行工作與訓練「接下來呢？」的圖表的例子。

1. 洗臉和手
2. 刷牙
3. 梳頭髮
4. 穿上衣服
5. 穿上鞋子
6. 整理床鋪

瑪莉的圖表

　　瑪莉的哥哥和姊姊，提姆與蓓姬喊著：「好棒唷，有薄煎餅耶！」格瑞密絲太太翻動第一個爐子並且想著：「能夠有一點額外的時間幫他們做喜歡的早餐是多好的一件事，現在瑪莉不再每分每秒都需要我的幫忙了。」

　　然後，瑪莉走了進來，檢查手中的卡片。格瑞密絲太太在她刷完牙後已經給了她一個勾，而現在她需要另外三個勾，因為她脫下了睡衣褲、穿好衣服，並且梳好了頭髮。

138

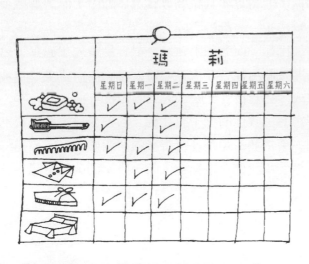

	星期日	星期一	星期二	星期三	星期四	星期五	星期六
🛁	✓	✓	✓				
🪥	✓						
∼∼∼	✓	✓	✓				
👕		✓	✓				
👟	✓	✓					
🛏							

　　格瑞密絲太太對著提姆與蓓姬說：「我一下子就回來。瑪莉準備好要整理床鋪了。不久之後，瑪莉將能夠自己準備好一切，就像你們兩個一樣。」因為瑪莉對這個技能還沒有很熟練，格瑞密絲太太還是需要提供一點點的協助。

隨著時間過去，瑪莉將學會幫自己打勾，接著，她可以使用口袋大小、附有文字而非圖片的卡片，完成打勾卡片將可兌換瑪莉和她的父母之間協議的獎勵。當然，總有一天她在做這些早晨的例行工作時，將不再需要卡片與特別的獎勵。

　　現在想想你早先列在發展例行工作底下的孩子的技能。你能了解使用問題（「接下來呢？」）和製作圖表幫助孩子順利地從一項技能移到另一項技能的方法了嗎？

139　# 最後評論

　　我們了解本章所列的訓練建議並不像前四章一樣的具體，碰到特別情況時也只能採用一般的策略來處理；我們也了解，說的常常比做的還要容易。對你的孩子期待更多意味著要冒更多的險，而該期待多少才是適合的總是很難決定。鼓勵身心障礙的青少年（實際上，所有的青少年）常常十分地困難，而遇到困難時會很容易讓人想放棄。給予比較少的協助在一開始時可能會花更多的時間──你需要更仔細地看著孩子，等待她完成，並且接受比較不完美的表現。

　　我們想，你會同意為了讓你的孩子有比較大的獨立性，這些特別的努力應該是值得的。事情並不總是進行得很順利或如本書所描述的簡單。但是如果你記得使用我們在這裡建議的一般原則，你將能夠驕傲地看著孩子，一天比一天更獨立地實行自我照顧技能。

第十三章

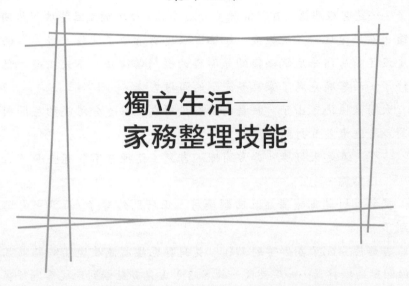

獨立生活——
家務整理技能

本章的內容在介紹促進你孩子獨立家務整理的訓練策略。這些策略與前一章所描述的自我照顧技能類似，兩章之間僅有一些差異，本章著重在這些差異上。在我們開始前，讓我們再看一次第十二章曾經出現的吉姆與艾莉森的例子，他們可以幫助我們回想生活中會遇到的許多家務整理工作。

典型的一天（續篇）

艾莉森帶著一袋的食品衝進公寓：「吉兒，你要救救我。吉姆快要來用晚餐了……記得今天是星期五嗎？……而這裡還是一片混亂。」
「吉姆？吉姆是誰？」
「拜託，別開玩笑了。真的，已經5:15了，而他6:00就會到了。」
「好吧，你開始做菜，而我會負責把這裡打掃乾淨。」

「謝謝你，吉兒。」

142 　　吉兒將雜誌放下並想了一下：掃帚、畚箕、抹布、家具亮光劑，對了……還有吸塵器，都準備好了。她清空了垃圾桶並且清理了房間，然後，在快速地掃了地板後，她插上吸塵器清理了地毯。吸塵器的噪音淹沒了廚房內平底鍋碰撞的聲響與櫥櫃門碰撞聲。不久之後，吸塵器停了，而客廳充滿了家具亮光劑的檸檬香味。

　　太陽很快地下山了，長長的陰影投射在現在十分漂亮的房間內，艾莉森走進來並且打開電燈。

　　「嘿，看起來好棒。非常謝謝，吉兒。這裡會不會有些冷？」

　　「一點點。」

　　艾莉森打開電暖器並且回到廚房，正巧門鈴響了，5:50，吉姆提早到了。

　　吉姆被分配了煮咖啡的工作。艾莉森已經將魚放進了烤箱並且打開做甜點的攪拌器……突然間一陣黑暗！吉兒有點嚇到地從客廳呼喚：

　　「嘿！發生什麼事了？」

　　「我想是跳電了。」

　　這情況以前就發生過，艾莉森倉促地在廚房的抽屜裡翻找著手電筒，吉姆自願下樓去重開電源。艾莉森關掉攪拌器的開關並且站在門邊，以便在重見光明後能回應給吉姆。現在晚餐可能會有些混亂，而看電影可能會遲到，艾莉森緊張地看了一下手錶，只能給自己一個苦笑，因為黑暗中她什麼也看不到。

143 　　吉姆、艾莉森和吉兒的例子幫助我們預習了本章將要討論的許多家務整理工作。回頭思考一下煮餐點、思考與準備清掃客廳所需要的東西、調整光線與溫度，以及跳電後的恢復工作等所涉及的各種技能。如果我們給他們更多的時間，再多一點發揮的空間，他們可能可以做每週的洗衣工作，完成其他方面的家務整理技能。對這些年輕人來說，做家務整理的日常工作不是奇蹟似地學會的，而是需要仔細的練習與指導的。

家務整理評估

請依照下列敘述評估你的孩子在下列每項技能的精通程度與動機：

技能的精通程度

1. 不精通基本步驟：還不會做這項技能的所有基本步驟，他還需要學習其中的一些（或所有）動作。
2. 需要協助做決定：會做基本步驟，但是在實行技能時仍需要協助才能做決定——他需要被告知何時做這項技能、或需要什麼材料、或如何開始、或此技能是否已經做得很好。
3. 可以做得很好並且獨立完成：會做基本步驟並且做必要決定——所以一點也不需要你在場。

實行的動機

1. 被動：沒有鼓勵就不做；他需要被引發動機。
2. 主動：並不需要特別鼓勵就能習慣性地實行。

技能	精通程度			動機	
	1	2	3	1	2
	不精通基本步驟	需要協助做決定	可以並且獨立完成做得很好	被動	主動
清潔					
收拾物品					
清空垃圾桶與丟棄垃圾					
掃地					
擦掉灰塵					
吸塵					
清洗窗戶或鏡子					
拖地					
打蠟					
清理水槽					
清理廁所					
清理爐灶					
清理烤箱					

（下表續）

（承上表）

技能	精通程度			動機	
	1	2	3	1	2
	不精通基本步驟	需要協助做決定	可以做得很好並且獨立完成	被動	主動
清理冰箱與除霜					
清洗與擦乾盤子、湯鍋及平底鍋					
恰當地將洗碗機擺滿（如果適當的話）					
鏟雪					
洗衣					
將機器洗與手洗衣物分開					
將乾洗與水洗衣物分開					
將乾淨與髒衣物分開					
將淺色與深色衣物分開					
手洗衣物					
將衣物掛到曬衣繩上					
適當地將洗衣機裝滿（知道要使用哪種設定）					
估計肥皂量					
使用烘乾功能					
使用投幣式洗衣機					
整齊地吊掛衣物					
整齊地摺疊衣物					
適當地收好衣物					
需要時燙衣服					
食物的準備					
收拾食品					
擺放餐桌					
清理餐桌					
拿點心					

144

（下表續）

（承上表）

技能	精通程度			動機	
	1	2	3	1	2
	不精通基本步驟	需要協助做決定	並且獨立完成可以做得很好	被動	主動
準備冷的早餐					
做三明治（不需要混合，不需要烹煮）					
烹煮已經準備好的食物					
準備熱的早餐（如：雞蛋）					
使用烤箱（正確地設定溫度／時間）					
準備沙拉與甜點					
烹煮主餐					
烹煮完整的一餐					
在準備區供應／替換食物與碗盤					
依標籤辨別罐裝或盒裝食物					
儲存吃剩的食物					
辨別與丟棄損壞的食物					
辨別與使用用具與電器：烤麵包機					
辨別與使用用具與電器：攪拌器					
辨別與使用用具與電器：開罐器					
辨別與使用用具與電器：咖啡壺					
使用測量工具					
替換已使用的物品					
替換已燒壞的電燈泡					
替換浴室的滾筒衛生紙或肥皂					
替換玩具、收音機或手電筒的電池					
替換吸塵器裡的集塵袋					
替換垃圾袋					

145

（下表續）

（承上表）

技能	精通程度			動機	
	1	2	3	1	2
	不精通基本步驟	需要協助做決定	並且獨立完成可以做得很好	被動	主動
工具使用					
適當地使用四腳梯					
適當地使用鐵鎚					
適當地使用螺絲起子					
適當地使用扳手					
適當地使用鉗子					
適當地使用測量捲尺／量尺					
適當地使用繩索（打結）					
日常例行的調整與維持					
適當地插上或拔除電器設備的電源					
調整窗戶與窗簾以調節光線或溫度					
調整空調					
調整電視、收音機（和選擇頻道）					
保護住家安全（就寢時、外出時等等）					
鋪床					
換床鋪					
幫家中植物施肥或澆水					
將草坪或花園澆水、除草或修剪					
整理籬笆、荒地（如果適當的話）					
關上或打開禦寒的外層窗					
當不使用時，將電燈、電視和其他設備關掉					
耙落葉					
照顧寵物（餵食、餵水、之後的清潔）					
修剪草坪					

（下表續）

（承上表）

技能	精通程度			動機	
	1	2	3	1	2
	不精通基本步驟	需要協助做決定	並且可以做得很好獨立完成	被動	主動
在割草機裡加入瓦斯和油（如果適當的話）					
知道工具使用的安全（特別是割草機）					
非日常例行的修理工作					
修理損壞的絞鏈和把手					
釘紗窗					
跳電後重新打開總電源開關					
懸掛圖畫					
讓水流不止的馬桶的水止住					
使用活塞處理阻塞的馬桶或水槽					
將水泥的裂縫補上					
將放下的窗簾拉回去					
去除污漬（地毯、衣物、窗簾）					
將損壞的物品黏牢					
簡單地修理眼鏡					
清除烤麵包機的阻塞					
接合電線					
用刷子或滾筒做大範圍的塗漆					
用刷子做小範圍的塗漆或修整					
清潔刷子和滾筒					
知道何時尋求專業來修理物品					

　　本章所提及的許多家務整理技能，你的孩子可能從未嘗試過或不會做。我們常常把家務工作與維持當作是成人的責任，因為安全或方便的理由，我們很自然地自己做這些工作，保護特殊孩子或青少年讓他們不做家事對他們可能反而有害而無益。

147 **評估**

　　一開始，如同你在前一章為自我照顧技能所做的，你需要先評估你孩子目前的表現與你在協助與引導時所扮演的角色。我們建議你使用與我們列在第十二章相同的策略：(1)瀏覽那一章並且熟悉重點，(2)完成家務整理評估，(3)仔細地閱讀本章。當你做家務整理評估時，你會需要評估孩子每一項技能的精通程度與實行這些技能的動機。精通程度包含三個類別：(1)不精通基本步驟，(2)會做基本步驟但是需要協助才能做決定，(3)可以獨立地將整個技能做得很好。針對每一項技能選擇一個最適合用來描述你孩子精通程度的選項，並且在格子裡打勾。

　　動機底下有兩個類別：(1)被動──孩子在缺乏鼓勵的情況下不做這項技能，與(2)主動──孩子可以定期且不須鼓勵地做這項技能。精通程度 2 與 3 的這些技能需要進一步地在動機選項中選擇被動或主動。

　　評估完每一項家務整理技能後，使用訓練的家務整理技能來選定要訓練的技能，從被評估為精通程度 1 的技能中選擇三項（大約），列在「訓練基本步驟」底下。接著，從精通程度 2 的技能中選擇三項，列在「訓練獨立」底下。從精通程度 2 或 3 選擇幾個相關的技能列在「發展為例行工作」底下。最後，從動機一欄中被評為「被動」的技能中選擇三項列在「鼓勵實行」底下。

訓練的家務整理技能

訓練基本步驟　　　　　　　　　　訓練獨立
（從精通程度 1）　　　　　　　　　（從精通程度 2）

_____　　　　_____

_____　　　　_____

_____　　　　_____

發展為例行工作　　　　　　　　鼓勵實行
（從精通程度 2 與 3）　　　　　（從「被動」）

_____　　　_____

_____　　　_____

_____　　　_____

邁向獨立的家務整理

　　清理房子、洗衣服、準備食物、使用工具、修理物品──我們已將各種活動列在家務整理評估裡。但是你要如何開始訓練這些各式各樣的技能？你該從哪裡開始？

　　因為你仔細地評估了孩子在這些技能的表現，你已經有了一個好的開始。現在，你的工作是將第十二章所列的一般原則（包括鼓勵技能實行、做有關技能實行的決定，以及發展為每日的例行工作）應用到本章你所選定的特定技能上。因為我們無法將所有家務整理的技能一一列舉，在此我們以清潔房子為例，你可以自行應用到洗衣、煮餐點或其他的例子上。

148

鼓勵技能實行

　　列在鼓勵技能實行底下的家務整理技能，是你孩子已經可以獨立地做但是仍需要相當多督促的技能。讓我們實際一點──做家事技能對大部分的人來說並不有趣，所以，如同第十二章一樣，我們將討論鼓勵實行這些技能所使用的獎勵。

　　所有在前一章所討論用來鼓勵自我照顧技能實行的方法，都可以應用到家務整理技能的實行上。你可以使用關注、活動或代幣制度來

鼓勵孩子做家事。這一章以家務工作為例來說明鼓勵技能實行，並且呈現了更多特別與家務整理有關的策略。家務工作對你和孩子來說很重要，藉由分擔這些工作，你的孩子不只覺得對家庭有所貢獻，也能學習到有助於未來工作的習慣與技能。

如何選擇適合孩子做的家務工作呢？首先，選擇你孩子已經熟練基本步驟的技能。再來，選擇對家庭有用而非明顯地只是為了給他事情做而製造出來的工作。察看一下你做的家務整理評估並且選擇一項符合這些條件的日常家務。另外，想一件到兩件較不需那麼常做的其他工作——如清空垃圾桶、收拾食品，這些可以做為附加的工作。

選擇一項合適的技能後，設定成功的工作計畫須包含三個步驟：

1. 讓你的孩子參與計畫。
2. 製作工作表。
3. 提供報酬。

讓你的孩子參與計畫

盡可能地與孩子討論工作的選擇；你可以建議特定的工作並且問她想要做什麼。在討論的過程中，對她將要做的每一件工作、多常做，與可以得到什麼「報酬」都要達成共識。一開始時，你可以同意先試一個星期——在這一個星期中一定要與她討論「事情的進展」，也要確定她了解她已被賦予真正的責任，且每一件工作都是重要的。

149 ### 製作工作表

做一張壁報或是可以讓孩子攜帶的小卡片，你（或最好由你的孩子）可以在每天或每次孩子完成一件工作之後就在上面做一個記號，這對孩子來說會是一個要做這件工作的視覺提醒，而且是提供獎勵時的重要紀錄。比起簡單的做記號更好的方式是使用每日工作評分表，

如：

0 ＝沒有做工作

1 ＝做了一部分的工作

2 ＝工作表現良好

3 ＝工作表現傑出

　　大部分適用本章方法的兒童與青少年，都能夠學會使用像這樣的
評分表，而且這也可以讓孩子知道她的工作品質如何。你應該清楚地
解釋為什麼她會得到這個分數（她在哪裡做得很好、哪裡需要再加
強），經過幾次之後，你的小孩就可以學會評分的規則，替自己打分
數，而且告訴你她為何如此評估自己的表現。

使用工作輪盤

　　你可以使用工作輪盤讓孩子輪替不同的工作，這是一個簡單的裝
置，上面列了好幾個工作項目，並有一個轉動的指針來指出孩子這週
要做的工作。

　　製作工作輪盤很簡單，只要用硬紙版做個箭頭，訂在紙盤的中間，
在紙盤的圓周邊緣寫上或畫上各種工作項目。工作輪盤提供了不同的
工作選擇，比起固定一項工作，更能夠吸引孩子的注意力，同時也能
夠讓他有機會學習幾種不同的家務工作。

提供報酬

　　在孩子做了家務工作後提供報酬，不僅可以增加他們的動機，也
提供了學習金錢管理技能的機會。提供報酬並不是為了讓孩子有錢可

花用,而是期待她能夠自己賺取金錢,藉由提供她規則做家務的機會,而且對她負責任的行為給予獎勵時,你是在替她的未來做準備。

150

報酬日

黛比的工作是在晚餐後清理餐桌、沖洗與整理餐盤和收拾餐桌。她一週以來得到的評分(使用我們上述的0至3分評分表)如下:

週日	週一	週二	週三	週四	週五	週六
休假	3	1	3	3	2	3

爸爸、媽媽和黛比同意週日是黛比的「休假日」。週六傍晚,黛比的爸爸和她一起坐下來回顧她的工作評分表並給予報酬,這是一個黛比練習算錢技能很好的機會。他們同意報酬的算法如下:3 = 15 元,2 = 10 元,1 = 0,以及 0 = 0。花了大約十五分鐘的時間,黛比和她的爸爸坐著算錢,並且以一元為單位進行交易。他們閒聊著黛比要如何花賺得的 70 元,而她決定花 20 元買霜淇淋,剩餘的錢則存起來買她想要的手鍊。當他們出發要去坐車時,黛比顯然對於賺的錢與所做的決定感到很滿意。

當然,你可以使用除了錢以外的其他東西做為獎勵。記住,你的讚美永遠是孩子喜歡的獎勵;無論你給她什麼獎勵,都應該另外再給她一些讚美。另外,當孩子完成工作後,你應該給她喜愛的點心、跟她一起玩遊戲,或者給她一個代幣存起來以換取想要做的活動,根據

孩子的能力與她渴望的東西來選擇獎勵。但是無論你做什麼，要確定
她確實得到了某種獎勵，而她會為了贏得獎勵而做你所要求的事。

　　如果你計畫要開始訓練孩子一項家務工作了，請回答下列問題。　　*151*

你和孩子選定的定期工作是什麼？或者，工作輪盤上有哪些工作？

_____

_____

_____

你的孩子要如何得到報酬？

_____

你將在何時討論評分與進展，並且舉行「報酬日」？

_____

 訂契約

　　契約裡要包含什麼？想一下任何你曾經簽過名的契約，你會發現
它的基本要素真的是十分簡單。首先，你同意要做某件事，而契約另
一方也一致地同意。接著，它清楚載明如果兩方都好好地遵守承諾的
話，接下來會發生的事──獎勵是什麼。最後，契約裡會清楚地描述
如果承諾未被遵守會發生什麼事。契約裡清楚明訂了什麼行為是被期
待的與會有什麼報酬的協議。

　　與你的孩子一起善用這些契約的主要特徵。就家務工作來說，一
旦你觀察到孩子在給予一些獎勵的狀況可以有的表現，你就可以和他

一起坐下來討論你的期待。舉例來說,你期待他多常做這件工作(每天?一週三次?)?然後,契約中應該說明你的期待與他的期待,並且明訂他完成後可得到的獎勵。為了讓契約更完整,你可能會希望在契約中增加一部分來說明當你們其中一方在特定的某天或某週沒有「遵守約定」時會發生什麼事。舉例來說,有沒有機會可以補償哪一天或哪一週的漏失?或者,如果工作的品質不佳,他是否可以修正並且仍然得到獎勵?

不一定要將你們的契約寫下來。事實上,我們所討論的情況(「當你完成工作,我們可以玩遊戲」)可以是很簡單的口頭契約。如果是較長的工作(清理房間、在晚餐後洗與收拾每件物品,甚至是早晨的穿衣打扮),將契約兩方的協議寫在紙上會有幫助,然後你們兩個可以在上面簽名。

如果你的孩子還不太會認字,就不要這樣做,你們可以使用圖畫和一些簡單的字讓契約很清楚。有時候,契約可以附加代幣表(「如果你在一週內拿到二十個勾,你就可以到店裡逛」),這個表可以用來每天提醒他你們所做的交易。

做有關技能實行的決定

為了協助你的孩子學習做有關家務整理技能的決定,你需要做兩件事:

152

1. 對日常生活中孩子能夠參與的家務整理活動有所察覺。
2. 讓你的孩子對每件家務漸進地做得越來越多,漸漸減少你的協助與指導。

為了了解這些策略可以如何應用到你的孩子身上,讓我們來看一下麗茲(已經熟練洗窗戶基本步驟)和她的媽媽(使用問問題來訓練獨立實行)的例子。

第一個問題太一般了

　　媽媽：「窗戶看起來如何？」

　　麗茲：？？？

　　媽媽：「窗戶是乾淨的還是髒的？」

　　麗茲：「髒的。」

　　媽媽：「那我們現在要做什麼？」

　　麗茲：「清洗窗戶。」

媽媽問麗茲要問自己哪一個問題

　　媽媽：「答對了！現在，你要問自己的下一個問題是什麼？」

　　麗茲：「我們需要使用什麼東西？」

　　媽媽：「對了！所以我們需要什麼東西呢？」

　　麗茲：「嗯──哪個東西？」

　　媽媽：「穩潔嗎？」

　　麗茲：「對！」

　　媽媽：「好，我們需要穩潔，還有呢？」

　　麗茲：「抹布，對嗎？」

　　媽媽：「很好。抹布在哪裡呢？」

　　麗茲：「在廚房。」

媽媽確定麗茲自己拿到了所需的材料

　　媽媽：「好，你去拿穩潔和抹布。」

　　過了一會兒

再一次地，媽媽要麗茲問自己問題

　　媽媽：「好，麗茲，你要問自己的下一個問題是什麼？」
　　麗茲：「要從哪裡開始？」

媽媽幫助麗茲知道何時她的工作才算完成得很好

　　媽媽：「對了。很好，你已經先擦過這一區了，你要如何知道你
已經做好了？」
　　麗茲：「要上面沒有髒污。」

153　　　藉由問問題與漸漸減少協助，麗茲的媽媽使用引導來訓練她獨立。
接下來的例子，讓我們來看看獨立的四個基本問題，並且看看它們如
何應用到掃地上，這些建議也可以應用到其他的家務整理技能上。

掃地：從基本步驟到獨立

1.我需要在何時做這項技能？

　　你和孩子一起穿過房間，尋找髒污與需要打掃的地方，示範如何
仔細地檢查。開始時，先選擇地板非常乾淨或明顯需要打掃的時候來
訓練。（「今天需要掃地嗎？為什麼？」）

2.我需要什麼材料？

　　當你執行家務工作時，大聲地說出你需要什麼材料。（「讓我們
看看，我們需要一隻掃帚與畚箕。」）記得和孩子一起問問題。（「地
板髒了，我們需要什麼呢？」）

你可以用從雜誌上剪下來的家務工具圖片（如：畚箕、窗戶噴霧清潔劑、髒衣服、湯匙等）來設計遊戲。讓他找出「洗車需要用什麼」或「清理房間需要用什麼」所需要的工具。

3.哪一個步驟是第一個──而接下來呢？

在他開始掃地前，與他討論要先做什麼，接著要做什麼，直到完成，然後和他一起執行一遍這個計畫。在進行每個步驟時問他下個步驟是什麼，讓他從房間的一端掃到另一端，或者，如果是小房間，就從四周掃到中間。

4.何時我才算完成與做得很好？

這個問題與第一個問題有關──決定地板是否乾淨。協助你的孩子學習問有關房間周圍的問題：「它乾淨嗎？我是否遺漏了任何部分？」你可以讓他停在某個重點並且提示他問哪些問題。必要時，指出他遺漏的部分。當他未遺露任何區域時，也要鼓勵他問這些問題。

盡快地將你在這些步驟上的協助漸漸減少，訓練你的孩子問自己這些問題，而他將更能夠自己做決定與完成這項技能。

發展為每日的例行工作

　　所謂例行工作是指：不需要任何人的協助，完整地將一項以上的技能以合適的順序完成。當你的孩子已經學會在許多的家務整理技能上發問正確的問題，並且做了正確的決定後——例如：打掃、擦掉灰塵、吸塵——他就已經準備好將它們連在一起以成為例行工作（可以說是清理房間）。

　　家務整理技能在許多方面都與自我照顧技能類似，關鍵點在於何時將分開的技能連結在一起，例如何時完成掃地並開始擦掉灰塵。主要的差別在於家務整理技能鏈條的「環」更為複雜，它們常常需要好幾個材料並且要做更多有關開始、檢查和完成的決定。所以為了讓孩子能夠平順地完成家務整理例行工作，你需要更為系統化地進行訓練。

　　第一個步驟——與你的孩子一起坐下來，將完成這個例行工作所需要做的工作從頭到尾列出來。當你們確定每一項分開的技能後，將執行所需要的材料列出來（你或許會想要使用材料的圖片以替代文字）。

　　這裡是清理房間所有技能的可能順序。你可以利用它做為其他家務整理例行工作的指南。

155

清理房間的順序

步驟	材料
清理垃圾桶。	
將小的易碎物品移到安全的地方。	
（洗窗戶）	（窗戶清潔劑、紙巾）

如果使用掃帚：
| 掃地板與地毯，且讓灰塵沉澱。 | 掃帚、畚箕 |

擦掉灰塵。（先從高處做起。例　　除塵紙（如果需要到高處，則需
如：在擦護壁板前先做窗戶與圖　　要椅子或梯子）
畫的部分）

在地板使用除塵拖把。　　　　　　拖把

如果使用吸塵器：

（在窗簾或布幔上使用吸塵器）　　（吸塵器）

除塵。　　　　　　　　　　　　　除塵紙巾

移動家具與吸地毯。　　　　　　　吸塵器

將家具放回原位。

　　括號裡的技能並不需要每次都做，事實上，你可以從其中的兩或
三項技能開始，當這些熟練之後，再增加其他的。注意例行工作中的
一些步驟（像是吸塵），在你孩子變得完全獨立前可能需要更多的訓
練，例如你可能會想要教他在吸塵器滿了之後把它清空。

　　一旦做了列表，就讓你的孩子從這個例行工作的第一項開始做，
他應該能夠獨立地執行這個部分。訓練他在完成這項工作後告訴你，
以便你們兩個可以一起再次檢查他的進展、在表上做打勾的記號，並
且確認程序中的下一個技能（與材料）。最後，你可以開始漸漸減少
你在這個過程中扮演的角色，他可以評鑑自己的表現，在表上做記號，
並且確認下一個步驟。遲早他可以不看表就能夠清理房間。

　　記住，這個策略的關鍵在於例行工作中的每一個步驟成為下一個
步驟的信號。一開始時，你需要在這個信號上給予幫助（「接下來你
要做什麼？」），但是當你孩子學會這件例行工作後，你就要漸漸減
少你的協助。

　　其他選擇：你可以使用一些上面附有家務整理活動圖片的卡片
作成檔案來替代列表。每張卡片標記了一項活動與完成它所需要的材
料。要訓練孩子完成某項例行工作時，你可以從檔案中選擇適合的卡
片並且依順序交給他。

156 　　　記得要給予獎勵

　　當你和孩子一起回顧例行工作的每一個步驟時，協助他學會「檢查」，以便他可以評價自己的表現。記住，為了協助他獨立，你的讚美與鼓勵，和代幣與其他獎勵一樣，對他是絕對必要的。記得叫其他家庭成員一起看看他自己做得有多好，並給予讚美。

　　讓我們看一下麗茲的例子，她已經熟練了針對洗窗戶與吸塵來問問題與做相關的決定。

漸漸減少你的協助

「好了，媽媽，都做完了。」

菲爾德太太走進來看到麗茲臥室裡的窗戶都變乾淨了。

麗茲問：「它們看起來如何？」

「太好了，麗茲。它們看起來很乾淨。接下來你要做什麼？」

麗茲翻到第二張卡片，吸塵的字旁邊是一個吸塵器的圖案。

「吸窗簾的灰塵。」

「對，去拿你需要的工具──並且記得收拾那些用完的工具。」

麗茲將窗戶清潔劑與抹布放進櫥櫃裡，而菲爾德太太再次坐了下來，寫電子郵件給她的姐姐：

　　訓練終於變得比較容易了，不久以後，我將只需要在她完成整件例行工作後幫她檢查就可以了。還有，當我聽到吸塵器的聲音時，我會很想起身去幫忙。（她有記得去吸床底下嗎？）但是麗茲已經十三歲了，而這是她的工作──她可以做好這件事的，我能給她最好的幫忙就是待在這裡！

家庭用品的修理

藉由討論家庭用品的修理，讓我們來回顧鼓勵實行與訓練獨立的策略。

在家中常會需要做一些簡單的調整（關窗戶或打開空調）或例行的維持工作（幫植物澆水）。有時也會碰到非例行的修理工作：電燈泡燒掉、跳電、牆壁龜裂。大部分的維持與修理工作很可能都是由你來做，然而，讓你的孩子參與並不只是要訓練有用的技能，也是要讓他知道辨識與解決問題是日常生活中不可避免的一部分。如果你的孩子能夠自己做一些較不嚴重、突發的修理工作，他就能避免下列的這種狀況：

157

避免麻煩的事

安妮正在洗盤子，並且正要將最後幾個盤子放進碗櫃中，正當她碰到碗櫃的門時，把手被拉得掉了下來，三個盤子順勢掉到了地板上。安妮不知道鬆脫的把手會很快地掉下來，而用螺絲起子就可以修理好。如果她知道這些的話，就能避免為盤子破掉而掉眼淚的狀況發生了。

對大部分的我們來說，學習做一些簡單的修理工作是很平常的事，然而，對某些孩子來說，這樣的問題解決過程卻不是這麼容易。當他

不了解為什麼某樣東西不再像它應該有的方式來運作了，或是如何處理，一點點的不順可能會演變成令人心煩的事情。因此，讓他知道處理非預期事件的方法會很有幫助。而做簡單的修理工作的技能必須被特別地訓練，就像其他的技能一樣。

 ## 你的孩子需要知道什麼

訓練簡單的修理工作與訓練獨立地做其他的技能非常類似——基本步驟或問的問題都一樣。

158

1. 我需要做什麼——與需要在何時做？
   (1)確認問題。
   (2)確認什麼需要被完成。
   (3)確認何時需要專業的協助與該找誰。
2. 我需要什麼材料？
   (1)蒐集必要的材料。
3. 哪一個步驟是第一個——而接下來呢？
   (1)完成修理的步驟。
4. 何時我才算完成與做得很好？
   (1)測試結果（並且若修理後無效，就再嘗試一次）。
   (2)將材料收拾在合適的地方。

你可以從家務整理評估表中找到許多可以訓練孩子的維修技能。當你在做這些技能的時候，試著讓孩子在旁觀察或幫忙，最後，讓她擔任修理者的角色。現在，我們要討論的是一個你可以用結構化的練習計畫來訓練孩子有關家務修理與維持的方法。

某處出錯了

　　嘗試用「某處出錯了」的遊戲來教你孩子修理的步驟。一開始時，能定期地訓練最好，在數週內玩這個遊戲一週最少三次，直到她獲得訣竅為止。之後，不再需要安排這些特別的訓練計畫，反之，你可以將「某處出錯了」的一些方法與問題加入到你規律的例行工作中。

1. 需要做什麼──與需要在何時做？

　　確認問題　「某處出錯了！」──「某處出錯了」遊戲的主要目的是讓你的孩子辨識你在特定房間裡或房子的某處特地製造的問題。例如，

- 放一個已經燒壞的燈泡到燈座中。
- 將烤箱的電源拔掉。
- 將圖畫掛歪。
- 在冷天或下雨天打開窗戶。
- 將電視或收音機的音量開得過大。
- 讓床髒得需要清理或將沙發靠墊放到不正確的位置。
- 從浴室裡將衛生紙或肥皂拿開。
- 讓需要澆水的植物變得非常乾（比較困難）。
- 製造斷電（比較困難）。

　　看看你在家務整理評估中對家庭修理技能所做的評估（見第173至177頁）。你可以想到其他能夠在你家中製造的問題嗎？在這裡列一個：

_____

　　接著，帶你的孩子到某個區域的中央並且說：「某處出錯了：你可以找出來嗎？」需要時，讓他看看要搜尋的區域和物品，示範給他

看如何調查這個區域，教他如何測試物品是否仍可運作、注意物品被放置的地方、檢查物品內部等等。

開始時，你可能需要藉由告訴他行動路線是否正確來提示他，提供任何可以讓他注意到問題的協助，問明顯的問題做為線索。例如，問：「如果我的手現在髒了怎麼辦？」（沒有肥皂）；「假設我想要坐在躺椅上看書？」（沒有燈、沒有坐墊）。獎勵他找到出錯處並且給他一個勾或一些其他的獎勵。在一段時間後，以這個問題和其他簡單的問題來重複這個遊戲，直到你的孩子可以立即地發現出錯處。

確認什麼需要被完成　當你的孩子已經發現問題所在，讚美他並且問：「什麼需要修理？」「我們該如何修理它？」「我們可以做得到嗎？」如果答案是肯定的，接著再問：「我們需要先做什麼？」

每一次你處理這個問題時，就發問這些與其他我們描述的問題。協助孩子給正確的答案，並且漸漸地減少你的協助。

確認何時需要專業的修理人員　雖然這不是你結構化訓練計畫的一部分，你可以在家中發生其他問題時偶然地來訓練。與孩子討論家中可能會需要修理的各個不同的系統：它們的名稱、是做什麼的、位置在哪裡、為什麼在那裡、什麼可能會損壞、該叫誰來修理它們。這些可能包括了以下：

系統	找誰
配管系統與暖氣	鉛管工
電話	電話公司
建築結構	木工
油漆	油漆工
汽車	機械工
與電有關的	電工

　器具設備　　　　　　　　　器具設備修理人員

　　如果需要的話，可以使用一套卡片來協助訓練，每一張卡片上面都有圖例表示上述的「系統」或「該找的人員」和一組電話號碼。你的孩子可以玩將它們配對起來的遊戲。在雜誌中找這樣的圖片只需一會兒的時間，有些哥哥或姊姊會喜歡做這件工作，兄弟姊妹如果能夠在訓練中以某種方式參與的話常常都會很高興。

2.需要什麼材料？

160

　　問：「修理＿＿，你需要什麼？」「我需要螺絲起子嗎？」（是／否）「哪裡可以拿到＿＿？」在孩子回答這些類型的問題後，要他準備他所需要的東西。必要時示範給他看，到哪裡可以拿到這些東西，但是漸漸減少這樣的協助，對他記得要在哪裡取得材料給予讚美。你可以開始用一本小書（或一套卡片）舉實例或描述簡單的家務與需要修理的物品，這樣在漸漸減少你的協助時會比較容易。

3.哪一個步驟是第一個──而接下來呢？

　　完成修理的步驟問他：「我們要先做什麼？」「好，接下來呢？」當你們在進行工作時，持續以這樣的方式發問問題。藉由要他說出每個步驟，可以幫助他記住正確的程序。

　　你可以使用我們在第九章討論過的反向鏈結方法來訓練許多的修理工作。和他一起做前面的步驟，讓他自己完成最後的步驟。漸漸地，將與他一起做的前面步驟減少，讓他做越來越多的步驟，直到他能夠從一開始來完成整個工作為止。有一個好方法是將兩或三項你想要教的修理工作列出主要的步驟。這裡是我們對一個簡單的修理工作──換燈泡──所列的步驟。

1. 確定燈的電源是插上的。
2. 檢查看看燈泡是否鬆了，並且小心地以順時針方向轉緊。
3. 如果原來的燈泡已經燒壞，拿一個新的；將燈泡放在不會打破的

地方。

4. 從電源插座上將電線拔下，或從天花板上將開關關掉。

5. 需要時將罩子或蓋子拿掉。

6. 旋出舊燈泡。（輕輕地搖晃聽是否有已損壞燈絲的聲音；你也可以在另一個燈座上試試看是否已經燒壞了。）

7. 旋上新的燈泡到剛好緊緊的程度。

8. 插上燈測試燈泡。

9. 放回蓋子，如果需要的話。

10. 將舊燈泡處理到安全的地方。

何不現在就花幾分鐘並且做一份你自己的修理工作列表？

4.何時才算完成與做得很好？

測試結果　問：「已經做好了嗎？」（或「修理好了嗎？」）再加上：「你怎麼知道？」必要時，讓你的孩子測試結果，如果還沒修理好，就讓他再試一次。鼓勵他持續嘗試並且在需要時求助。

訓練問題解決技能的一個重點是：當嘗試修理後發現太困難時，比起發牢騷、放棄，或一次又一次嘗試但又苦無結果，尋求幫助更為獨立自主。讓他經驗工作中可能會發生的小挫折，並且利用這些機會鼓勵他合適地發問。自我評估的訓練也非常重要，要求他常常去檢查他的工作，並且評估工作是否被正確地完成了。

將材料收拾在合適的地方　對每件他用於工作的東西問：「你要把它放在哪裡？」並且將它收拾好。如果你將工作和材料有系統地擺放，每件東西有它自己的位置，則這件工作對孩子來說會較容易。如果材料用完了，做個記錄以便你可以補充。再一次提醒，只有當他需要時才給他提示，記住，你的目標是讓孩子能夠完全地靠自己做整件工作。

161

評論

　　並非每一項你在「某處出錯了」的遊戲中所練習的技能都需要所有以上的步驟。例如，在冷的房間裡將窗戶關上不需使用材料，且或許也不需要被分解成一系列的步驟。然而，像「整理草皮」這樣的工作就需要很多的工具與系統化的方法。

　　當你和孩子練習這個遊戲數週後，他很可能會變得十分熟練，那你就可以將它更正式地融入你們每天的例行工作中。無論你在何時注意到某樣東西需要調整、維護或修理，你可以將孩子叫來並進行這個遊戲。事實上，一段時間後，你可以在「某處出錯了」的遊戲中將兩人角色交換：讓你的孩子製造一個簡單的問題然後帶著你做一遍問題解決的步驟。幾乎每天都找一些機會讓她實行這方面的技能。

去露營

　　高登斯坦先生：「這裡，麥克，看看它是否還能用？」他將手電筒交給他兒子然後轉身回到車上為他們的露營包裹行李。

「不行耶！不會亮了。」

「哦！修理它吧，你會嗎？」

麥克現在應該能夠自己修理手電筒了。在進行許多「某處出錯了」遊戲的過程中，他們已經練習過當手電筒不亮的時候如何辨認故障處，也已經替換過電池很多次了。麥克大概知道該做什麼，且應該知道要到哪裡找電池。

過了一會兒，高登斯坦先生不經意地看到麥克正在測試那個需要修理的手電筒──

—還是沒有亮光。麥克小心地將燈罩再次地轉出，拿出電池，並且再次將它們放入，這一次放對了方向。

「修好了，爹地。」

「做得很好，麥克，謝謝！。把它放到汽車儀表板旁，可以嗎？然後我們要來折這個帳棚囉！」

最後的小叮嚀

- 選擇沒有干擾的時間來進行訓練。之後，當你的孩子習慣這個遊戲後，也讓其他的家庭成員一起玩。
- 確定修理需要使用的材料位在固定的儲藏位置，以便你的孩子一定可以找到它們。
- 當你進行訓練時，確定你的孩子看著你並專心在聽。一開始時，要她重複你所說的會有助於確定他在聽。
- 如果你使用打勾卡片或代幣，將它們準備好，並且在遊戲中成功完成每一步時，都要給予打勾或代幣。
- 對給予注意力與遵從指示給予打勾。如果她沒有做到就不要給她打勾。（「你無法得到打勾，因為你沒有在聽。讓我們再試一次。好嗎？」）
- 當她準備好兌現打勾或代幣時，將獎勵準備好。

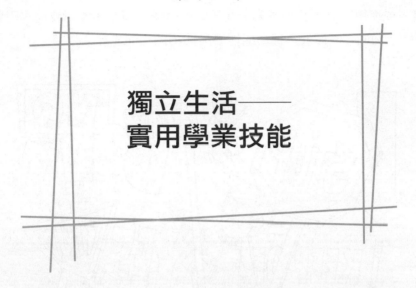

第十四章

獨立生活——
實用學業技能

試想此刻你處在一個陌生的城市,那裡的時鐘、號誌、標價及電話上的符號對你都不具意義,它們只是圖畫或噪音,並未傳遞任何訊息,你必然會覺得非常困惑,甚至感到無能。但是,很幸運地,在現實世界中,你知道如何判斷時間、閱讀符號和標價,以及使用電話,你已經學會依靠這些日復一日圍繞著你的社會資訊。對你的孩子而言,發展出這些相同的技能將是增進其獨立性的核心。

本章回顧了教導實用學業技能的一般策略,可以幫助你的孩子在社會上更加獨立,我們特別運用「代幣制度」來建立技能並維持其表現。附錄 E 包括了用來教導下列三種實用學業技能的逐步計畫:

・閱讀文字
・辨識時間
・使用金錢

當然，還有其他許多技巧是你的孩子生存在世也必須學會的，例如，使用電視遙控器、使用攝影機和放影機、打電話、閱讀公車時間表、或使用電腦（請參閱第十九章），這些技巧亦能運用我們在附錄E所示範的，有關於三種功能性學業技巧的相同步驟來教導。

164　　　　你可能會把這些實用學業技巧和學校聯想在一起，學校不就是在教導孩子如何閱讀及使用金錢嗎？答案是肯定的。但是，許多孩子在學校裡待了好多年，卻從未學會這些技能。其中一個理由是，對某些孩子來說，這類技巧最好能系統化地個別指導，全班的團體式教學可能無法提供足以成功學會該技巧所需要的個別關注。

　　不像前兩章對自我照顧及整理家務技能的建議，實用學業技能最好是在每天結構式的情境下教導，我們建議每天在你的教學課程中安排十至二十分鐘，且每週維持至少三至四天。當你的孩子在結構式的訓練課程中已能熟悉大部分的技能時，你應當開始讓他在每天的實際生活中練習。

　　我們在本書的前面介紹過許多教導策略，現在讓我們來做個簡短的回顧。

決定教什麼

　　哪種實用學業技能最好？是否至少有一種技能是你的孩子最有動機去嘗試的？仔細觀察，你可以找到一種她想要或她可能想學的技能，選擇一種最有可能進步的技能，該項技能最好是你的孩子之前已經學會的某些基本能力，重點在於經由訓練後確定能成功。

　　更重要的是，選擇一項你能和孩子的老師溝通討論的技能來教（請參閱第二十章），你會想了解老師對孩子在該項技能上的觀察，以確定孩子在學校及在家裡不會接受到矛盾的指示。

165

將技能切割成小步驟

　　選擇一項適合的技巧並不代表你的孩子一定能學會。為了確定能成功，你必須按照順序教導每個步驟，且不可能要求立即學會完整的技能。

　　附錄E所列的計畫中，我們將每個技能劃分成許多小步驟，然而，某些步驟可能仍不夠細，如果你的孩子在操作上有困難時，你可以再把這些步驟劃分得更簡單些。

安排學習環境

　　仔細注意教導的情境，特別是時間、地點及教材。

 何時教？

　　選擇一個不會和其他孩子有所衝突，或不會和喜愛的電視節目衝

突，或不必趕著去上學或工作的時段。事先計畫一個每天固定的教學
時段，且最不會被干擾的時間。

 ## 何處教？

你可以在自然的情境下教導某些技能（例如：使用電話），也可
以安排家中一個最不被干擾、最方便的區域教導某些技能，再找機會
和鄰居、朋友練習（例如：閱讀標誌或使用金錢）。

運用哪些教材？

你準備得越充分，你的孩子將會學得越好。每種功能性學業技能
的訓練計畫，需要有特定教材，例如學習單、時鐘、錢幣等。準備一
個教具箱，將所有你需要的教材依序放好。

你的態度是什麼？

教導有特殊需求的兒童或青少年是一項緩慢且艱辛的工作，如果
你懷抱樂觀且符合現實的態度，你將會得到許多回報。不要期望太高，
否則你和你的孩子註定會失敗。遵守按部就班的原則，且對於不可避
免的延遲或退步有心理準備，成功與否有賴於你在面對失望時能否堅
持到底，但是，也不要期待過低，當你的孩子能夠勝任一小步時，鼓
勵他能規律持續地表現出來。

166

說明─示範─提醒（Tell-Show-Prompt）

你已經選好了一種技能，將它劃分成小步驟，且設定了能成功的
情境，接下來呢？如何真正開始教導，且讓你的孩子進入到你偉大的
設計中呢？

你的孩子可能不知道你對她的需求，所以你必須正確地告訴她怎麼做（運用口頭說明），示範如何做（示範每個步驟），且有時給予輔助（給予肢體協助）。

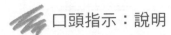 口頭指示：說明

盡可能運用最簡單的方式讓你的孩子知道她必須完成的步驟，運用她能理解的話語，讓你的指示愈簡單愈好，在說明之前要確定你的孩子是否專心聆聽，一旦當你使用了某些特殊的指示語，就持續使用，你所運用的話語要前後一致。

示範：呈現

只是告訴你的孩子要做什麼可能不夠，示範給她看，運用誇張、緩慢的方式，讓她知道如何做的步驟，當她愈來愈能獨立地表現出她所學會的步驟時，你的示範可以逐漸減少，只運用口頭指示就可以。

給予協助：提醒

提醒指的是當你認為她很想成功時，你只要從旁給予一些暗示（例如：用手指，輕碰她或用說的），譬如：教她數時鐘上的數字，每五個一數，你可以用手指出從哪裡開始，並且和她一起算（5、10、15……），提醒和示範一樣，也是逐漸減少。

獎勵：代幣制度

我們知道，要你將前幾章中所提供的各種訊息和策略加以分類，並從中選擇一項可以教導的技巧，實在不容易。因此，透過回顧真實的例子，通常有些幫助，所以讓我們來看看哈里遜家如何運用代幣獎

幼兒獨立生活技能
訓練手冊

勵制度來教導「辨識時間」這項技能。

辨識時間

　　這天終於來到，過去的兩個禮拜，布萊恩已經存了許多代幣想換取玩具店裡那個昂貴的模型飛機。哈里遜先生想起了那天他和布萊恩決定在他們的獎勵品清單中加上這個額外的獎品，不久之前，他開始將代幣獎勵制度在家裡第一次試行……

幾週之前

　　晚餐的碗盤剛洗好，接下來辨識時間的課程就要開始了，哈里遜先生拿出他常用的教材──一個玩具時鐘，兩張檢核卡（每張卡片上有八個空格）以及一枝鉛筆。但是今天晚上又多了一項新教材──兩張紅色的獎勵卡，如果布萊恩可以通過考驗，他就能得到這兩張獎勵卡，布萊恩可以用他賺到的獎勵卡來交換一份額外的點心或是一杯果汁。

先從孩子了解的問題開始詢問，讓他可以很簡單地得到獎勵

　　「好，布萊恩，看起來你已經準備好要開始了，讓我們看看你是否可以通過考驗，準備好了嗎？」

　　「可以了！」

　　「好，這時鐘指的是幾點鐘？」

　　「八點鐘！」

　　「很好，兒子！你答對了第一題！」

剛開始，運用立即兌換方式換取代幣及獎勵品

　　哈里遜先生在檢核表的第一個空欄中打勾，然後繼續問了一些布萊恩可以答對的問題，十分鐘內，布萊恩的第一張檢核表都通過了。

「非常好，布萊恩，你做得很棒，你已經通過了你的第一張檢核表，你可以用你通過的這張檢核表換取一個代幣！」布萊恩剛開始有些猶豫，但他的爸爸鼓勵他用檢核表換取代幣。

用簡單的方式解釋代幣的意義

哈里遜先生告訴布萊恩：「這是你的代幣，它就像錢一樣，你可以用它來換取一些特別的獎品，你想用它來換一杯果汁或是一份額外的點心嗎？」

「我可以兩種都要嗎？」

168

「不行，每個代幣只能換一種東西，所以你一個只能換一種，你可以再賺另一個代幣來換另一樣獎品！」

「好，我要果汁！」

「可以，布萊恩，請你把代幣給我，我就給你一杯果汁！」

他們達成了交易，布萊恩喝到了果汁，哈里遜先生也覺得輕鬆許多，他第一次嘗試運用代幣，一切進行得很順利。

堅持你所設定的界限

喝完果汁，哈里遜先生提醒布萊恩還有另一份點心，且問他是否想賺取另一個代幣，他們同意繼續上課，接下來幾個較困難的問題，布萊恩也都答對了，他得到了另一個代幣，也換到了巧克力布丁。

持續地讚許好表現及所換取的代幣

父親讚許他表現得很好且得到了另一個代幣，父親和布萊恩開心成功地結束了這次的課程。

看到布萊恩積極努力地賺取代幣，使哈里遜先生想到他可以在其他時間也運用代幣制度來強化布萊恩去做其他的技能，哈里遜夫婦和布萊恩一起列了一張清單，列出布萊恩每天能夠完成的例行事物，問題是布萊恩總是需要他人提醒才會完成它，因此，他們討論完成每項技能各可得到多少代幣，此外他們多加了一欄，那就是，如果布萊恩可以不需提醒而主動完成的話，能夠得到加值代幣。

_169_

工作項目	代幣數目	
	要人提醒	不需提醒
早上摺棉被	2	3
將早餐吃完的杯盤放到洗手槽	1	2
收拾玩具	1	2
晚餐幫忙擺餐具	2	3
晚上專心上課	2	3
合　計	8	13

哈里遜夫婦和布萊恩一起仔細地檢視這張紀錄表，他們確定布萊恩都會做這些技能，其實，他們最近才剛教會布萊恩摺棉被和擺餐具，他們並確定布萊恩了解代幣的價值及如何得到加值代幣的方式（自己主動完成），然後他們將這張表格貼在牆上，布萊恩可以看得到的地方。

下一步則是設計另一張表格——獎勵品清單，如同往常，全家人坐在一起討論，共同決定哪些活動或獎勵項目是布萊恩較難得到的，經過一番友善地討價還價，還包括刪除一、二項不適合的活動（例如

保齡球之旅目前暫緩），結果，布萊恩的牆上又多了另一張表格如下：

獎勵項目	代幣數目
看半小時電視	4
額外的點心	5
和爸爸玩接球	8
麥當勞兒童餐	25
打保齡球	30
看電影	50
高級模型飛機	70

　　注意，哈里遜家在執行代幣制度時，是先制定哪些技能須被包括進來，以及每項技能可以得到的代幣數值，接下來每項獎勵品所需價值也都清楚訂立。哈里遜家在討論這些問題時都能心平氣和沒有爭執，有些獎勵品可以在一天中輕易得到，有些獎勵品則需花好幾天（或好幾星期）努力累積代幣才能得到。

　　成功的代幣制度須把所有的規則都說清楚，要不要賺取這些代幣則由孩子自行決定，當然，你的代幣制度能否有效執行，有賴於這些獎勵品是否具有吸引力，因此，每次的討論都要讓孩子參與，如同哈里遜家所做的。

　　要在你家建立代幣制度可能需要花一段時間，而且可能不像哈里遜家進行得那麼順利，或立即可行，但是若你能堅持執行，成功的代幣制度所帶來的利益是很大的！

有關代幣制度的問與答

 一旦開始執行後，還能修改代幣內容嗎？

　　可以！事實上，我們鼓勵你和孩子至少每個禮拜要重新檢視一次你們的代幣制度及內容。首先，隨著進度來決定哪些技能是他已經很

勝任了，或哪些技能他還做不到，這些技能可能到最後都要刪除。其次，你可以檢視哪些技能對孩子來說較困難，你可能要修正要求的標準（例如：在時限內只要做到一小步驟就可接受）或獎勵點數（例如：達到此技能可得到更多點數）。你也可決定是否要加上一些新的技能或獎勵活動，例如有些特殊活動出現——馬戲團表演、當地球賽開打、特別的電視節目等，你可以自由地加入到你們的獎勵品清單中。你的代幣制度應該是很有彈性的，可以隨著孩子的需求做改變，但是要記住，你仍需堅持你的規則，直到每個人都同意修改規則。

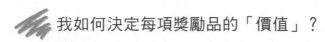

　　有些項目是孩子以前「免費」就能得到的，我現在能將它列入獎勵品清單中，讓它變成必須是努力才能賺到的嗎？

　　當然可以！代幣制度有項很重要的原則是——一切完全在你的掌控中，規則是由你訂立的。聽音樂時間、電視時間、去爸爸的辦公室一小時，或小點心……等，這些事物都可以當作代幣制度中的獎勵項目。也許這些項目會是最有效的獎勵，你可以每天提供，所以善加利用！

　　我如何決定每項獎勵品的「價值」？

　　這沒有一定標準，有些人將代幣視為金錢（例如 1 個代幣相當於 1 元），但這未必適用每個人。通常，像哈里遜家的例子，你最好列出各種獎勵品且包含各種不同的價值，有些獎勵品是輕易就可以賺取的，但有些特殊待遇：如郊遊或看電影，則需花上好幾天或如一個禮拜才能賺得。

如果我的孩子只得到一、兩個代幣，賺不到她想換取物品的代幣時怎麼辦？

這是個困難的情況，但答案很簡單。當你決定好你的獎勵品價值，最好堅持到底。記住，前後一致是優良教學的原則。但是，你如果真的必須「放棄」時（例如：你已經買好某場表演的門票），你最好先確定你的孩子已經完成了一或兩項最低底線的任務，且真正賺到了該項代幣以及她該得到的獎勵！

 我的孩子似乎不懂代幣的概念，我該怎麼做呢？

171

若早期能有一兩次成功的經驗，則自然能增進你對代幣制度的期待，有時候這是因為太急於推展代幣制度造成。剛開始時，盡量簡單化，記住，如果你採取按部就班的逐步方式，你的孩子將能有效地學會使用代幣。有些個案必須花上好幾個禮拜的時間進行實際獎品的立即兌換，才能進入到運用代幣及獎勵表來選擇獎勵品。如果你的孩子有所困惑時，代幣對他將失去意義，這時則退回到運用立即的獎勵品，如小點心等來取代代幣。

 你能告訴我，我該如何鼓勵孩子將代幣存起來？

代幣制度有一個主要的目的是希望能逐漸消除立即兌換獎勵品，最好能建立一特定時間（例如：每天的睡前或週末早上）來兌換孩子這週所賺到的代幣，為了要配合這個兌換日，孩子必須學習把自己的代幣存起來。可逐步教她存錢的概念。剛開始時，她可以立即換取她的獎勵品，只留一或二個代幣存起來，幾天之後，她可以累積這些存起來的零散代幣以換取獎品，逐漸地增加她貯存的數目以及等待的時間，可以在紀錄紙的空白處用色筆畫出她逐漸增多的所有代幣數目；

這能幫助孩子「看到」她累積的成果以及距離她想換取的目標還差多少。

 ## 我的孩子需要永遠使用代幣制度嗎？

　　不！代幣制度的目的是提供一個動機，讓你的孩子想學做某件事或某件事他已學會了只是未能規則展現，當你的孩子已經學會該技能且能規則地表現時，你可以逐漸減少使用代幣制度，但是不要期待隔天就能完全不用，就像你是逐漸建立它的，你也必須逐漸且小心地淡化它，例如，當你的孩子能勝任清單上的某項技能時，你可以讓他知道，你現在期望他還能越來越自發主動地表現出來才能得到相同的獎勵，當他能完全勝任時，你將從清單上刪除這項技能，且希望這項技能成為每天生活常規的一部分，最終的目的是希望用自然獎勵（如讚美或自我成就感）來取代代幣制度。

　　我們知道某些技能對許多兒童或青少年並不是那麼有趣，例如鋪床、倒垃圾、洗碗等，這對大人來說也同樣無趣，許多孩子被期許他們必須分擔家務，因此，當你的孩子已能勝任自我照顧技能、整理家務技能及金錢管理能力時，你可以不再運用代幣制度，而將這些事物列為例行工作。

172 讓這些技能有其功能性

　　最後有項提醒：這些你所教導的技能如果對你的孩子不具有功能性，也就是說他不能在每天的真實生活中實際應用，這些技能對他將沒有價值也無法維持。所以每天安排一些訓練課程以外的機會，讓孩子可以練習這些新技能，例如吃完飯讓他去付賬，讓他數找回來的零錢；當你在開車時，讓他練習辨識路旁的號誌；或問他現在幾點鐘等。

行為問題管理

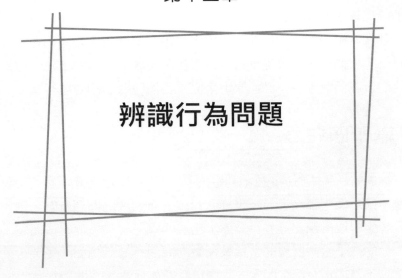

第十五章

辨識行為問題

當智能不足合併情緒或行為問題時，這種「雙重診斷」意味著這個孩子、他的家庭及相關的服務系統都將面臨極大的挑戰，行為問題將成為這類孩子的父母最頭痛的問題。許多父母會說，行為問題通常比智能不足造成更多生活壓力。

行為問題對發展遲緩兒童並不陌生，即使是三歲大的發展遲緩兒童，他們會出現的行為問題已是一般正常兒童的三倍，行為問題若不處理，會對這些兒童的發展及成長造成限制，行為問題將持續甚至惡化好幾年。

改變兒童的問題行為並不容易，基因造成的症狀很容易引發行為問題，且相當難以改變，事實上，要智能遲緩兒童學會適當的行為方式，就像要他們學習其他的事物一樣，都是件困難的工作。

因此，改變問題行為並不容易，或許就像許多父母一樣，你早已從過去的經驗中了解，這種改變可能成功也可能失敗，你對於是否要再重新嘗試感到不確定，儘管如此，你仍可以投入一個新的努力來改

變孩子的問題行為，這就是本章要介紹的方法，它被其他許多父母證實是有效的方法，它並不容易，但是許多父母確實能運用這些方法成功地降低孩子的問題行為。

176 　　就像本書中的其他章節，本章內容也希望能適當地運用在你的孩子身上，我們並不打算提供可以適用於所有情境的特殊方法，這是不可能的，我們會提供一般性原則來檢視及消除孩子的問題行為。

辨識問題行為

　　你的第一個任務是正確地判定孩子的問題行為是什麼。你會發現，這並不像想像中那麼容易，也許你的孩子有明顯的問題行為，例如：打人、尖叫或亂跑，這些行為通常比較明顯，容易被界定成問題。但是，你的孩子也許展現的是比較細微的問題行為，例如：愛哭、東張西望、不遵從指令等。因此，我們來看看如何界定「問題行為」。

　　在我們的經驗中，先將問題行為歸納成以下三類會有些幫助。

干擾學習的行為

　　「艾琳大叫且把爸媽要教她讀的字卡推開！」艾琳的問題行為在父母教她功課時經常發生，且通常是父母要求她做某些新的功課時。她的尖叫及拒絕，使得父母無法繼續教她，以致她的學習進度緩慢，這種「發飆行為」是孩子說「不」的一種方式，結果通常使得父母停止教導。

　　阻礙孩子成長的行為未必都是引人注目的，有些孩子東張西望或心不在焉也會喪失許多學習的機會。

干擾生活技能的行為

「莎拉的媽媽必須生氣地站在她旁邊，不斷地催促她把自己的衣服穿好。」莎拉已經會自己穿衣服了，但是她的拖延使得別人必須為她做一些其實她可以自己完成的事，莎拉樂在這種引人注意的方式，而她的母親也因此更生氣，她知道莎拉可以自己做到。

177

破壞家庭或傷害自己的行為

「傑克每天晚上睡覺前都會大哭大叫。」傑克這種睡前哭鬧的行為對家中其他成員造成困擾，其他的孩子很容易被吵醒，她的父母必須花更多時間安撫他入睡，這已使得每個人都很懼怕睡前的這場戰爭。

行為問題通常使得家人必須做出許多妥協及讓步，某些家庭的父親或母親必須停止工作或提早下班來處理孩子的問題，甚至許多家庭為了孩子的問題行為必須犧牲晚上的睡眠品質、全家戶外活動、拜訪親友或美好的家具。有些家庭為了孩子的衝動行為或強迫行為必須進行特殊的調整，例如，為花園搭建圍牆、將冰箱上鎖或準備特殊餐點。此外，有些家庭必須整晚開燈、遠離小狗、取消牙醫約診，以及無以數計的方式來配合孩子的害怕。

看過了上述這些例子，你應該可以和自己的孩子有所比對，而且可以將孩子的問題歸類到這三類問題行為中的某一或兩類。現在，我們要再回到你孩子的問題行為，首先，我們要介紹一種處理問題行為的基本技巧：檢視行為之外的背景因素——行為在哪裡發生？

A-B-C 模式

行為不會無中生有，好行為和問題行為都發生在特定情境下，試想一個例子：「她把寫書法的墨汁打翻了！」這句簡短的描述已經清

楚地界定發生了什麼行為，但是為了了解真正發生的狀況，我們必須檢視行為之外的情境因素，了解行為發生的情境可以幫助我們判斷這個行為是否適當。

「她打翻了墨汁」可以因為不同情境而有不同解釋，例如是在遊戲室的美術桌上或是在客廳的地毯上。

行為的後續結果也可以幫我們預測這個行為是否會再次發生，「她在美術桌上打翻的墨汁」可能跟隨而來的是：「媽媽告訴她不要讓墨汁滴到地板上，或是媽媽幫她把墨汁撒在紙上。」從情境因素仔細檢視前因、後果，是完整了解此行為的必要條件。

我們將行為的前因（A）、行為本身（B）及行為的結果（C）稱為「A-B-C 模式」，一旦當我們找到了 A-B-C，我們更能預測此行為是否會繼續發生。

178　　　有關行為的後果有兩個簡單容易記住的原則：

1. 行為之後若緊接著愉快的結果，則該行為可能會再次發生。
2. 行為之後若缺乏愉快的結果，或緊接著不愉快的結果，則該行為較不可能再發生。

知道前因、後果以及其對行為的影響可以幫助我們以系統化及有效的方式來管理行為，這就是行為管理的核心概念，當你要應用各種行為改變技術時，我們通常會先檢視這個部分。

在我們要進入到降低問題行為的細節之前，再回顧一次這個方法也許對你更有幫助。因此，接下來會介紹一個孩子——「蓋瑞」的故事，他的家人如何開始修正他那令人困擾的吃飯問題。這是一個真實的案例，透過父母的說明，可以看到 A-B-C 模式的良好示範，同時也介紹了一些我們接下來會談到的重要概念。

蓋瑞的故事

蓋瑞的母親開始說了：「蓋瑞在吃飯時真是讓我們抓狂，他不停地從椅子上跳下來，鑽到桌子下；或到廚房遊蕩，打開每個抽屜，並倒光裡面的東西，如果我們堅持要他留在座位上，他則尖叫大哭，不管怎麼做，進餐時都是一陣狂亂。」

為了更正確地描繪蓋瑞的問題，我們請家人記錄他的行為。第一週——他們用往常的方式對待他，請家人記錄進餐多久後，蓋瑞開始出現跳下椅子的行為，一週之後，請家人計算平均時間：也就是將每天的時間加起來再除以 7（總觀察的天數），午餐時，他們忘了記錄星期一的時間，所以只好除以6，所得到的紀錄結果如下表：

蓋瑞開始從餐桌上跳下前的時間

	星期日	星期一	星期二	星期三	星期四	星期五	星期六	平均
早餐	18	15	10	13	12	14	16	14
午餐	19	—	11	13	16	16	15	15
晚餐	3	2	5	7	3	4	4	4

蓋瑞的母親談到了這個紀錄：「這真是特別的一週，我覺得很訝

異，蓋瑞在晚餐時離開餐桌的時間比早餐和午餐快了許多，我從不曾注意到這當中有這麼大的差距，他在早餐和中餐時幾乎可以乖乖坐好，直到他吃完才下來。仔細思考後發現，晚餐時我先生回家了，我們可能邊吃飯邊聊天，而早餐和中餐時，蓋瑞能得到我較多的注意，我發現喬伊和我只有在蓋瑞離開位子時才能說話。」

蓋瑞的問題行為出現在當家人的注意力不在他身上時，換句話說，行為的前因是晚餐時蓋瑞沒有被注意到。

母親繼續說了：「當他離開位子時，當然，我們也得離開位置，追著他跑，沒法把他帶回餐桌上，若我們不這麼做，他可能餓肚子，而且接下來會把廚房弄得一團混亂。」蓋瑞行為的後果是為了引起家人的注意。

「這個禮拜，我們全家聚在一起，討論如何處理蓋瑞的問題，我女兒建議我們在晚餐時將注意力放在蓋瑞身上；當他乖乖坐在椅子上時，我們就多注意他，且當他離開位置時就忽略他，我們都同意這麼做。這種方式只有當他在餐桌上才能得到注意，他才願意留在那兒。我並不確定這麼做是否可行，因為他可能離開位子就再也不回來了。我先生認為蓋瑞不會讓自己餓太久，且不至於破壞得太嚴重，所以我們決定採取這種忽視策略。」

180

這個家庭被要求繼續做紀錄，但只要記錄晚餐即可，因為問題發生在晚餐。剛開始時，蓋瑞很快就離開位置，且整個晚餐時間都不在

位置上，企圖引起家人注意。但是，幾天後，他開始增加留在位置上的時間，且離開後很快又回來。

「剛開始，我以為我們無法通過考驗，特別是當他翻箱倒櫃，或緊抓著我的衣袖時，要完全忽略他真的很困難」，這個家庭最難能可貴之處在於互相幫助，一旦當蓋瑞又回來坐下時，每個人立刻就和他說話，給他大量注意。

「家庭紀錄顯示蓋瑞坐在椅子上的時間逐漸增加，在訓練的第一週，晚餐時他坐在椅子上的平均時間是五分鐘，第二週他幾乎可以大部分的吃飯時間都坐在餐桌上（十三分鐘），第三週蓋瑞坐了十六分鐘，是整個晚餐時間，他只有在點心遲來時站了起來。我們決定把蓋瑞的進步圖掛在牆上，讓大家都看到他的進步。

我們也決定為大家的共同努力給自己一個獎勵──外出到飯店吃晚餐。」

 評論

沒有任何兩個孩子會完全相同，每個孩子都有其特定的表現方式，因此，我們無法提供一個例子讓你覺得：「對！和我孩子一模一樣！」但是總會有些共同之處，可以幫你檢視、了解及改變孩子的問題行為。

讓我們從蓋瑞家的例子做些簡短的摘要：

檢視問題行為

1.正確地界定行為

蓋瑞的母親並沒有運用一種籠統的名詞說蓋瑞是「過動兒」或「欠缺餐桌禮貌」；而是清楚地界定她想要減少的行為（從餐桌上離開座位，以及到廚房遊蕩）和想增加的行為（乖乖坐在椅子上）。

2.進行客觀測量

同樣的，她並沒有說蓋瑞「很快」或「立刻」離開座位，而是，實際測量每次吃飯他究竟坐在餐桌上多久，並且記錄時間。這種客觀測量對展開改變計畫非常有幫助。

3.辨識 A-B-C 模式

家人發現蓋瑞的問題發生在晚餐，特別是當大家沒有注意他時，他們也察覺到問題行為的結果是：大家更注意他！檢視行為之外的訊息，包括行為的前因及後果，使得蓋瑞的父母找到改變行為的方法。

181 # 展開改變計畫

1.撤除問題行為之後的正向結果

家人決定當蓋瑞離開座位時便忽略不理他，蓋瑞很快學到，離開座位是得不到注意的。

2.在替代行為出現之後，提供正向結果

當蓋瑞坐在位子上或回到餐桌時，則給予大量關注，蓋瑞學到要獲得注意的方式，便是留在座位上。

3.改變前置因素

蓋瑞的家人在晚餐的安排上也做了一些改變，使得蓋瑞離開位置的機會降低，他的位置被安排在角落且是上菜的地方（如此他較不容易自由上下），且是晚餐時容易被注意到的位置。

4.持續測量行為

持續記錄蓋瑞安坐的時間，使家人能比較計畫執行前後的差異，

他們可藉此判斷改變策略的有效性。

　　下一章將介紹檢視及測量行為的方法，第十七、十八章則討論如
何展開並維持行為改變計畫。

休息一下！

第十六章

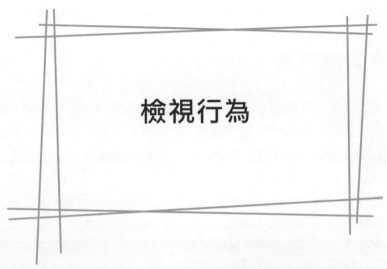

檢視行為

閉上眼睛一分鐘，想像有個孩子是過動兒，他會做什麼？繞著圈子跑？爬到書櫃上？在沙發上跳上跳下？用湯匙敲打盤子？不停地說話？追著貓咪跑？……

184　　　也許你沒有想到這些，或是你想到更嚴重的，但無論如何，我們可以確定你一定不會想像他是安靜坐著的，因此「過動」這個名詞已經限制了你的想像，但它並沒有告訴你這孩子究竟做了什麼？

界定具體行為

　　　若要改變孩子的行為，你必須先正確地界定孩子做了什麼？籠統的名詞如過動、攻擊、不安、頑固、不成熟等可能有助於一般對話，但卻無法正確標示出哪些是問題行為，精確地描述孩子的行為是必要的。

　　　請注意蓋瑞的母親（在第十五章中）描述孩子的問題行為是「從椅子上跳下來並躲到桌子底下」。若我們想要改變他的行為，這種描述方式比籠統地稱他過動，要來得有效。一種比較好的描述方式是具體界定能觀察，且能加以測量的行為。

　　　下列的例子正式說明正確界定具體行為的重要性。

態度惡劣？

　　　珍妮弗是百貨公司裡新來的售貨員，她的同事形容她「工作努力，但是態度不佳」。

　　　此刻，試想你是珍妮弗的老闆，你會如何改善她的態度？你可能會訓誡她，也可能會在她態度佳時給予讚許，或威脅要解僱她，或給她一張書面警告，但是結果呢？你還是必須告訴她哪些行為才是你最重視的，以及希望她改變的行為是什麼？

　　　珍妮弗的態度惡劣可能是下列的任何一種行為，例如：

- 上班遲到
- 值班時睡覺
- 批評工作或同事

• 顧客要求協助時，表現無禮
• 帶她的聖伯納犬來上班

　　因此，當珍妮弗的同事說她態度惡劣時，你身為她的老闆，應該盡量正確了解她的行為，才能決定是否要改變這些行為，以及如何用不同的方式來改變行為。

　　為了減少孩子的行為問題，很重要的是你必須知道你想改變的行為究竟是什麼，正如同珍妮弗的例子，以下有一些問題行為，前面是籠統的描述，後面則是具體描述，請注意，只有正確描述才能使你了解如何對此行為下手。

籠統行為	具體描述
蓋瑞很好動	蓋瑞在晚餐時從餐桌上跳下來
艾琳脾氣暴躁	當媽媽要教她時，她大叫，且把教材推開
莎拉慢吞吞	莎拉早上耗了一個半小時才穿好衣服
傑克很會哭鬧	傑克每天晚上睡覺前都要大哭

　　現在是你界定孩子問題行為的時刻了，記得我們曾說過問題行為是指⑴干擾學習，⑵干擾生活技能，⑶破壞家庭或傷害自己。你的孩子的問題行為符合上述哪些項目？請在下列空白處寫上你想改變行為的具體描述。

_____

_____

_____

_____

等一下！你是否正確地描述問題行為？是否盡可能地具體化？如果是的話，很好，你可以稍做休息。

　　如果不是，請修正，我們發現若父母越能正確地填寫此行為，則越能成功地降低問題行為。

測量行為

　　若你已經具體界定特定問題行為，你就可以開始測量這些行為發生的情形，當聽到「蓋瑞晚餐時『很快』就從餐桌上跳下來」，或「艾琳『經常』發脾氣」，我們對它的了解有限，但是若改成「蓋瑞只在餐桌上坐了 4 分鐘」或「艾琳每天生氣兩次」，我們則更清楚此行為發生的情形，如果我們不描述行為發生的次數，則無法判斷此行為經過一段時間後是否減少，若你只用文字描述行為，我們將難以了解行為改變了什麼。

_186_

　　雖然這些紀錄有些瑣碎，但對一個完整的行為改變計畫是必要的，以下的說明你會發現它並不困難。

記錄行為的方法

　　對某些個案來說，持續測量意味著計算行為發生的次數，即頻率。例如：

- 艾琳今天大叫且推開教材 2 次。
- 布萊登在一天中脫掉他的衣服 7 次。
- 鮑布在下課時打了同學 11 下。

　　對另一些個案來說，持續測量代表計算每次行為持續的時間。例如：

‧莎拉每天早上平均花了 90 分鐘穿衣服。

‧傑克在睡前會持續哭了 25 分鐘。

　　最後，你可能會想要記錄問題行為是隔多久才出現，這稱為「潛伏期」，例如，吉爾玩拼圖 45 秒後開始四處閒逛，以及之前提過的，蓋瑞的父母記錄他在餐桌上停留多久後才開始離開座位。

　　接下來你要決定使用哪種測量方式，簡單地說，只要問自己哪種方式可以達到你的目標，在莎拉的例子中，改變的目標是減少她穿衣服的總時間，你並不關心她共穿幾次（頻率），而是在意她穿衣服所持續的時間，因此，只要記錄時間的長短就能了解是否有達到改變的目標。

　　但艾琳的例子中，改變的目標是減少她大叫和推開東西的次數（你可能也很關心她大叫了多久，而決定也要測量時間長度）。

補充

　　另外還有第四種測量行為的方式也經常被使用，即行為的強度，有時你並不關心行為發生的頻率，或它持續多久，而是行為的強度較重要。例如，若有個孩子說話或唱歌的聲音過大，你的目標是要教導他用較輕柔的聲音說話或唱歌，此刻你會設計一個音量評量表，如：4 代表非常大聲，3 代表很大聲，2 代表有點大聲，1 代表剛好，然後你就可以運用這個評量表來評量問題行為，且監控你的教導是否使音量確實降低。另外一些例子是說話太快，動作太快或太慢，或寫功課太慢，有些例子以測量強度最適合描述該行為，有些例子則需測量頻率（或總時間）以及強度（例如：笑得太誇張且大聲，或脾氣暴躁強烈）。你能想到其他適合評量其強度的行為嗎？

前測

　　一旦你決定要如何測量問題行為時，你必須先測量這個行為一週，在這段「前測」期間，勿進行任何改變，這一週中你所要做的只是呈現出這個行為發生的樣貌，只有當這個樣貌清楚之後才能展開特定的改變計畫。

　　在我們說明蓋瑞的行為問題時，他的家人記錄了一週的前測，在每次用餐時，他們記下蓋瑞坐在餐桌上多久才離開座位，在這一週中，他們並未改變對待蓋瑞的方式，這種記錄方式很簡單，它只花了一點功夫，卻對蓋瑞的行為問題有了完整的紀錄，你還記得在這週結束前，他們對晚餐時的記錄結果如下：

坐在椅子上的時間（分）

	星期日	星期一	星期二	星期三	星期四	星期五	星期六	平均
晚餐	3	2	5	7	3	4	4	4

　　當你開始記錄前測，你會發現有時候很難判斷問題行為是否發生？（例如這算是發脾氣嗎？或他是真的要離開座位還是只是站起來又坐下？）如果有這種不確定存在，你必須將問題行為再定義得更清楚，這種狀況特別會發生在當家中有好幾個成員共同做紀錄時，這時候，記錄者最好註明所遇到的問題，愈仔細愈好，再加以比較討論，如此才能確定每個人所觀察及測量的是否相同，以下則是一個界定行為並記錄前測的例子，它所記錄的是行為的頻率。

188

計算次數

　　「我們再來排一次！」莎莉滿臉淚水，她小心翼翼堆起來的城堡

已經被推倒了，罪魁禍首是強納森，事件發生在他被責罵之後，羅伊太太開始在紀錄表上做記錄，這是羅伊太太對強納森的問題行為所記錄的前測。原先她把這種問題行為稱做「不能好好地玩」，但是仔細檢視他的行為後，她把強納森的問題行為重新界定為「當莎莉在玩玩具時，他去干擾她」。在這一週的前測中，她如往常般地對強納森的行為加以責罵，但只有一次例外，她在紀錄表上記下每次這個行為發生在他被責罵之後，昨天他只發生了一次，但今天他又恢復了三次。

在這個例子中，羅伊太太記錄強納森干擾莎莉玩耍的次數，這很容易計算，因為它並不是經常發生，大約一天三次，因此，可以記錄每次發生的問題，對於不是經常發生的行為，不論你記錄的是它的次數或時間，你應該每次都做完整紀錄。

以下的例子是一些顯著但不是經常發生的行為問題，對這些行為最好每次都能完整記錄。

- 四處亂跑。
- 發脾氣而使用暴力。
- 破壞家具。
- 撕破衣服。
- 打架。
- 打人。
- 尖叫。

有些行為發生得很頻繁，這時，無法整天完整記錄（當然，你也可以這麼做，只是你可能沒時間做其他事）。對這些經常發生，「幾乎隨時發生」的問題行為，你只要在一天的特定時段做紀錄即可。

某些問題行為只發生在特定時間或特定情境（例如吃飯時、睡覺前、在公園、洗澡時），觀察這些行為的時間很特定。但其他行為可能發生在一天中的許多時段，你則必須選擇一個特定的觀察時間，選

擇這個行為最有可能發生或你能完整記錄的時間（通常十五到三十分鐘就足夠），盡可能每天同一時段進行觀察記錄。

你可以選擇在晚餐後的一個小時中，每次觀察二十分鐘，好幾次，或是其他時間，時間的安排由你決定，時間長短以你方便為原則，最好每天都安排相同時間，且該時段是問題行為最可能發生時，一旦當你建立了你的時間表，就盡可能地按表操課持續一個禮拜。若是問題行為發生在你的觀察時間之外（當然，它有可能發生），你只能坦然面對。

如何判斷某個行為只須在一天中的某個時段做紀錄即可？一個粗略的大原則是：當行為發生的頻率超過每十五分鐘一次時，則只要在特定時段記錄即可，若它發生得較不頻繁，則每天每次都完整記錄。

手腕型記錄器可以方便正確地記錄，在手腕上貼一片隱形膠帶（並在皮包中帶著一枝筆）可以方便的取代白紙，且可以永久保存並將之貼在記事本上。在計時方面，你可以使用手錶、時鐘或馬表。

打、踢和推人

鮑布在家經常打、推和踢他的兄弟，老師開始發現他在學校對其他同學也有相同行為，因此，現在是這個家庭必須做些改變的時刻。他們決定將觀察時間安排在晚上6：00到6：30，也就是剛吃過晚餐，孩子們開始玩耍的時刻；在這三十分鐘裡，每次鮑布打人、踢人或推人時爸爸就在紀錄表上畫一個×，三十分鐘結束之後，爸爸統計所有的×，下表所列就是兩週的前測紀錄。

週次 日期	星期							每週 平均
	日	一	二	三	四	五	六	
第一週 3/21–3/27	×× ×× 4	××× ×× ××× 8	××× ×× ×× 6	××× × 4	××× 3	不在家	××× ×× 5	5
第二週 3/28–4/3	××× ××× × 7	×× ×× 4	××× ×× × 6	××× ××× 5	××× ××× × 7	×× × 3	××× ××× ×× 8	6

　　第一天鮑布打、踢、推人四次；第二天八次……等等，爸爸計算每週的平均次數，他得到一個最接近的整數（也許你還可以計算得更精確）。

190

 摘要

觀察什麼

　1. 選擇一個問題行為。

　2. 正確地界定此行為，連你的家人都能確知此行為的出現與否。

　　請在此寫下你所界定的問題行為：＿＿＿＿＿＿＿＿＿＿＿＿＿

＿＿＿＿＿＿＿＿＿＿＿＿＿＿＿＿＿＿＿＿＿＿＿＿＿＿＿＿＿＿

如何觀察

　1. 決定究竟要計算行為次數或行為維持時間（或兩者皆要），可以

問自己這樣的問題：「計算行為的次數是否能呈現出我想達到的

目標？」請在此寫下你要測量的是次數或時間：＿＿＿＿＿＿＿＿

＿＿＿＿＿＿＿＿＿＿＿＿＿＿＿＿＿＿＿＿＿＿＿＿＿＿＿＿＿＿

何時觀察

1. 如果這個行為不常發生，請每天觀察。

2. 如果這個行為經常發生或只發生在特定情境，則觀察一小段時間。

請在此寫下你要觀察一整天或是特定時段：＿＿＿＿＿＿＿＿＿

＿＿＿＿＿＿＿＿＿＿＿＿＿＿＿＿＿＿＿＿＿＿＿＿＿＿＿＿＿＿

如果只觀察某特定時段，會是什麼時段？＿＿＿＿＿＿＿＿＿＿

當你完成了這個摘要時，你可以開始進行一週的前測，記錄在第235 頁的「行為紀錄表」中，並且從明天就著手記錄孩子的行為，持續地記錄，直到你準備修正孩子的行為時（當你讀完這章時，你就可以了！）

請勿在你尚未完成前測紀錄時就展開改變行動！

191 辨識 A-B-C 模式

在第十五章我們介紹過 A-B-C 模式，若你已經具體界定了問題行為而且進行了前測，接下來你可以找出 A-B-C 模式，以便展開改變計畫，還記得蓋瑞的例子嗎？

A	B	C
晚餐時，蓋瑞因為爸媽在聊天而沒有注意到他	蓋瑞從餐桌上跳下來	蓋瑞引起了家人的注意，大家追著他跑

這個圖示清楚地說明了從情境因素檢視蓋瑞問題行為的重要性，問題行為不能只看孩子的行為本身，而必須同時考慮行為和環境因素，當從情境因素考量時，問題行為常常只是孩子企圖操控環境的方法，請記住，你和家中的其他成員才是環境中最主要的部分。

蓋瑞學到了什麼？他發現在晚餐時間有一種引人注意的好方法，那就是從餐桌上跳下來！甚至，每次這個 A-B-C 模式重複時，他的問題行為愈來愈熟練，下次在吃飯時間他想要引起注意時，他就更會運用這種行為。蓋瑞的問題行為對他而言並不是問題，而是獲取注意的解決方式。請回想我們曾經提過的規則：行為之後若跟隨的是快樂的結果，則此行為就有可能會再出現。

記得從孩子的觀點來檢視 A-B-C 模式，你也許不覺得追趕、責罵等是愉快的結果，然而，對孩子來說這些都是引起注意的方式，甚至是快樂而且能強化他的。你可以從這個行為未來是否再次發生，來判斷你所提供的結果是否有增強作用。

考慮各種結果

除了引起注意之外，你的孩子有可能從問題行為中獲取其他的好處，雖然引起注意是一種看得到的結果，但是未必是維持行為的原因，這種情況下當你給予或取消注意力，行為未必會增加或減少，因此，你必須找出究竟是什麼在維持及強化此行為。舉例來說，麥克把姊姊的玩具搶走，你加以嚴厲責罵，你的責罵確實是一種注意，然而對麥克而言，他的樂趣在於逗姊姊生氣、哭泣或他能玩到姊姊的玩具，即使你的責罵對他有些不舒服，搶到玩具的其他樂趣仍會強化他。

另外一個例子說明找出 A-B-C 模式的重要性。賈姬的家人認為她很愛哭是個問題行為，並且開始檢視行為的前因及後果，仔細觀察發現，有兩個時段她特別愛哭，一個是在下午當媽媽要教她一些訓練課程時，她一哭便干擾、阻斷媽媽的教導，這當中的 A-B-C 模式如下：

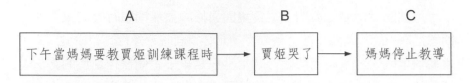

此外，每天晚上也是相同模式，賈姬通常很開心，但是到了睡覺前她又開始哭了，直到媽媽同意讓賈姬下樓看電視她才不哭，透過A-B-C 模式如下：

注意這個圖示中，賈姬哭泣的行為和訓練課程中的圖示相同，會使得原有任務難以達成，哭泣行為可以達到不用睡覺而能下樓和家人一起看電視的目的。

只有通過檢視不同的行為背景（A-B-C 模式），我們才能找到不同的處理方式，在教導訓練課程的例子中，媽媽必須簡化訓練課程使賈姬覺得簡單有趣，她才能從嘗試中得到成就感；而睡覺時刻，賈姬的家人必須忽略她的眼淚來改變行為結果。針對不同情境，行為可以用各種不同的方式來處理。

193

行為紀錄表

你想觀察的特定具體行為是什麼？＿＿＿＿＿＿＿＿＿＿＿＿＿＿＿＿＿

何時觀察？□整天；每天＿＿＿＿＿分鐘，從＿＿＿＿＿到＿＿＿＿＿

你是否記錄行為發生次數？或記錄行為持續時間？

週次 日期	星期							每週 平均
	日	一	二	三	四	五	六	
第一週								
第二週								
第三週								
第四週								
第五週								

194　　　讓我們回到你的孩子身上重新整理一次，你是否已確認想要改變的問題行為是什麼？（也許你想改變許多問題行為，但剛開始為了讓你和孩子都能順利達成，請選擇一項較輕易做到的行為。）你是否進行「前測」？你是否已找出 A-B-C 模式？如果答案是肯定的話，你已經具備執行行為改變計畫的基本概念，接下來進入到第十七章，讓我們著手進行。

第十七章

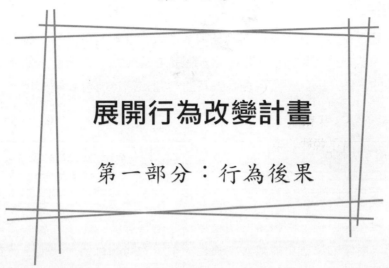

展開行為改變計畫

第一部分：行為後果

你已經辨識出問題行為並加以測量，而且也找出 A-B-C 模式，這 195
一章我們將會仔細地討論 A-B-C 模式中的「行為後果」，而第十八章
中我們將會討論 A-B-C 模式中的另一個部分「前因」，因為減少問題
行為只是我們的一個目的，我們還有另一個目的是：鼓勵替代行為。

辨認行為的後果

在這本書中我們已經討論過具有增強作用的行為後果以及它是如
何影響你的孩子，事實上，你的孩子早已學會兩種基本結果：他知道
做某些行為可以得到強化，他也知道避免某些行為以免導致不愉快結
果。

換句話說，你的孩子已根據我們的兩大規則來行動：

1. 行為之後若跟隨著愉快的結果，則該行為有可能會再發生。

2.行為之後若沒有伴隨愉快的結果，或緊接著的是不愉快結果，則該行為再發生的可能性較低。

記得在第十五章蓋瑞的例子嗎？被人注意對蓋瑞來說是種愉快的結果，若根據規則1，他從餐桌上跳下來的行為，緊接而來的是引起家人的注意，因此，蓋瑞在晚餐時間的問題行為將會繼續出現。

196

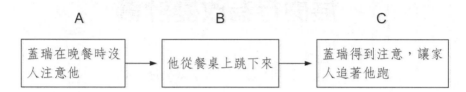

現在你已經了解孩子的問題行為之後緊接著發生了什麼，你或你的家人所做的反應可能無形中強化了孩子的問題行為，使他下次仍會繼續如此；根據我們的經驗，通常有三類的行為結果會強化孩子的問題行為：(1)得到注意，(2)孩子可以得到他想要的事物，(3)孩子可以逃避他不想做的活動。接下來我們會舉例說明，使你更容易辨識出孩子的問題行為是受到哪種結果所增強。

引起注意

每個孩子都會希望被關注，在學校努力讀書、幫媽媽洗碗、和別人分享玩具，這些行為都是為了得到正向注意，例如擁抱、微笑、注視、讚美等，這些都是強化好行為的獎勵。然而，你可能會很訝異，大部分的問題行為也是透過得到注意而強化它。

問題行為之後的注意通常不是擁抱、微笑、讚美，而是責罵、皺眉、大聲尖叫：「不可以！」或是對孩子曉以大義告知如何才是適當行為，也可能是讓手足生氣、哭泣等，從孩子的觀點來看，這些反應都是對他的注意，就像每個人對這個孩子說：「因為你所做的，我必須注意你。」

正如同莎拉，雖然她知道該如何自己穿衣服，但是她站著不動拒絕穿，每天早上都製造問題。

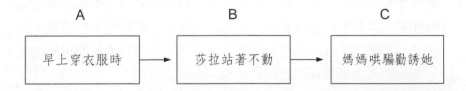

當我們檢視了這個情境中的 A-B-C 模式，可以清楚地發現，莎拉學會了一個成功的策略來引起媽媽的注意，因此，當媽媽愈是繼續哄騙勸誘她時，她愈會持續地拖拖拉拉。

得到想要的事物

當一個嬰兒哭了，我們習慣性地假設他一定是餓了或不舒服，所以會去餵他、抱抱他、唱歌給他聽，或逗他玩以轉移他的注意力，結果經由這些活動，嬰兒停止哭泣。

隨著嬰兒的成長發展，他可以不透過哭泣來滿足需求，他學會等待或用其他的方式來滿足，但是對某些小孩來說，他們說話、等待或動作能力發展得較慢或較有限，這些小孩大多用行為來表達他們的需求，他們可能仍然用大哭、大叫或敲打的方式來得到他想要的東西，父母無形當中也增強他繼續使用這種問題行為。

例如，有對父母他們發現，當女兒生氣時，給她三塊餅乾她就停止生氣了，但是他們可能沒有想到，他的女兒學到的是：若我想要得到餅乾，我只要尖叫吵鬧就可以。某些事物，如吃東西、玩遊戲、騎腳踏車、外出散步等，都是強化問題行為的有效結果。

下面的兩種反應是無意中強化問題行為的典型方式：

1. 「喔！讓他看電視算了，我不想再聽到他吵吵鬧鬧了！」通常當你說不可以的時候，你很難堅持到底，你的孩子常會爭辯尖叫、

踢鬧、亂跑，或表現出一副受傷、不快樂的模樣，這時候你通常
會放棄你的堅持，讓他做他想做的事，結果他就安靜下來或開心
了！正因為如此，許多家庭落入這種投降的陷阱中，也增強了孩
子的問題行為。這種結果，表面上看起來問題行為當時停止了，
這必然強化了你，但是也讓孩子學到了，下次當他想要得到他的
需求時，他仍會採用此問題行為。

2.「如果你現在停止吵鬧，我就給你一塊蛋糕！」通常父母會試著
用交易的方式來停止孩子的問題行為。請再想想看，孩子學到了
什麼？每當她得到蛋糕時，她學會了下次如何用相同的方式繼續
吵鬧。

逃避

　　有時候我們發現自己在某些不愉快的情境下，心中所想的就是：
「我該如何逃避呢？」這些情境可能是擁擠的公車、無聊的對話、令
人厭煩的聚會等，不管是哪種情境，最理想的結果是遠離他們。

　　試想現在你的孩子正被要求學習某項他並不擅長的科目，結果他
在課堂表現出不合作的干擾行為，被老師趕到教室外，老師沒想到他
的處置反而鼓勵了孩子的不當行為，下次到了這堂課，孩子可能在老
師還沒上課前就先出現干擾行為，以逃避他對這門課的學習挫折。

　　家中許多問題行為都是透過相同的形式被強化，藉以逃避或避免
付出，通常這類結果都發生在特定情境，例如，當被要求去執行某些
她並不喜歡的技能或活動（像是：洗澡或睡覺），許多孩子很快就發
現，適時地哭鬧或大發脾氣可以延緩甚至取消這些活動。

　　還記得第十六章艾琳的例子嗎？

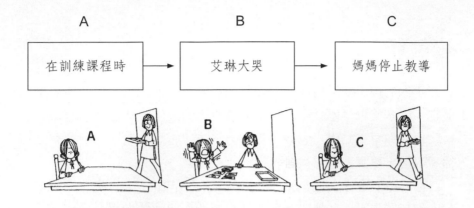

艾琳逃避了訓練課程無形當中強化了她，當她在訓練課程中大叫時，艾琳的媽媽又真正教她學到了什麼？

仔細想想你的孩子，在他的問題行為之後通常緊接而來的是什麼？你會責罵他、哄騙他或安慰他，讓他能立刻停止？或是你會和他交易，只要他停止該行為，你就會給他喜歡的事物？當他的問題行為一出現時你就讓步了嗎？

請在下列的空白處寫下你對孩子問題行為的處理結果

問題行為：＿＿＿＿＿＿＿＿　　強化的結果：＿＿＿＿＿＿＿＿

　　　　　＿＿＿＿＿＿＿＿　　　　　　　＿＿＿＿＿＿＿＿

　　　　　＿＿＿＿＿＿＿＿　　　　　　　＿＿＿＿＿＿＿＿

找出較適當的處理結果

一旦了解了問題行為之後你所給予的處置結果，就更容易找出降低問題行為的策略。事實上，它的原則很簡單：若要改變問題行為，你必須調整維持該行為的後果，讓我們來看看下列你可以採用的策略。

忽視

　　讓你的孩子知道對他的問題行為不會有任何注意的最佳方式是忽視它。許多父母早已發現，它是你能運用的最佳策略之一。

199　　　也許你早就知道「忽視」這個方法了，它說來簡單，但要有效用卻不容易，事實上，它很難執行。

　　你的孩子隨時都期待你的關注，當孩子出現問題行為時你忽視他，代表你正在告訴他，他的某些行為是不能引起你的注意，換句話說，若他想要得到好的結果，他必須修正他的問題行為。

　　在蓋瑞的例子中，當家人發現引起注意是問題行為的後果時，他們便決定忽視蓋瑞的行為。

　　現在來看看另一個例子。

忽視吵鬧

　　幾乎每天早上當哥哥和姊姊上學後，蘿貝塔就開始生氣，她握拳敲打、拉扯窗簾且大聲哭鬧，她的媽媽用逗她笑、唱歌的方式安撫她，通常這樣做最後她就安靜下來了，但是第二天早上，她又重複哭鬧。

　　蘿貝塔為什麼會繼續發脾氣，這並不難了解。

A	B	C
蘿貝塔的哥哥姊姊上學去了	蘿貝塔握拳敲打、拉扯窗簾、大聲哭鬧	媽媽唱歌或給她玩具安撫她

在這個例子中，只要稍微改變行為的結果，取代生氣行為之後的愉快結果，改成下列的 A-B-C 模式，就可以終止蘿貝塔的問題行為：

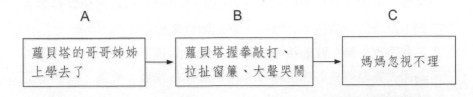

A	B	C
蘿貝塔的哥哥姊姊上學去了	蘿貝塔握拳敲打、拉扯窗簾、大聲哭鬧	媽媽忽視不理

200

重要的是你所忽視的行為必須對孩子不具傷害性，以蘿貝塔的例子來說，媽媽知道她不會嚴重傷害自己（而且窗簾夠堅固），所以媽媽可以安全地不理會她的發脾氣，但是如果她生氣之後是跑到馬路上，則必須選擇其他改變行為的策略，我們稍後會介紹其他的策略。

在此我們先討論兩個經常發生於「忽視策略」的問題：

1. **是否有一種最佳的忽視方法**？事實上並沒有一種最理想的忽視方法，你可以發展一種對你最有效的應用方式，提醒自己，你為什麼要忽視他，然後遵照下列的原則：「你之所以不理他是因為不想對他的問題行為加以注意而強化它！」你不要注視他、責罵他、和他爭辯，或  是做出其他讓孩子覺得你有注意到他的行為，你可以對孩子說：「當你做了……，我不想理你！」你的言語和行動必須傳遞清楚的訊息給孩子：「你的問題行為將不會再有用了！」

當然，有些問題行為是非常強烈的，例如尖叫或跳上跳下等，要完全忽視這種行為幾乎是不可能的，這時候，最好的忽視方法是離開現場，到另一個房間，打開收音機或閱讀雜誌，做一些可以讓你轉移注意力的事，千萬不要無意間又注意他！

有時，孩子會用其他方式來引起你的注意、打斷你的談話、爬到你的腿上、拉扯你的衣服等，若這種行為經常發生而且造成干擾，你就必須忽視他，這時很難離開現場，你能做的就是不看他，繼續做你的事，必要時，堅定地拉開他的手。

2.**當我不理他時，我的孩子會做什麼嗎**？對孩子來說，他的問題行為過去都是有效的，他知道如何引起你的注意，然而，現在他的舊把戲突然失效了。

　　大部分的孩子對忽視的反應是可以預測的，他們會更努力地再引起你的注意，我們可以想像某個孩子第一次被忽略時，他可能會對自己說：「我得不到，是不是我叫得不夠大聲！媽媽通常會過來制止我，也許我再更大聲哭鬧，她就會過來了！」

　　是的，大部分的情況下，你可以預期孩子的問題行為可能會比之前更惡化，他正在測試你的新策略，因此，你必須堅持到底，繼續忽視他，但不必擔心，通常惡化情形不會持續太久。

201

移除增強物

　　就像你撤除你對孩子問題行為的注意力，你也可以移除某些增強物，雙管齊下，保證孩子在問題行為之後不再出現任何樂趣。
　　某些情境下你必須移除孩子的增強物，正如同以下的情境：

- 當凱莉在玩她碗中的食物時，立刻移開她的碗一分鐘不准吃。
- 當彼德大吵大鬧時，立刻關掉電視，直到他安靜坐下來。
- 當弗雷德用球丟貓時，立刻將球拿開五分鐘不准玩。

　　當移除增強物時，你必須提供一個簡單的方式讓孩子可以再得到該增強物，因此，通常你只要移除一段短暫時間即可，再還給他，請看下面的例子：

違規：取消資格

西莉亞在桌子上亂畫，她的媽媽立刻將蠟筆拿開，一分鐘後提醒她必須畫在紙上才又還給她。

如果蠟筆對西莉亞是增強物，媽媽的策略則讓她不能繼續在桌上亂畫，幾次之後，西莉亞學會她只能將蠟筆畫在紙上而不是桌上。

如果當媽媽拿開蠟筆，西莉亞開始大哭大鬧，撕破紙張，這時候媽媽必須理智地忽視她，就如同我們之前討論過的，直到西莉亞安靜下來才能將蠟筆給她。

暫時隔離法

當某個問題行為極具破壞性，難以忽視，且找不到任何維持該行為的增強物，這時可運用「暫時隔離法」。暫時隔離法意指將孩子送到某個隔離地點，那裡什麼都不能做，讓他待在那兒一段時間，通常大約五至十分鐘，例如：

202

・坐在牆角的椅子上。
・坐在遠離家人的地板上。
・獨自坐在走廊上。
・獨自留在房間。

當孩子出現問題行為後，不給予過多注意，立即讓孩子離開原地，送到隔離處，隔離的時間不須太長且須事先告知，只有讓孩

子暫時遠離讓他樂在其中的環境時，才能使暫時隔離法奏效。

　　暫時隔離法不是生氣下的反應，而是針對某些特定行為事先計畫的策略，暫時隔離法對孩子來說並不意外，當孩子做錯時，讓他到牆角或房間安靜一下是許多父母常做的事，特別是當父母不知所措或生氣時，可以採用此策略，它可以使問題行為停止，但是也不能過度期望問題行為會因為暫時隔離法而永不出現。

暫停五分鐘

　　當吉米對別人吐口水後，吉米家人決定讓他待在房間裡（他不喜歡的地方）進行五分鐘的暫時隔離。

　　這天，吉米和他的兩個姊姊在玩接球，吉米漏接了一顆球就對姊姊吐口水，姊姊立刻把他趕回房間裡，盡可能地不給他過多的注意，當五分鐘過後，姊姊讓他出來。可是當姊姊一打開門，他又對姊姊吐一次口水，如果這時候讓他出來玩球則強化了他吐口水的行為，但這並不是姊姊希望的結果。

　　因此，姊姊告訴他：「不可以吐口水，你必須再被罰五分鐘！」仍然不給他太多注意力，並且確定吉米知道他為什麼必須再被罰五分鐘，等到五分鐘過後，吉米不再吐口水了，她才繼續和他玩，吉米家人並讚許他這次表現得很有禮貌。

　　以下所列的是在家運用暫時隔離法的原則，請詳讀這些指導原則，並和可能參與的家人討論。如果經過兩週之後，孩子的問題行為沒有明顯改善，你必須重新檢視你們所做的，是否有人仍沿用舊法對孩子的行為有所回應？是否此隔離方式對孩子是另一種強化？當他表現出良好的行為時，是否有得到充分的注意？

暫時隔離法的指導原則

1. 事先告知孩子出現哪個特定行為會被暫時隔離，這樣的提醒只要在行為即將發生之前說明即可，不須隨時叮嚀，你的解釋必須簡短清楚，而且要包括以下幾點：

   (1)具體描述所針對的問題行為（用孩子能理解的語言）。

   (2)在家中被隔離的地點（站在某個地點或坐在一張椅子上）。

   (3)隔離的時間持續多久。通常一歲一分鐘，依此類推，若你的孩子有特殊狀況可以縮短時間，但不要延長時間。

2. 確定孩子知道什麼是不該做的行為後，當孩子一出現該行為，你不用多說，孩子無須爭辯或道歉，只要堅定地採取行動，告訴他：「因為你對別人吐口水，你必須被隔離！」過多的討論只會變成另一種增強，所以忽視他的哭鬧、他的道歉或祈請，這些都是孩子要被送去隔離時會出現的反應，因為沒有一個孩子會自願被隔離。

3. 「請你去那裡安靜待著！」光說這些，孩子並不會乖乖配合，你必須加上其他動作，穩穩地抓著他的手腕，但不要太粗暴，安靜地帶他到隔離地點，此外，忽視他可能會出現的生氣、哭鬧、反抗，只要堅定地注視前方。

   暫時隔離法對孩子來說可能是他未曾經歷的，也是你第一次嘗試且最不容易的部分，但這也是它有效之處！

4. 當你第一次帶孩子到隔離地點時，他不可能會乖乖待在那兒二至五分鐘，他也許會大叫、踢鬧、亂弄東西（如果你在隔離處放置了一些讓他隨手可得的物品），當他繼續待在那兒，他會繼續哭鬧、反抗，但你不要對他有任何回應，即使看也不看一眼，如果他離開位置，你必須處理，堅定溫和地再帶他回到原位，抓著他，直到他乖乖留在那兒（或直到時間結束）。

5. 準備一個計時器，當隔離開始執行時便設定時間，孩子將很快學會，在這段隔離時間中他的任何行動都無效，且設定時間可以提

醒你何時結束，計時器可以幫助父母在計時過程維持一致。

6. 當隔離結束後，只要告訴她：「你現在可以回去了！」並且立刻注意她回到原來的情境是否表現適當的行為。她可能會反抗、不願意離開，沒關係，不必強迫她，這不會持續太久的，當她決定離開了，代表她的這種行為並沒有得到你的關心和注意。

　　經過一段時間後，你可以逐漸減少你在隔離過程中的涉入，只要告訴孩子去隔離，她就會照著做，許多孩子最後會用暫時隔離法當作一種自我約束的方式，當他們生氣或受挫後，她會自動（不須他人催促）回到那個安靜的地點讓自己平靜下來。

 體罰

　　「至目前為止，你並未提到可以運用體罰做為控制行為的方法，我發現有時適度的體罰確實有效，我這樣做不對嗎？」

　　不！你並沒有錯，許多父母和你有相同看法，偶爾適度的體罰確實能立即停止某些吵鬧或危險的問題行為。然而我們並未將體罰列入改變的策略中，是因為我們希望你能建立系統化的改變策略。「系統化」指的是事先計畫而非一時衝動，而且有始有終而非時有時無，此外，強調長期效果而非暫時解決。無疑地，偶爾體罰看起來有效，但是如果你關心的是建立一個一致性的策略而不是輕率的反應，那麼，我們建議你採用其他的策略，原因如下：

　　第一，當你打孩子的時候，你已經做了一個示範，他可能會模仿你，雖然我們不確定孩子從何處學到攻擊行為，但你對他的行為，會鼓勵他以後也這麼做。

205　　　第二，父母輕易地使用體罰，會增加孩子的恐懼不安，有效的教育方式是寓教於樂，而不是持續被體罰。

　　最後，正如我們之前提到的，你認為的處罰也許對孩子來說是另一種形式的注意，如果是這樣的話，你的體罰反而會繼續維持其問題行為，而不是減少它。

與其他我們討論過的策略相比，事實上，經由體罰你並沒有教給孩子任何正向價值，反而是負面影響，因此，雖然體罰輕而易舉，但是卻會傷害孩子，為了你及孩子，請避免使用體罰，而改用其他策略。

認知因應

「你說不要理他！不要體罰他！說來容易！但是你不是當事人，有時候他真的讓人很生氣！」

如果你這麼想，這是很合理的！許多父母都會有相同感受，改變孩子問題行為最困難的部分不在孩子，而是控制你的憤怒。

這是個很熟悉的情節，你的孩子做了某些事（亂丟食物、在床上大哭、在超市鬧脾氣、說謊等），你愈想愈生氣，之後你又會對你的生氣感到沮喪。

這裡發生了一件很奇怪的事，你一方面對孩子的行為做反應，另一方面對你的自我對話做反應，通常你的「自我對話」──你對自己所說的內容，會讓你感到挫折生氣。讓我們想像孩子在床上大哭，你覺得很生氣；如果他是個六個月大的嬰兒，你可能不會覺得生氣，為什麼呢？不都是相同的哭鬧行為？因為你會告訴自己：「他只是個嬰兒，他還不懂事，他是個快樂的小孩，長大就不會再哭鬧了！」

但若是孩子較大了，你的自我對話可能會改成：「他應該表現得懂事些！他破壞了我的安寧，他有好多問題，他總是製造麻煩！」這些自我對話一方面在責備他的哭鬧行為，這使你生氣，另一方面視哭鬧行為是問題的起點，將來會製造更多問題，這使你感到沮喪。

你對孩子問題行為的自我對話常會引起各種情緒反應，但是若能改變你的自我對話，也許這些情緒會減少或避免，但問題在於，許多人並未能察覺到自我對話。「因為他哭了，所以我生氣！我無法改變這種想法！」是的！自我對話瞬間發生，你不妨花幾分鐘停下來想想

206 看，特別是當孩子的問題行為下次又發生時，你將有機會察覺到你的想法，這就是我們所說的自我對話。

　　有個媽媽看到四歲的兒子不聽話，她變得很生氣，她知道自己生氣的強度超過兒子問題行為的嚴重程度，但是她不明白為何會如此。當她檢視了自己的自我對話，她找到了讓她生氣的想法：「他就像他爸爸一樣！」他的父親有反社會行為的傾向，他多年前就離開家，現在被關在監獄裡。找到了這個自我對話，再轉換成其他較合理的想法（大部分四歲的孩子還不太能合作，我可以試試這本書中他們建議的方法），則生氣減少許多。

　　這種轉變正向自我對話的歷程稱為「認知因應」，解決孩子問題行為的方式一部分來自於改變你的想法：你對孩子行為的認知。將你的負向想法修正為中性或正向想法，將「他愈來愈壞了！」的想法取代成：「他需要學習控制自己的某些行為！」有效的認知因應可以使你更冷靜，能夠用更有建設性的方式來解決問題。

　　如果你擁有更多元的自我對話，你處理問題行為會更有利，當問題發生時，你對自己說：「現在又來了一個問題，我需要規劃一下該如何反應，我可以把它記錄下來！」多想想正向的處理方法，少想孩子的負向行為，這可以幫你減少負向情緒。

　　除了自己思索或練習正向的自我對話，可以試著對配偶、家人、教師或諮商師說出來，也很有幫助！

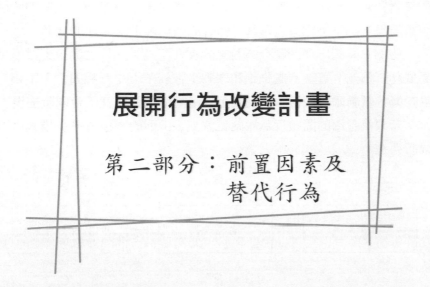

第十八章

展開行為改變計畫

第二部分：前置因素及替代行為

　　你現在會發現，我們所謂的「問題行為」，從孩子的角度來看卻是他的致勝策略，他們不在乎好壞或有問題，重點在於他們可以因此得到想要的利益。

　　此刻，你決定取消他的利益，某個行為原本會被責罵現在則改為忽視，或是你過去會追著叫他，現在則把他送去暫時隔離，你正在展開一個改變行為的計畫，但是你的孩子並不清楚，他所看到只是過去對他來說有用的行為，現在卻得到不同的無效結果，因此，他將會尋找新的方式來引起你的注意。

　　而你正可藉此機會教導他運用適當的行為來得到他想要的。

　　你必須清楚地讓孩子知道，你所告訴他的及所示範的各種行為，都是可以獲得美好結果的好方法。

　　讓我們再看一次蓋瑞的例子（第十五章），改變行為之後的結果（忽視不理他）只是其中的一種策略，他的家人還針對他乖乖坐在椅子上給予特別的注意，和他聊天、讚美他有禮貌、夾菜給他吃等，他

們非常用心地強化蓋瑞坐好的行為。

208　　如果你能成功地降低問題行為，你還必須告知孩子哪些是被鼓勵的適當行為；聽起來很簡單，但是我們常常忘了這麼做。以蓋瑞的例子來看，若忘了強化適當行為，他會繼續出現更難處理的問題。

　　假如你能想出和問題行為對立的良好行為，加以鼓勵，則改變更易成功，例如，蓋瑞到處亂跑和乖乖坐在椅子上是互相對立、不相容的行為，當乖乖坐好被強化之後，到處亂跑的行為就不會同時出現。

　　若要使蓋瑞的問題行為能確實減少，下列的兩種 A-B-C 模式必須同時存在：

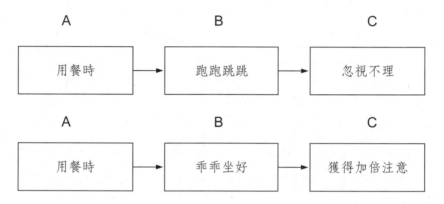

A	B	C
用餐時	跑跑跳跳	忽視不理

A	B	C
用餐時	乖乖坐好	獲得加倍注意

　　至目前為止，我們所建議的策略只是一部分，在蘿貝塔（第十七章）的例子中，當哥哥姊姊上學後，她就開始揮拳、拉窗簾、大哭，雖然一開始她確實很難過，媽媽用玩具轉移她的注意力卻也強化了她的哭鬧行為，因此，這種行為繼續上演！

　　還記得我們建議蘿貝塔的媽媽運用忽視法來面對孩子的哭鬧嗎？但是，現在我們還要告訴你，這個策略必須伴隨著獎勵適當的不相容行為，也就是說，當她準備用玩具來增加對她的注意力時，必須是在蘿貝塔不哭鬧且遠離窗簾，或是安靜地玩耍時才能給她玩具。

　　因此，每個行為改變計畫應該包括兩個部分：(1)消弱問題行為，及(2)鼓勵其他替代（盡可能是對立、不相容的）行為。當你決定要減少某個問題行為時，你同時也要選擇另一個替代的不相容行為加以鼓

勵，請你把這個替代行為寫下來：

_____

_____

合約書

　　在這本書中我們已經討論過如何運用獎勵來強化適當行為，也討論過你和孩子間的簡單約定，你會告訴孩子該做什麼（例如：乖乖坐在這），以及可以得到的獎勵（例如：我會給你一個玩具）。合約書是一種簡單的紀錄，將你所說的約定寫下來（如同第十三章討論過的居家生活技能）。

209

　　這個簡單的合約書可同時用來消弱問題行為及鼓勵替代行為，例如，珍妮弗的媽媽為了減少她的哭鬧行為，在合約書上寫著：「珍妮弗，我會計算你今天哭了幾次，如果少於三次，爸爸回家後陪你一起玩球。」

　　這個合約書假設媽媽確知珍妮弗喜歡和爸爸玩球，為了讓珍妮弗可以清楚地看到這個合約書，媽媽把它製成表格貼在冰箱上，每次珍妮弗一哭，媽媽就在上面做記號。當這樣的合約書產生改變效果後，媽媽再逐漸將珍妮弗的哭鬧次數降低，甚至她的哭鬧次數可以減少到零次，但她仍然可能會出現合理的哭泣行為。此外，媽媽還需要變化給予珍妮弗的獎勵，以避免她和爸爸玩球玩膩了而缺乏強化作用。

　　莎拉的媽媽為了鼓勵莎拉快點把衣服穿好，減少她穿衣服的拖延行為，訂出一個簡單的合約書是：「莎拉，我計時四十五分鐘，若你能在鈴響之前穿好衣服，我今天整個晚上都會陪妳！」

　　這個簡單的合約書說明了：(1)期望的行為，及(2)獎勵。在剛開始幾天，設定的時間可以短一些，直到莎拉可以在適當的時間內穿好衣服，莎拉也可以共同決定她想要的獎勵品，媽媽平均每次陪她玩二十

分鐘，由莎拉選擇她想玩的活動。

傑西的父母為了鼓勵他用其他的行為來取代打人，而和他定了簡單的合約書：「傑西，如果你從現在到晚餐都能和妹妹乖乖玩（例如：分享玩具、不打人），你可以得到一份特別的點心！」而且如同莎拉般，傑西也可以共同決定他想要的獎勵品。

你會發現，這些合約書針對不當行為的減少及適當行為的增加都予以獎勵，試著和孩子建立簡單的合約書，對減少不當行為及增加正向替代行為都給予鼓勵，邀請孩子共同決定合約書中要包括哪些行為及哪些獎勵品。建立合約書對孩子是很有趣的，可讓孩子學習如何做決定，使他們更獨立，記得，孩子會想從合約書中得到她的利益，你也必須堅持你的底線。

改變行為的前因

我們已經討論過行為結果，基本上這只有考慮A-B-C模式中的B-C部分，你也可以從A-B的部分，即行為的前因來改變問題行為。

所謂的前因，指的是問題行為發生之前的情境，某些前因會導致

210 孩子容易產生麻煩，例如，當孩子疲倦時，常容易哭鬧；當被忽視時，他會故意惹事生非；當面對困難的作業時，會大叫；當只有一個玩具時，容易和姊姊搶玩具，若要把各種容易引發孩子問題行為的情境一一羅列出來，可能不勝枚舉。

想想你孩子的問題行為，再問自己有關於該行為前因的下列問題：這個行為何時發生？這個行為發生在何處？有什麼事件引發此行為？有誰在場？孩子的感受是什麼？重點在於描繪出一幅有關於問題發生前的詳細畫面，幫助我們更清楚地了解為什麼會發生這個行為。

了解了前因通常可以找出改變的方向，這個單元將介紹各種改變孩子環境的方式，如此，可以協助孩子更容易出現適當的行為。

教導孩子新技能

除了多鼓勵與問題行為不相容的替代行為之外，也可以同時教導孩子各種新行為。若一天當中填滿了各種新技能，孩子就沒時間出現問題行為，例如，蓋瑞的父母一方面忽略他離開座位的行為，同時也教他許多新的用餐技巧，如用刀子切肉、倒果汁或使用叉子等。

 ## 鼓勵其他的孩子成為榜樣

將你所期待的行為示範給孩子看（也告知能夠得到的獎勵）——可以透過其他的孩子做為示範及榜樣，這個策略需要全家合作，由其他的孩子示範，你的獎勵可以刻意誇大突顯，但仍須真實自然。

例如，當馬克拒絕洗手時，可以說：「爸爸！過來看看吉米洗手洗得好棒喔！」這種獎勵他人的策略可用在忽視孩子的問題行為時，並藉此獎勵其他替代行為，只要忽視他的行為轉而稱讚其他人。

設定步驟，使得問題行為不易在學習時出現

如果你已經教他一些新技能，也示範了你所期待的行為，問題行為仍然出現，而且忽視法或暫時隔離法都不管用時，此刻，孩子要的並不是尋求注意，而是想逃避不愉快的學習。這時候你可以幫他把課程調整成簡單一些，以符合他目前的技能，你必須敏銳注意他所傳遞的線索（例如：東張西望、坐立不安、喃喃自語等）。

211

在技能訓練那章中，我們曾強調設定達到成功的步驟，也就是事先安排使孩子較容易成功的情境；我們也曾討論過根據孩子的能力設定目標，再逐步漸進增加要求；還有選擇較容易操作的教材、給予明確指示、減少干擾等，這些都是事先安排情境的方法。

 ### 設定步驟，使得問題行為不易在生活上出現

　　想想你每天的例行活動，你勢必已經為了你的孩子做了許多調整，例如，早點起床為他準備好早餐；將牙刷放在低處，方便他拿到；把他要吃的肉先切成小塊等。為了減少孩子在生活中出現問題，你早已設想了無數種方法在生活情境中做好準備。

　　你可以預期某些情境可能會困擾你的孩子或困擾你，例如，有些情境讓他很害怕，像看醫生、看牙醫、理髮；或有些讓他很害羞，像參加生日聚會、上台；有些地點他會不斷要求買東西（像玩具店）、過度吵鬧（像教堂或廟宇）、過度活躍（像餐廳）。

　　在上述的這些情境，你可以運用事先警告系統，預想你的孩子可能會怎麼做、怎麼想，然後事先告訴他該怎麼做。當他可能害怕時，真誠地告訴他將發生的每個步驟，也就是說，不要欺騙他完全不會痛，你可以對他說些保證的話，例如：「每個孩子都看過醫生，沒事的，媽媽會在這兒陪你！」或是在看完醫生後安排一些快樂的活動。

　　當在社交情境表現害羞時，也可事先告知孩子，誰會參與、會做什麼，以及在這個聚會中會發生的趣事，提早到達使孩子可以早些認識其他的孩子並開始和他們玩耍。

　　當你預期孩子會出現不順從行為時，例如，孩子不願離開聚會，一樣事先告知可能發生的事情及你所期待的行為。逛超市就是一個很好的例子，事先說清楚可以避免一些麻煩：「我們要去超市，但我們只買清單上所列的東西，你可以幫我把這些東西放在推車裡，但是請不要要求我買其他的東西，我不會買，這樣了解嗎？」

　　你可以根據孩子的理解能力，以你平日的溝通方式和孩子說明，

不管怎麼說，事先警告則可減少事後災難。

提醒

　　切記不要在情境上做太大改變而干擾了家庭平日生活，只烹調孩子喜歡的口味也許會讓孩子乖乖坐在餐桌上，但是其他家人呢？別忘了在改變情境時也要考慮到其他人，如果這種改變是不舒服的，應該讓它盡快結束，回到正常。

　　請記住，改變孩子的環境是為了教導他，但你自己的生活世界在這過程中毋需做太大轉變。

持續測量行為

　　前面我們曾提過，在展開改變計畫之前，要先測量並記錄問題行為一週。當你展開改變計畫後，持續記錄一週的測量，也是非常重要的，這種「後測」可以幫助你判斷你的計畫是否有效。

　　在展開計畫的第一天就記錄「後測」，記錄的方式和「前測」相同（而且在每天的相同時段）。鮑布的爸爸（第十六章中的例子）所記錄的「前測」如下：

	週數（日期）	星 期							平均
		日	一	二	三	四	五	六	
前	第一週 (3/21-3/27)	×× ×× 4	××× ×× ××× 8	××× ×× × 6	××× × 4	××× 3	不在家	××× ×× 5	5
測	第二週 (3/28-4/3)	××× ××× × 7	×× ×× 4	××× × 6	××× ××× × 5	××× ××× × 7	×× × 3	×××× ×× ×× 8	6

213　　　　他的「後測」紀錄如下：

週數 （日期）	星　　　期							平均
	日	一	二	三	四	五	六	
後　　　測　　第三週	××× ××× ×× 8	××× ××× ××× 9	××× ××× ×× 8	××× ××× 6	××× × 4	××× 3	××× × 4	6
第四週	不在家	××× ×× 5	×× 2	× 1	×× 2	××× 3	××× 3	3
第五週	× 1	0	×× 2	×× 2	0	不在家	× 1	1

對鮑布來說，他每週平均打人、踢人、推人的次數如下：

前測時：
　　　　第一週平均每天 5 次
　　　　第二週平均每天 6 次
後測時：
　　　　第三週平均每天 6 次
　　　　第四週平均每天 3 次
　　　　第五週平均每天 1 次

　　透過平均數較容易做每週之比較，你可以看到，在執行計畫的第三週，鮑布的問題行為大大降低。

　　當你展開改變計畫後，請繼續記錄孩子的行為。請記住，孩子的問題行為有可能比之前更惡化，這時堅持你的計畫，請相信很快你就會看到改變，如果你覺得這個計畫對你是有意義的，請持續進行幾個禮拜，讓它有機會展現成果，而勿倉促中斷。

總結

你準備展開一個計畫來降低孩子的問題行為，請遵循以下六個步驟：

1. 具體界定問題行為
2. 測量問題行為：前測
3. 辨識 A-B-C 模式
4. 改變行為的結果：
   (1)找出一個較好的結果
   (2)鼓勵替代行為發生
5. 改變行為的前因
6. 持續測量行為：後測

214

問題行為的改變是最困難的部分，你可以重新複習這個單元的前面幾章，也許對你有些幫助。此外，也可和家人討論你的策略，必要時，可以和孩子的老師或治療師討論，當你確定你的方案可行時，就堅定去做，希望能有美好結果！

回顧：大衛的故事

「媽……！大衛又爬上那了！」

當聽到書本掉落地板的聲音，媽媽不須茱蒂的提醒，就急著衝到客廳去，看到大衛爬到書櫃上，玩著上面的每樣東西，他很喜歡爬到高處，毫不在意冒險所導致的損壞。

「立刻下來！」媽媽命令大衛，並立

刻過去把他拉下來，「我不是告訴你不准再爬上任何地方嗎？」但是大衛卻仍笑嘻嘻地走出客廳，期待下一次的冒險。

　　那天晚上，當大衛睡著以後，爸爸媽媽和茱蒂討論著如何解決大衛的攀爬問題，媽媽說：「他似乎愈來愈喜歡爬高，我說他根本沒用，他爬到書櫃上，爬過的地方東西都摔壞了，凌亂不堪！因為你們較少在家，不常看到，我曾想過他是不是故意要找我麻煩，但我也試著平心靜氣地告訴自己，這行為和我無關，他只是比較好動，總有一天，會停止的！」

　　爸爸說：「好！你已經說明了他的攀爬行為，讓我們先擱置這個問題，那麼他每天爬上書櫃幾次呢？」

　　「有天晚上，我在旁邊陪著他，我算過他總共爬了六次。」茱蒂說，「他就像擁有一顆球一樣開心！」

215　　「沒錯！」媽媽說：「有時候當你注意他時，他幾乎整天爬，可以高達十次！」

　　「既然如此，為了更確定，何不來做個紀錄，就像茱蒂那天晚上做的，記錄大衛爬上書櫃的次數，這應該不會太困難。當他爬到書櫃上時，我們按照原來的方式對待他，只要記得在紀錄表上面做紀錄。」媽媽於是開始準備前測紀錄表。

　　一週之後，媽媽很忠實地將紀錄表整理如下：

週數	星期							平均
	日	一	二	三	四	五	六	
第一週	5	9	6	8	7	4	不在家	6.5

　　爸爸說：「很好！你們倆說的都對！」「從圖表顯示，大衛這個禮拜總共爬了 39 次，扣掉星期六那天我們到爺爺家不算，39 次除以 6 天，平均一天是 6.5 次，他真是個攀爬高手！」

　　茱蒂問了：「那麼我們該怎麼辦呢？當他又爬的時候，我們是不是該處罰他或做其他處理？」

媽媽回答：「我想，大衛之所以這麼愛爬高，可能是因為我都會追著他叫他下來！這對他來說應該是個極大的關注和樂趣！」

「我想到了！」爸爸接著說：「如果我們不要對他的爬高及凌亂大驚小怪，他也許很快就會放棄爬上爬下了！」

經過幾分鐘的討論，媽媽同意運用忽視這個策略來處理大衛的爬高行為：「正如你所建議的，我會把書架上的東西都拿走，而且不再追著叫喊他，希望我可以完全做到！」

媽媽的擔心是正確的，因為要完全忽視幾乎不太可能，而且對荣蒂來說，大衛的吵鬧也會讓她變得較激動。

但是，他們做到了，在改變計畫執行二週後，他們的「後測」記錄如下：

	星期日	星期一	星期二	星期三	星期四	星期五	星期六	平均
第一週	6	4	4	7	—	5	4	5
第二週	6	7	7	4	7	3	5	5

結果如何呢？「這兩個禮拜，我們盡量不對大衛的爬高行為予以注意，現在他的攀爬行為有些降低，而且他留在書櫃上的時間也較長，因為我們沒有抱他下來！」媽媽有些沮喪地說：「老實說，我原先不抱期望，但是現在我很高興，從紀錄證明我們做到了！」

荣蒂問媽媽：「證明了什麼？」

「證明了我們確實可以改變大衛，而且我們每個人都盡力了！」

「但是我們也錯了！」爸爸說了，「我們沒有理由停止他，因為我們取消了自認為對他攀爬行為最具吸引力的後果──注意力，結果他仍然到其他地方爬上爬下，這代表我們的錯誤，他會這麼做一定有其他原因。」

荣蒂說：「我想他會這麼做，代表他很喜歡做這件事！」「就像我之前說過的，當我看到他在爬上爬下時，他看起來就像擁有一顆球一樣開心！」

於是媽媽問了：「那麼我們該如何終止他攀爬的樂趣呢？」

　　他們討論了一會兒，最後媽媽回答了自己的問題：「當我們從書櫃上把他抓下來後，我們就嚴格地要求他留在房間五分鐘不准出來，這樣如何？」

　　「聽起來不錯！」爸爸也同意，「而且我們讓他做了某些事之後可以到外面攀爬！」

　　大衛家人現在回到了正確的解決之道，但是他們可能忽略了一個事實，大衛一點也不在乎被關在他的房間裡。事實上，當爸爸第一次把大衛送回房間進行暫時隔離時，他發現大衛正開心地玩著他的玩具兵。「他甚至不想出來！如果我們想讓他在爬上書櫃之後得到不愉快的結果，我們最好另選一個不舒適的地方進行隔離！」

　　大衛家人花了一些時間成功地降低了大衛的攀爬行為，超過了他們原先計畫的兩個禮拜，他們做了許多修正，不斷檢討他們的策略，而且一起努力，最後才能獲得成功，他們持續的努力終有成果。

　　而對大衛來說，他可能又發展出其他的問題行為，但哪個孩子不是如此呢？現在若你有機會造訪他家，你會看到他經常在院子裡爬上爬下地玩耍！

第四部分

維持獨立性

第十九章

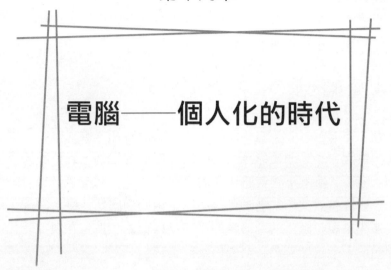

電腦——個人化的時代

這一章我們將討論如何運用電腦化資訊，這會讓你覺得每天準備要閱讀的東西都是錯誤的，嚴格說來，不是錯誤，而是落伍了！就像你在早報上讀到的標題，可能隨時瞬息萬變，就像你現在讀到的句子，它可能很快又改變了。現今的時代，我們所了解的世界——特別是電腦資訊，變化快速，如果你認為今天印在紙上的事情，明天一定不會改變，那你就錯了！

請注意了！這麼說是不是代表前面幾章中所討論的內容都是過時的？從某一方面來說，它可能是，我們之前介紹過的一些內容確實不是新資料，但是，重點在於，前面幾章的內容都是值得信賴的，它在二十五年前就對許多父母有效，在上個禮拜也對其他的父母有幫助，因此，我們確信明天它對你依然

有用。

就像糖醋排骨的食譜,你外婆用過,你媽媽也用過,它的變化很少,幾乎完全相同,即使一代傳一代,某些資訊仍是禁得起時間的考驗,但是電腦化資訊卻是日新月異!

220 個人電腦

在本書的第三版,六年前出版時,我們曾在「個人電腦」這個單元中提醒大家:「即使你今天用的是最新進的電腦,到了明天可能又被淘汰了!」雖然這些資訊快速的汰舊換新,我們還是必須討論個人電腦,也許有些父母或老師仍搞不清楚電腦到底是什麼,的確,電腦對許多人來說是陌生的、昂貴的、不易操作的,但是在現今時代,這些問題已不能阻擋人們必須去探索接觸它。

在這六年中,上述的這些問題都已消失了,電腦到處可見,在學校裡幾乎大大小小的學生都會使用電腦,每個老師都有他的電子信箱,教室裡的電腦像書本一樣隨處可見,家用電腦也相當普遍,在美國,大約70%家庭至少擁有一部電腦,這個數字將會持續增加,電腦會像電話、電視、冰箱等家用電器般的普及,而且容易操作。

由於個人電腦的普及化及方便好用,它的價錢及體積已逐漸縮減,因此它會愈來愈容易擁有,當然如果你想擁有頂級設備,還是必須花費不少錢,不過大約只需花費二萬元台幣你就能擁有一台強而有力、新型、彩色的機種,若是二手電腦,具有相同功能大約只要一半的價錢。

最後,會使電腦如此受歡迎的另一個事實是,它是非常人性化的電器,它的使用說明不再像過去是厚厚的一本,取而代之的是以簡易的圖表或卡通顯示,等著你點選它,當你打開它之後,它會逐步指示

你如何操作，如果你操作錯誤，大部分的電腦會幫你自動修正。

想想看

我們提到個人電腦的體積已隨著它的價錢逐漸縮減，為了了解電腦現在變得多小，請試想，在 1949 年，第一台電腦發展出來時，它被稱為「ENIAC」，因為它占據了整個城市的街角，你幾乎不可能擁有一部個人電腦。然而，今天各種電器的電力都能裝置在比小手指更小的電腦晶片中。所以下次當你看到一個孩子在玩掌上型電動玩具時，停下來欣賞一下這個小巧的掌上型電腦，它所具備的電腦裝置遠勝過一個世紀前的個人電腦。

221

由於電腦價錢昂貴及操作複雜的問題已不復存在，個人電腦已變得非常普遍，它已經成為一個非常重要的工具，你可以用它來輔助教學且成為孩子的有效幫手。

有些父母拒絕加入電腦化的變革中，他們不願相信電腦將主導他們的生活，而且老實說，雖然電腦的價格已顯著降低，但並不是完全免費的。

如果你是屬於這種猶豫型的父母，我們將會規勸你花多些時間再重新思考，雖然我們不確定能改變你的心意，但至少讓你確知你有所疏漏。接下來的部分，我們會著重在個人電腦中的兩個領域，你會發現更多電腦的好用之處。

1. 個別化的個人電腦
2. 網際網路

個別化的個人電腦

　　在本書的前一版，我們提供了一些幫孩子選購電腦及軟體、硬體的指南，在這一版中，我們不打算重複相同的文字敘述。

　　因為當時我們並不確定你對個人電腦非常熟悉，所以我們做了基本介紹，摘錄上一版中的說明如下：

　　　　硬體指的是個人電腦中你能看得到且碰觸得到的部分：如鍵盤、螢幕，以及連接在螢幕的相關配件。（摘自前一版的第195頁）

222　　　　你能選購哪一種電腦？我們只能告訴你，仔細檢視下列條件：價格、聲譽、口碑、軟體的適用性、易操作性、售後服務的方便性等。（摘自前一版的第197頁）

　　現在，六年過後，我們確信每個人對電腦都有基本的認識，此外，幫助你選擇及使用電腦的資訊隨處可得，訓練手冊或訓練光碟已日新月異，相信你已經擁有很好的電腦。

　　但我們相信，對你來說更有幫助的應該是網路資訊，如果你在家無法上網，那麼在市立圖書館或學校一定都可以上網，在本章的後半段，你會發現各種問題都能從網路上快速、完整地找到答案。

木棍和石頭……
這真是個爛標題

　　我們很想推薦你一本書，不過我們猜你一定會很討厭它的書名，這讓我們很兩難，我們也討厭這個書名，但是這本書真的太好用了，只好忽略這個不太討好的書名：「傻瓜個人電腦」（*Personal Computers for Dummies*）。

　　你可能曾看過類似「傻瓜……系列書籍」，任何你能想到的主題都可以加上去，如園藝、財經、莎士比亞等，但是為什麼還有許多其他的書籍，例如「個人電腦入門」之類的書可選擇，我們卻推薦這本書，有兩個主因：

1. 這本書是特別針對初學者，因此它以有趣易懂的形式提供了許多有用的資訊，這本書以它的幽默和品質聞名。
2. 每個看過這本書的人都會熱衷地推薦。

　　所以我們也同意這個書名不太恰當（我們知道已有許多父母寫信或打電話告知出版社），但是不要因此阻礙你購買這本書，你會從中獲益無窮。

223

補充

　　雖然之前我們提過個人電腦日新月異，但是，我們在前一版──1997年對父母強調的重點，至今依然有用，所以在我們接下來要討論網際網路之前，先回顧前一版中專家的建議，雖然它不在本文中討論，但我們相信這些建議至今仍然有用。

- 個人電腦將會對你的孩子愈來愈重要，它可運用在學習、遊戲或工作。
- 你和你的孩子可以運用個人電腦的立即通訊進行動態聯絡，那些立即資訊可能是你從未得知或接觸過的。
- 請想想看，為什麼許多父母同意個人電腦將是獨立生存的重要技能。

- 父母可以透過電腦隨時與世界各地的父母或鄰居聯繫、交換問題、心得、趣事、情報等，孩子們也會透過電腦交網友、玩遊戲、找工作、遠距通訊等。
- 當你透過數據機或伺服器連線，你會逐漸接觸到在這地球上和你相似的人，他們的孩子和你的孩子相似，父母也可以在網路上提出各種教育問題，詢問特教老師、大學教授、政府決策者、電腦軟體設計公司等。

224

- 現在有關於教育或幼兒遊戲的電腦軟體，無以數計，值得你去探索，這些軟體適用於各種年齡層的孩子，甚至也會讓你樂在其中。
- 理想的兒童電腦軟體是針對兒童發展階段所設計的。
- 透過網際網路你可以獲得豐富且持續的最新資訊，包括有關於智能不足、學習障礙、教育電腦軟體等，任何你能想到的議題都能找得到。
- 每個特殊教育專家或治療者最值得驕傲的是，它能夠增進殘障兒童的生活品質，他們的目標在於讓他的學生能夠說出：「我可以自己做到！」而這些專業資訊都能透過個人電腦獲得，目的在於讓更多的孩子及更多的父母能隨時方便取得。

網際網路

在這個單元我們要介紹一些符號稱做「網址」，例如 http://www.brookespulishing.com（這是本書出版公司的網址），每個網址指的是網路上的某個特定位置，歡迎大家進入參觀；有些網址，是依使用者而命名的，提供有發展障礙問題的兒童及其父母豐富實用的資訊。此外，我們也提供一些新奇有趣的網址，你也許會因此開始探索網路世界，但是可能你很快就發現，每個網址又可連結到其他網站，也就是說不管你從何處進入，你已經置身於繁複的網路之旅。

當我們介紹網際網路時，所指的就是大部分人所謂的「全球資訊」（the world wide web）或簡稱「網路」（web），我們的目的不在於介紹專業技術，而是希望你能很快的樂在這種神奇的資源當中。

> 當我一個人時，我問了一個問題，
> 在一分鐘內十四個人回答我，
> 隔了一天，回應的數量超過一百，
> 我的問題只是網路上每天提出四億個問題中的一個……

225

你正在廚房或房間，只有你和你的電腦，房子裡很安靜，你連上了網路，這時屋子裡依舊很安靜，但此刻你不再孤單，因為，你透過網路和地球上所有上網的人有所聯絡。

想像世界上最大的圖書館、最大的會議室、萬人廣場，或萬人學校等，這些都在網路上。

想像有一間商店二十四小時營業，你想要的東西什麼都有賣，輔助教具、個人高爾夫球、水果蛋糕、不動產、帽子、洗衣機、鉗子、雜誌、內衣、狗飼料、珠寶、照相機、橡皮筋、戲服……等，就像拍賣廣場，有藥局、有珠寶店、有銀行、有停車場、有書局、有屠宰批發商（http://www.butcher-packer.com）、有烘焙坊（http://www.betterbaking.

com）、有燭臺製造商（http://www.wicksend.com）。

　　你的房子依舊安靜，房子裡只有你和你的電腦，但是這時你卻擁有全世界。

　　坦白說，我們說不盡網際網路究竟有多麼寬廣、多麼有用、多麼重要，正如同許多發展障礙兒童的父母所發現的，網路是他們最重要的資源，它隨時隨手可得，永不打烊。

　　所以現在你該如何運用網路呢？建議你兩個方向：溝通和取得資訊。

 溝通

　　當你連上網路，你幾乎可以和全世界的其他人都能連線，透過哪些方式呢？三種方式：電子郵件、即時通訊及網路社區。

電子郵件

　　現在你大概愈來愈難找到沒有電子信箱的人，我們所說的不只是在學校的教職員或是電子新貴，即便是住在城市裡的一個十一歲小孩和他住在美國東部的祖母，兩人年齡相差六十六歲，相

隔 2,600 哩，他們依舊可以快樂地保持聯絡，甚至比以前更頻繁方便，他們交換家裡發生的大小事、笑話、問題、照片，他們了解彼此的嗜好，甚至推薦最新網站，例如祖父母園地（http://www.grandparentworld.com）或兒童天地（http://www.yahooligans.com）。

　　父母和老師也很快發現，透過電子郵件可以快速方便地交換問題、答案與作業，許多老師認為他們對電子郵件的回覆比電話留言來得多，因為快速、容易、方便。

　　試想你必須對全班學生的家長發布一個訊息，你蒐集了全班學生

的電話和家長名單，你開始打電話，前兩個家長聯絡上了，但接下來的三個家長都沒聯絡上，你留言請他們回電，最後全班的電話都打了，但任務並未完成而且花了許多時間。但是如果你們透過電子郵件，這全部的工作，大概不超過一、二分鐘就可以完成！

　　電子郵件的第一個優點是省時，另一個優點是省錢，假如你要寄一封電子郵件，你不須花任何錢，你要寄一百封電子郵件，依舊不須花一毛錢，但是想想如果你要透過郵局寄一百封信，你必須要花多少錢呢？

　　電子郵件幾乎完全改變了人們之間的接觸方式，如果你還不熟悉它，我們強烈地建議你找個鄰居、老師，甚至十二歲大常用電子郵件的孩子，請他們幫你設定電子信箱，有許多網路提供免費電子信箱帳戶，例如：

http://www.hotmail.com

http://tw.yahoo.com

http://www.yam.com

http://www.pchome.com.tw

試著使用你的電子信箱兩個禮拜，然後嘗試停止它。

關於垃圾郵件

　　運用電子信箱會遇到一個問題，那就是垃圾郵件，即使你不曾要求、不想要，它們仍會不斷出現，而且難以停止，它會爆滿你的信箱，所以你必須定期刪除。

　　幸運的是，大部分大型的、有名的電子信箱提供網站，他們都會努力地攔阻這些問題，他們會盡力保護你的信箱不致受色情網站等相關網站所淹沒，如果你在處理垃圾郵件上有問題，可以參考以下網站：
http://website101.com/SpamFilter/index.html

即時通訊

　　電子郵件的近親是「即時通訊」
（instant messaging），我們在此會簡
單介紹，如果你想要了解這個現在非
常流行的電子溝通方式，問問十幾歲
的青少年就可以了，他們幾乎人人都
有，青少年使得即時通訊廣為流傳、
樂趣無窮，且是一種最親近的溝通方式。

　　即時通訊的溝通方式是運用鍵盤取代聲音，假設你現在在書房連
上即時通訊，你打了一個「哈囉！」然後你的訊息就會立刻呈現在你
朋友的電腦螢幕上，而且是立即的，不管你的朋友待在多遠的地方，
而她也打了「我在這！」她的訊息也會立即回送到你的螢幕，你和那
個朋友（通常稱作你的夥伴）的立即通訊就已展開，它就是這麼簡單，
請參觀以下免費網站：

　　http://www.msn.com.tw/
　　http://messenger.msn.com.tw/

　　每天在電腦螢幕上都會有成千上萬這種形式的對話，他們的訊息
通常很簡短：

　　「我們幾點碰面？」
　　「大約六點！」
　　「到時候見！」

228　　每次進行即時通訊的時間通常很長，特別是在青少年之間可能會
長達好幾個小時。
　　為什麼你會想使用即時通訊呢？首先，它是免費的，例如你想和

遠在希臘、英國、丹麥的朋友聊天，你們可以聊上好幾個小時都不須付費。其次，對一個非常害羞的青少年，他說：「在網路上透過文字我說得更多。」另一個青少年也說：「在線上別人不會在意我長得如何！」

最後，也是最重要的原因是：它很有趣！試試看，你會發現為什麼青少年會同時和許多人進行即時通訊。

網路社區

我們不可能記錄網路上究竟有多少網路社區，有人認為這種社群絕不是真正的，它是一種存在於網際空間中虛擬的社區。

我們要強調的是，大部分使用網路的人並不認為他們使用的只是大量、複雜、快速的網路連線，而會認為他們到某個地方，或是透過工具帶他們到某個地方，所以你經常會聽到人們說：「我要去上網了！」或「讓我們到網路上看看！」或「你可以給我你的網址嗎？」

聽起來他們好像在指稱一個真實的地方，不是嗎？事實上。他們指稱的只是一個虛擬的空間，看不到、碰觸不到的，但這些地方都有成千上萬的人（每天仍持續增加）待在這所謂的網際空間中。你在地圖上找不到這個網際空間，但是對網際社群的人來說，網際空間卻非常真實，它可以線上開會、線上討論，且有問有答。

網路社區是由一群具有相同興趣的人所組成的，如模型飛機、腦性麻痺、法式美食等，不論興趣差異多大，大部分的社群都有一些共同點，就是他們有聊天室，會員可在那兒聊天，就像即時通訊，有好幾個人同時聊天；他們也會有公開討論區，由會員提供各種資訊，你會在那兒發現，不只你有這個問題，其他人也有相同困擾。

在本章的最後，我們會推薦一些網站是與發展障礙兒童及其父母有關的網站，但我們也鼓勵你去探索其他的網站，在那兒你會認識新朋友，得到好的建議，也可以貢獻一己之力，在網路上有各種生氣蓬勃的社群，你不妨先從和你一樣的父母社群開始！

229　　 資訊

　　雖然網際網路大部分的功能在於溝通，但是它最著名之處則是你可以從網路上找到任何你想要的事物。

　　任何事物！它是如何做得到呢？

　　有兩個答案，第一個答案是非常冗長、複雜且專業的，第二個答案則是，這件事並不重要，對你我來說，我們關心的不是專業技術問題而是實用性，因此讓我們關注在如何運用這些無數的網路資訊以利益你和孩子。

　　如果說網際網路是一本書，它可能超過二十億頁，而且每一頁都密密麻麻地擠滿了世界上各種奇特的訊息，這是一本百科全書且是內容完整詳盡的大書，為了了解這本書有多大，把你現在正在讀的書放在桌上，然後堆上將近五、六百萬本相同的書，這是多麼壯觀的一本巨書，要存放這本書的書櫃大概要 110 公里長。

　　現在再想想，你必須使用這本巨大書籍來查詢「親職教育」或「園藝」或「烹飪技術」，你如何找到你要的頁碼？即使你從書後的索引來尋找時，你可能也要翻遍可觀的頁數，也許最後你終於找到了，但是可能已經是好幾星期、好幾個月或好幾年後。所以，這本想像中的巨大書籍並不是你可以方便使用的百科全書，但是我們這本書——網際網路，並非依照字母順序組織其內容，它沒有頁碼，雜亂無章、拼湊混合起來的，雖然如此，它卻是全世界最廣泛使用的資料庫，而且最重要的是，它是最方便使用的。

　　舉例來說，你想透過網際網路尋找有關「親職教育」、「園藝」和「烹飪技術」的資訊，結果你會發現：

搜尋主題	花費時間
親職教育	0.02 秒
園藝	0.03 秒
烹飪技術	0.49 秒

　　這表示搜尋二十億頁的訊息所花費的時間不超過半分鐘，它是何以如此快速呢？我們稱它為「搜尋引擎」，它是一種在網路上簡易的操作工具，你可以由它找到任何你想要的，網路上有各種流行的搜尋引擎，它們的使用方法大同小異，推薦兩個常用的搜尋引擎如下：

Google（http://www.google.com）

Yahoo（http://tw.search.yahoo.com）

　　你也許想要探索不同的搜尋引擎，想想看你該如何在數十億的網頁中找到這些搜尋引擎，你只要在其中的一個搜尋引擎中輸入「搜尋引擎」，你就可以在網頁中找到其他所有的搜尋引擎。

230

　　請看看下面的示範，下圖顯示的是從 Google 網頁找到的「搜尋引擎」，先到它的第一個頁面，我們通常稱為「首頁」，然後在空白處 A 處輸入「搜尋引擎」四個字，它會在不到 0.05 秒 C 處之內，列出它能找到的每個搜尋引擎的名稱及網址，它就是這麼簡單、快速！

　　每個使用過搜尋引擎的人都會很快的發現一個小問題，那就是「資訊超重」（information obesity），大部分的人稱為「塞爆的資訊」。

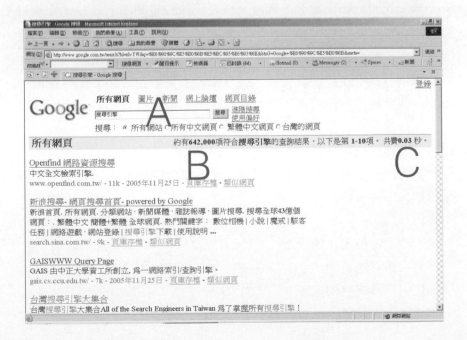

再看看 Google 的圖示，特別是在 Google 標誌下深色的那條橫線中，它顯示了全部搜尋出來的結果 B 處，而螢幕所顯示的只是其中的前十項。

這就是「塞爆的資訊」，這麼多的資訊有可能都會用到嗎？你不可能全部都瀏覽，因此，你必須要瀏覽前面的五到二十項，通常可以找到你要的。

231 我們強烈的建議你常常使用引擎搜尋，尋找任何你想得到的，過不了多久，你會發現自己儼然成為專家，若你沒有太多時間，你只要輸入你想找的東西，你會發現許多令你意外的有用資訊。

還有一件事，你所找到的資訊可能不完整，你可能會想尋找相關主題的圖片，搜尋引擎也可以幫你找到，你只要點選「圖片」就可以看到視覺或聽覺的資訊。

當你不用電腦時

當父母開始使用電腦上網後，會發現他的時間觀念變差，本來只想上網瀏覽十五分鐘，結果一轉眼就過了一個半小時，這是幾乎都會發生的事，在電腦上的忘我經驗代表電腦是如何的好用及令人投入。

這個問題不在於浪費時間，而是霸占了電腦，如果都是你在使用電腦，何時輪得到你的孩子呢？爸爸媽媽不都是教我們要和他人分享嗎？所以提醒你，鼓勵並陪伴孩子進入一個電腦化的世代，電腦可以提供許多資訊給你的孩子。

為了讓你了解你的孩子可以從電腦中獲得哪些幫助，請試想電腦可以取代下列事物：

- 大量且各種顏色的蠟筆
- 有聲體育網頁
- 任何樂器或整個樂團
- 滿屋子的遊戲，且每天更新

- 一個有耐心的家庭教師，從來不會生氣且隨叫隨到
- 整個圖書館的有聲圖書
- 永遠用不完的紙
- 認識新朋友、真正的朋友
- 世界上最大的自動點唱機
- 會講話的打字機
- 為你的孩子特別設計的各種課程（語文或數學等）
- 美術館
- 字典
- 任何地圖
- 相簿
- 有聲計算機
- 導讀教師
- 擁有全世界所有電台的收音機
- 音樂影片
- 保齡球館
- 拼圖（從 2 片到 2,000 片）
- 卡通天堂
- 無數貼紙
- 超大遊樂場
- 一本活字典
- 無柵欄動物園
- 各種大小、形式的水彩筆（且永不滴水）
- 博物館

232

這些清單還可以繼續增加，但是重點在於，電腦對你的吸引力一樣可以令孩子嘆為觀止，你能想像還有其他任何產品能提供如此種類繁多、難以計數的各種功能嗎？包括學習、遊戲、工作、社交等。

為什麼這一種產品可以做這麼多事呢？基本上透過兩個方式：電

腦軟體和網際網路。

 電腦軟體

　　空閒時到電腦公司的軟體專櫃區逛逛，那裡展示了各種令你印象深刻的產品，可以將你的電腦轉換成吉他老師、打字教師、圖書館、素描畫板等等，你必須根據孩子的需求決定哪個產品較適合你們，你的朋友或孩子的老師可以根據他們的經驗給你一些建議，你對電腦了解愈多，你愈能從中找到有用的訊息，以下有兩個因素，提供你參考。

購買前先試用

　　幾乎所有的軟體公司都有自己的網站，你在購買之前可以先上網瀏覽，看看它的內容是什麼以及是否容易操作。

233 　　許多軟體公司的網站都會提供試用版的軟體，方便你在線上先嘗試，通常這些試用版軟體可以下載到你的電腦上，你和孩子有機會先熟悉它，但這些試用版軟體只能適用一段時間，過了期限就無法運作，但是這段期限足夠你了解它，購買之前善加利用各公司的網站。

特殊軟體

　　一旦當父母開始使用電腦，大部分的家長都會問：「哪種電腦軟體最適合我的孩子？」我們的答案很簡單就是：「沒有！」有許多好的軟體，但沒有一樣是最好的，這就像教育一樣，不管是哪一種教育方式，只要它有用，它能滿足學生的需求且引起學生的興趣，它就是一種好的教育方式。有些軟體公司設計了一些強調特殊功能的軟體，這些產品不見得展示在櫃子上，你可以上網搜尋，尋找符合你需要的軟體。

　　有些公司特別設計了一些強調特殊功能的軟體，他們的產品未必會展示在電腦商品架上，所以你必須透過網路才能找到，為了幫你開始，我們建議你參觀下列兩個網站，這是我們認為最優良的特教產品

公司，它們歷史悠久，品質保證，售後服務佳。

·唐強森公司（Don Johnston, Inc.）（http://www.donjohnston.com）

　　唐強森公司位居學習輔助資源領域的領導者地位，該公司提供高品質產品，幫助學習障礙學生克服讀寫問題，包括閱讀、書寫及電腦支援產品，此外，也提供特教老師在課堂上教導閱讀與聽寫的專業技術服務。

·因特力工具公司（IntelliTools）（http://www.intellitools.com）

　　因特力工具公司致力於發展特殊教育電腦產品已經二十年，該公司主要針對具有學習障礙到嚴重肢體障礙的小學兒童，發展符合他們需求的產品，該公司提供高品質、電腦化的教育產品讓學生、老師、治療師及父母使用。

 **網際網路**

　　你的孩子有特別喜歡的電視節目嗎？迪士尼頻道？東森幼幼台？如果這是很有名的節目，一定可以找到它專屬的網站，如果它不是這麼流行，有可能還是有其專屬網站。你的孩子喜歡特別的活動嗎？畫圖？滑冰？拼圖？不管是哪種活動，通常這些網站不只提供和節目有關的資訊，還會提供有趣的各項活動。我們無法告訴你哪些網站對孩子最有趣或最有幫助，你可以透過之前我們介紹過的搜尋引擎去尋找，相信你會很容易找到你想要的網站，在此我們只列出一些參考網站。

234

　　http://www.kiddonet.com

　　http://cartoonorbit.cartoonnetwork.com/servlet/Home

　　http://www.mamamedis.com/activities

　　http://www.nick.com/index.jhtml

　　http://www.yahooligans.com

　　http://psc.disney.go.com/abcnetworks/toondisney

　　http://www.sesamestreet.com

http://www.mtv.com

　　網際網路已經成為一個互動性空間，不像電視，你只是坐著看，網際網路能邀請使用者共同參與，一起玩遊戲、畫圖、讀詩或競賽。

　　如果你認為我們在推銷網際網路，這也不為過，你和孩子能從網路上獲得無盡的寶藏，這是我們無法一語道盡的！

個別修訂的個人電腦

　　個人電腦已經不斷地被修正成更人性化的設計，特別是適合孩子們使用，但是仍有些人不適用，例如，假設某個失明的人他發明了電腦，你想他會裝上電腦螢幕嗎？或另一個頸部以下麻痺的電腦發明家，他會將鍵盤及滑鼠當作標準配備嗎？

　　對某些人來說，個人電腦必須先進行個別化修正，才能使用，你的孩子可能也是如此，必須先將電腦調整過才能使用，然而如何調整電腦並不是本書討論的範圍，但我們在下一單元會詳列相關的公司及機構（見 284-288 頁），提供你所需要的所有資訊，此刻你只要相信──任何人，不管他有哪些殘

235

障，都能運用個人電腦進行其他人能做的任何事情。

用我的眼睛聽音樂

　　我們有個朋友，從他還是個小男孩時就熱愛爵士樂，整天不停的聽、唱或寫，他說：「爵士樂是我的生命！」他希望今天能夠完成一

首最新的曲子，他說這首曲子已經寫了十年。他坐在電腦前，回顧著
自己所寫的曲子，電腦螢幕上呈現樂譜的影像，他就在這裡創作曲子，
他把所用的電腦軟體稱為「音樂的製造者」，圍繞著樂譜的是許多圖
形、表格、註解和按鈕及調節器，他解釋說：「這些是我用來控制整
首曲子的所有設備。」他談到他的鍵盤、擴音器、喇叭，還有一大堆
插著電線，看起來不是一般人能了解的東西，他說：「我的這台電腦
就是我的整個音樂工作室。」

　　我們的朋友正坐在輪椅上，他轉動輪椅靠近桌面才能更清楚地看
到電腦螢幕。自從二十年前的一場車禍，他就再也不能移動頸部以下
的身軀。

　　隆隆的獨奏鼓聲從電腦的喇叭傳出來，對我們來說，這聲音聽起
來太大聲，但對他來說，聽起來太快了，因此他利用電腦實驗不同的
聲音速度，然後他輕柔的敲打著旋律，將聲音調得比較弱，他雖然不
能動，但卻仍樂在其中、眉開眼笑。

　　他的桌上沒有鍵盤、沒有滑鼠，一切都靠他自己，他控制了我所
見過最複雜的軟體。

　　他說：「一切都在我的腦海裡！」「我還是車禍前的那個爵士音
樂家，但是我現在彈奏的樂器是電腦，是你未曾在一般樂器行看過的，
就是這種樂器，讓我可以繼續成為真正的我。」

　　我們的朋友使用的並不是特殊的電腦，他只是用特殊的方式在操
作一般的電腦，這種方式能使他有限的身體能力發揮最大的功能，例
如：他用頭來移動螢幕上的游標、他在塑膠吸管裡吹氣來敲擊滑鼠、
他運用螢幕上的鍵盤來寫曲子。

　　他還選擇其他的方式來操作電腦，他利用聲音來控制，甚至用眨
眼睛的方法，這是最適合他的方式。

　　這些他所使用的額外裝備稱為輔助或適應設備，在一般的電腦公
司找不到，透過這些裝置，使得每個人都能根據他的需求來使用電腦。

　　現在，你是否對這些可能也適合你孩子的輔助裝備有更多了解？
就從我們在本章所列的公司和機構開始研究吧！特別是下列網站：輔

236

助技術聯盟（The Alliance for Techonology Access）、蘋果電腦（Apple
Computer）、行得通商場（Enablemart）及微軟（Microsoft），在這些
網站，你不但能夠了解哪些設備適用於你的孩子，還可以找到全世界
的各分公司。

　　記得，電腦不會在意誰的精細動作（或視覺或聽覺）較好，它也
不管誰的診斷是什麼，它只需要使用者告訴它做什麼，你要怎麼告訴
它由你來決定，透過適當的輔助設備，你的孩子使用電腦的能力將無
以限量。

　　有特殊需求的人必須用他們的方式使用電腦，現在已經有許多有
制度的公司形成了支持性的組織，幫助解決這些問題。在上一版書中
我們曾對這些企業做了一些評論，這些傳說至今仍是真實的，那就是：
個人電腦背後有一群很棒的人，我們發現他們從自己的經驗中走出來，
幫助需要特殊輔助技術的父母，他們當中，有些人到非正式的社區中
心，有些人到國際間組織，另有些人到專營個別化個人電腦的百萬公
司中，幫助有特殊需求的使用者。

237　　　這些人是社區中的助人者，但他們和其他人不同，他們很和善、
很體貼、很親切，樂於分享建置個別化個人電腦的建議、訊息和技術，
以幫助需要的父母和孩子，他們當中大部分自己都曾接受過幫助，累
積經驗後而成為專家，因此，他們將幫助別人當作是每天的重要任務。

特殊需求的網站

　　你該如何開始設置這些特殊兒童的相關網站呢？你可以遵循下列
三種策略：詢問週遭的人、參觀知名公司或機構的網站、參觀我們在
本章所列的相關網站。

詢問週遭的人

試著了解其他特殊兒童的父母或老師他們使用哪些網站？哪些網站較常被使用？他們是否加入某些網路社區？他們有在網路上和其他父母或專業人員討論嗎？他們曾在網路上購買相關產品嗎？也許他們找到了一個可讓孩子們玩網路遊戲或線上學習的百寶箱，詢問這些網站的網址，寫下來，更方便的是請他們直接將這些網址 e-mail 給你。

 參觀知名公司或機構的網站

如果你喜歡某些公司的產品或服務，你應該有機會從他們的網站上找到其他服務，你可以詢問問題，或是你可以註冊成為他們的會員，定期收到他們的電子報。根據我們的經驗，如果你用網路詢問，他們通常會快速給予回應，如果你使用電子郵件或公司的信箱詢問，絕不會被耽擱，可以節省許多時間。

如果你不知道任何一家公司的網址，有兩個快速的方式可以找到：

- 仔細檢查產品的包裝，保證可以在明顯的地方看到他們的網址，因為，大部分的公司都希望你能參觀他們的網站。
- 使用任何一種搜尋引擎，如果你有興趣的這家公司有它的網站（大部分都有），搜尋引擎將會告訴你它在哪裡。

 參觀我們所提供的特教網站

我們羅列了十五個特教網站，這些網站所提供的資訊很受歡迎，我們很喜歡他們的特色，這些網站所推薦的相關網站也值得去參觀。

我們根據他們的用途簡單介紹，你很快就會發現，即使只有這些篩選過的網站，就能讓你獲益無窮。

以下這些簡短的介紹，是由每個網站自行提供，此外，別忘了每個網站又推薦了相關網站，可能都是你有興趣的，可以從「相關連結」中點進去一探究竟。

美國智能不足協會（*American Association on Mental Retardation*）（*AAMR; http://www.aamr.org*）

　　從 1876 年起，美國智能不足協會就位居智能不足領域的領導者地位，它是歷史最悠久、最龐大的跨領域組織，由有關身心殘障的專業人員所組成，美國的會員超過 9,500 人，另外有五十五個國家也加入此協會，此協會致力於提升改革政策、相關研究、有效能的實務，以及全球智能障礙者的人權。

美國職能治療協會（*American Occupational Therapy Association*）（*AOTA; http://www.aota.org*）

　　職能治療是一種維護健康與恢復健康的專業，幫助人們恢復、發展並建立獨立、健康、幸福、安全、快樂的生活技能。職能治療的對象不限年齡，凡是生病、受傷、身心發展障礙或在學習技能上需要特殊協助者，都能幫助他們邁向更獨立、有生產力、滿意的生活。

蘋果電腦（*Apple Computer*）（*http://www.apple.com/disability*）

　　從 1985 年，蘋果電腦就致力於幫助有特殊需求的人，透過個人電腦提升獨立生活功能。

美國亞客協會（*The Arc of the United States*）（*http://www.thearc.org*）

　　亞客（Arc）是一個國立機構，針對智能不足和發展障礙者及其家庭，提供資源與服務，這個協會也透過研究及教育來預防嬰幼兒的智能不足。〔註：1992 年之前，這個機構就是有名的「美國遲緩者協會」

（The Association for Retarded Citizens of the United States）〕。

美國語言聽力協會（*American Speech-Language-Hearing Association*）（*ASHA; http://www.asha.org*）

美國語言聽力協會的任務在於保障聽、說及語言障礙者的服務品質，使他們能有效地溝通。從這個網站，你能夠了解什麼是溝通障礙，以及轉介服務資源，找到合格的專業人員。

支援技術聯盟（*The Alliance for Technology Access*）（*ATA; http://www.ataccess.org*）

239

支援技術聯盟是一個社區網路資源中心，對殘障者提供資訊及支持性服務，幫助殘障者使用標準化的輔助資訊技術，此聯盟的成員遍布各地。

縮小差距（*Closing The Gap*）（*http://www.closingthegap.com*）

本機構透過報紙、年會及網站，提供有關於輔助技術的最新資訊、產品、使用方式及實際操作，從網路社區解決輔助技術的相關問題。

唐強森公司（*Don Johnston, Inc.*）（*http://www.donjohnston.com*）

請參考第 281 頁。

行得通商場（*Enablemart*）（*http://www.enablemart.com*）

行得通商場的任務在於幫助顧客尋找輔助電腦，本商場設置、提供並販售針對特殊需求所設計的電腦硬體、軟體及相關技術，著眼於提升社區居民的理解，使更多人能使用輔助技術，進而增進對特殊電腦商品的需求。

特殊兒童需求聯盟（*Federation for Children with Special Needs*）
（*http://www.fcsn.org*）

此聯盟是由特殊兒童的父母與家庭所組織而成，1975 年成立於美國麻薩諸塞州，針對特殊兒童的父母及關心特殊兒童的人士，提供各項服務，包括提供資訊、給予支持及協助，致力於關懷這些家庭，鼓勵社會大眾，特別是這些殘障者都能共同參與社區生活。

IBM 電腦（*IBM*）
（*http://www-3.ibm.com/able/index.html*）

IBM 公司以他們的支援中心為榮，他們將商品和資訊結合在一起，提供殘障人士及人力資源專業人員一個更有生產力的工作環境。

因特力工具公司（*IntelliTools*）
（*http://www.intellitools.com*）

請參考第 281 頁。

240　　### 微軟（*Microsoft*）
（*http://www.microsoft.com/enable*）

微軟公司試圖將電腦應用在工作、教育和娛樂上，增進殘障人士的生活品質。

保羅・布魯克出版公司（*Paul H. Brookes Publishing Co.*）
（*http://www.brookespublishing.com*）

保羅・布魯克出版公司相當注重有關於幼兒期、早期介入、融合特殊教育、發展障礙、學習障礙、溝通閱讀語言行為和心理衛生等資源，書籍種類包括大學到研究所的教科書、專業參考書、實務用書、實習工具、評量工具及家庭指南與錄影帶。本公司的任務在於幫助殘障兒童及成人邁向更自我導向的美好生活；增進特殊兒童與危機兒童

的早期介入；協助融合教育者面對工作挑戰；提供專業人員研究理論
與實務技術（兩者缺一不可），布魯克公司正是這類書籍的出版公司。

追蹤中心（*Trace Center*）

（*http://www.tracecenter.org*）

　　本中心成立於 1971 年，是殘障技術的先驅，追蹤中心的任務是：
運用先進的資訊和電信技術，減少生活障礙，營造一個無遠弗屆的世
界。

最後註解

　　身為特殊兒童的父母，你必須擁有一些特殊的夥伴和特殊的資源，
使你能夠尋求他們的支持與協助，透過他們的眼睛和耳朵，從現在到
未來，得到更多的歡樂，當然你的家人、其他的孩子，或是親戚朋友
可能是你最佳的夥伴。

　　我們非常建議你試著將電腦及網際網路也當作一個新的、不可或
缺的特殊資源，在那裡你可以建立新的重要關係，你可以找到緊急資
訊和新觀念，你能夠探索發現和分享訊息，甚至也能因此得到歡樂。

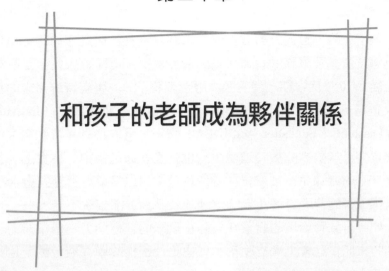

第二十章

和孩子的老師成為夥伴關係

你是孩子最重要且最長久的老師，但是，孩子在學校還會有其他
老師，此外，其他的訓練課程，如職能治療、語言治療、物理治療、
行為治療，或孩子的足球課、鋼琴課等，在各式各樣的活動中，你的
孩子接觸了許多老師，且可以確定的是，未來還會繼續接觸更多老師，
如果你和孩子可以跟老師合作愉
快，你的孩子將會獲益無窮。

這本書開宗明義便闡述我們的
信念：當你成為一位愈有技巧且愈
有決心的老師時，你自然愈能成為
孩子學習世界當中一位好的合夥
人，因為你知道他如何才能有效學
習，你會是他最堅強有效的支持
者，本章介紹的是你如何成為孩子
學習團隊中的一個成員。

242 孩子的學校

　　很幸運的，目前針對有特殊需求的兒童有各種良好的教育環境，從有適當資源及服務的普通班級到資源教室、特殊班級甚至是特教學校。從 1970 年代中期，便主張「融合教育」——將有特殊需求的孩子融入普通班級中教育，1997 年的「殘障教育改動團體」（Individuals with Disabilities Education Act, IDEA）修正案爭取將具有特殊需求的兒童安置在最無限制的教育環境中，也就是普通班級中。事實上，目前將近一半的特殊兒童被安置在普通班級中，但是這些兒童在融合教育中所應獲得的特殊資源（老師的訓練及諮詢）卻相當不足。

　　如今，教育環境的職責在於強化孩子的社會能力及學業能力，使他們將來能在社會上獨立生活。這會是什麼樣的學習環境呢？這將由你和孩子的「個別教育計畫」（individualized education program, IEP）團隊所共同決定。

　　不管學校提供給你的孩子哪種特殊的學習或訓練計畫，其中最重要的是同儕互動，這就是為什麼強調融合教育的兩大因素：

1. 學習良好社交技巧。
2. 消除不適應行為。

　　學校提供如何與他人互動的學習機會，但也會出現一些在家中不會出現的問題。

三種參與方法

　　你的孩子在學校中成功的關鍵在於你，以下是三種參與學校的方

式。

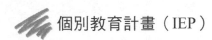

個別教育計畫（IEP）

　　過去，「父母參與」孩子的學校課程代表的是在孩子生日時，準備蛋糕到學校舉辦慶生會，其他則是老師的事。如今，父母參與還加上其他有意義的活動，其中，最重要的是主動加入孩子的個別教育計畫。

243

　　聯邦政府在二十世紀時通過的法案是，所有的殘障兒童都須接受免費及適當的國民教育，這個法案最新的修訂是 1997 年「殘障教育改革行動團體」（IDEA）要求針對每個殘障兒童在訂定其個別訓練計畫時，每年須至少召開一次規劃會議，因此，在這個會議中，有關於你的孩子的特殊教育目標及方案都會被決定，你以及你對孩子的深入了解將會在此會議中扮演重要角色。

　　通常學校的行政單位會召開此 IEP 的規劃會議，在此會議中將討論並決定計畫內容。雖然你也會收到會議通知，但是很不幸的，當你走進會議室之前，你幾乎沒有充分的時間來思考這個問題，或是和配偶及家人有充分的討論，然後有備而來。這種例行公事忽視了你和你的孩子，它忽視了你身為孩子的父母，你對孩子有最深入的觀察，你能對孩子的個別訓練計畫貢獻最特殊的經驗，有誰對孩子的了解超越你呢？

　　要能深入且成功地參與孩子的個別教育計畫，你必須做到：

1. 檢視「個別教育計畫」（IEP）草案：事先取得 IEP 草案，仔細閱讀，找出所有的問題，並註明你不同意之處，此外，也註明此方案的遺漏之處。同時，還要展現你願意成為 IEP 執行過程中的忠實夥伴，也就是你和其他的 IEP 成員都有相同的目標，即是讓這個計畫能更趨完善，且更符合孩子的需求。
2. 參與會議，此部分不須我們多說。

3. 讓你的觀點被聽到：此
   刻，不要被專業術語或高
   調言論所威嚇，不只是出
   席會議且須參與其中，主
   動且充滿自信地分享你對
   孩子的了解，別忘了你和
   在場的其他人都是齊聚一

244

   堂共商對策，而不是只來

社交、寒喧，你們所共同討論的主題正是你的孩子。

　　除了上述這三個步驟，也可以考慮請二位親戚、朋友或治療師、
特教支持者陪同參加，有人陪同表示你和孩子都受到支持。

義工

　　你一定很忙，但是如果你能擠出一些時間到孩子班上擔任義工，
我們非常鼓勵你去，這將會獲益無窮。最重要的一點是，你的孩子每
天看得到你，他會非常開心，這是個最美好的理由。除此之外，花些
時間到孩子班上，你可以和老師建立良好親師關係，你能了解孩子每
天在學校會面臨哪些挑戰，你能觀察孩子在不同情境下的表現。從教
室這個社會環境觀察孩子可以提供
你新的領悟和理解，幫助你決定在
家中如何用新的方式來教導孩子，
而且有機會親自看到孩子的老師如
何教導孩子，你在家也可以採用相
同的教導方式，運用這種相同的方
式去觀察其他的治療活動，或和老
師討論其教學目標和策略，可以幫
助孩子在每天的生活經驗中更加一
致。

工作在一起

當了十二年的特教教師，史黛西老師仍然堅決愉快地面對每天的挑戰，她喜歡這些挑戰，特別是這一年，她很喜歡班上孩子們的父母，這些父母都非常投入，星期二早上上課前的三十分鐘是父母們的喝咖啡時間，可以幫助彼此充分溝通，且許多好處因而發生。

柔安的媽媽和史黛西老師正一起努力教柔安如何看時鐘，每天早上在他的便當袋中附了一張紀錄表，顯示前一天晚上媽媽在家的訓練情形，每天下午回家後，史黛西老師會把她在學校中的訓練紀錄又放回便當袋中，以這種合作方式的學習速率，柔安在這週結束後就學會看時間了。

245

貝克在休息時間的打人、推人行為讓大家都很頭痛，然而，從貝克爸爸和史黛西老師合作進行「紅綠燈計畫」四天後，他的問題行為明顯改善，每天貝克會帶一張彩色圓圈回家，紅燈代表那天打人超過一次，黃燈代表只有一次，綠燈代表都沒有打人；回家後，紅綠燈紀錄換成在家是否有得到適當的獎勵……，紅燈代表沒有獎勵且被處罰，黃燈代表不好不壞，綠燈代表可以和爸爸一起玩十五分鐘的遊戲。

而亞當的媽媽也開始加入，帶著她從獨立生活訓練網站上所列印下來的檢核表來找老師……。

 溝通

許多父母告訴我們，要討論親師合作時，一定要強調三個重點：溝通，溝通，再溝通。不管是在「個別教育計畫」（IEP）的討論會上，或是到班上擔任義工時，或是參加班級活動時，你都有許多機會

可以和學校老師溝通，因為你的孩子
是你和學校老師所共同關注的，因此，
自然有許多話題可以討論。就像我們
從小到大遇到無數的老師，他們都表
示樂意和家長交流意見、訊息、問題，
既然如此就可以善加利用。老師可能
會告訴你，孩子最近在藝術方面的優
異表現，聽聽老師的建議，也可以表
達你的想法，或是老師會很熱心地展
示她在學校所做的行為紀錄表，你也

可以很熱誠地呈現你在家持續記錄的資料，如果你無法當面和老師討
論，也可以改用電話或 e-mail 聯絡。

246

　　　如果溝通無法如此自然順暢，接下來會發生什麼呢？簡單來說，
當一個人不喜歡、不尊重或要求他人時，這種溝通是充滿危機的，溝
通反而變得負向、無效。

　　　如果你發現自己和孩子的老師處於不良的溝通關係中，請修正它，
勿容忍它。切記，你不須期望彼此成為好朋友或彼此很喜歡對方，但
是只為了雙方共同關注的焦點——你的孩子——你們必須工作在一起。
有時候這並不容易，但是如果你能了解你們之間的差異，而以一種公
事公辦的方式討論，至少還能適當溝通。

　　　如果這些都無效，則你必須透過較高層級來解決此問題，拜託某
個權威人士擔任你們之間溝通的橋樑，使你們之間的溝通不會中斷。
暫且不管無法溝通的問題，而著重於孩子的問題是否解決，態度明確
但彼此尊重，時時想到你和老師交換訊息的重要性是為了對孩子更有
幫助，則較能解決問題！

自閉症相關疾患

　　如果你的孩子被診斷為自閉症，或相關的疾患（例如：廣泛性發展遲緩、高功能自閉性或亞斯柏格症等），你更須和孩子的老師建立良好關係，特別是以下幾點有關自閉症兒童的觀點必須了解。第一，要處理這個難解的疾病通常需要一段漫長艱辛的過程，基本上你先從實證的成功資料當中尋找有效的介入方式，不要因為某些誇大或神奇的療效而搖擺。根據我們所回顧的治療文獻，「應用行為分析法」（applied behavior analysis）（本書所呈現的主要策略）是目前最被支持肯定的介入方式。第二，一對一的教導特別有效，通常從孩子就學前，在家中就開始訓練，且按照本書所教導的相似步驟，在孩子日常生活的自然情境中，規則、有系統的一對一訓練。

　　第三，密集訓練的黃金時期相當有限，大約是從確定診斷後開始到五至七歲之間。

　　有些父母會求助行為治療師（或團隊），請他們到家中執行訓練課程，理想上，這種密集訓練在一年後就會有明顯進步，然後孩子可以送到具有特教資源的幼稚園訓練。另有些家長會尋找能提供密集式、系統化且一對一訓練的學前機構來訓練孩子。

247

一致性

　　「一致性」的訓練和期待對學習障礙的孩子來說特別重要，我們在本書中不斷強調一致性，提供一種一致性的環境，所有的活動都有可預期的規則性，你的孩子較容易想到該在什麼時間做什麼事情。試想，若孩子的家庭教師和學校老師對他拿鉛筆、穿衣服、看時鐘等給

予不同、甚至相反的指令，孩子會多麼掙扎矛盾？

你可能也了解「類化」（generalization）對有特殊需求的孩子是個大問題，你的孩子要將他在某個情境中學習到的事物，運用到其他情境中可能相當困難。你會發現，老師告訴你孩子在學校可以自己穿外套，但是在家他卻不會自己做；或語言治療師很興奮的告訴你，你的孩子可以說出三個字的句子，但你卻很困惑，在家從不曾聽他說過。

技能如果只能在教室裡出現，它的實用性則相當有限，對智能障礙的兒童來說，他們無法將此時此刻所學習到的技能運用到其他的時間或地點是有許多原因的，其中，缺乏一致性是最重要的原因。

你可以持續一致地運用你的指令，你可以和其他家人討論，讓他們也能前後一致。你甚至可以請孩子的祖母也一起配合，當孩子尖叫或哭鬧時，則停止給予餅乾。和孩子的其他老師也充分討論你的訓練目的、方式、獎勵品等，如此則是往更一致及更好的學習又邁開一大步，與孩子的其他老師們建立真誠的夥伴關係，能夠為孩子塑造一個正向、支持的學習氣氛。

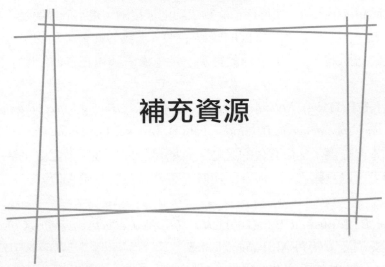

第二十章附錄

補充資源

書籍

Andersen, W., Chitwood, S., & Hayden, D. (1997). *Negotiating the special education maze: A guide for parents and teachers*. Bethesda, MD: Woodline House.

這是一本幫助父母及老師發展有效教育計畫的工具書,從評估到個別教育計畫(IEP),每個步驟都加以解說,含括了「美國殘障行動者」(Americans with Disabilities Act)(ADA)及「殘障教育改革行動團體」(IDEA)對美國殘障教育法的修訂。

Hanson, M.J., & Beckman, P.J. (2001). *Me, Too!* Series. Baltimore: Paul H. Brookes Publishing Co.

根據對殘障學前兒童的父母及老師之研究及訪談,撰寫成六本一

系列書籍，內容包括社交技巧、行為問題、法律權益及環境適應，這些書告訴父母一些技巧和策略，幫助父母如何將自己的孩子介紹給其他老師和專業人員，使得孩子能夠成功地被接納，書本的標題是：「自我介紹」、「是該進幼稚園的時候了」、「我的社區、我的家庭」、「我的新朋友」、「我最棒的行為」及「看看我現在會做什麼」。

Miller, N.B. (1994). *Nobody's perfect: Living and growing with children who have special needs*. Baltimore: Paul H. Brookes Publishing Co.

本書提供了父母有效的策略，幫助父母成功地平衡家庭生活、親子關係，以及與孩子、朋友、親戚、專業人員的相處之道。

250 Seyler, B., & Buswell, B.E. (2001). *IEP: Involved, effective parents*. Colorado Springs, CO: PEAK Parent Center.

這本書教導父母及老師如何發展及執行個別教育計畫（IEP），書中說明了在發展個別教育計畫之前、當中及之後可能會遇到的問題，並提供隨著年齡成長的轉換過程及資訊。

Siegel, L.M. (2001). *The complete IEP guide: How to advocate for your special ed child* (2nd ed.). Santa Cruz, CA: Nolo Press.

幫助父母逐步經歷個別教育計畫的過程，這本書提供了各種指導語、建議、策略、資源，以及從發現問題到完成學業會經歷的各種過程，並羅列特殊教育法規、詳細附錄，以及相關專業機構與團體。

Wright, P.W.D., & Wright, P.D. (1999). *Wrightslaw: Special education law*. Hartfield, VA: Harbor House Law Press.

針對學校心理師、教育診斷學家、兒童擁護者、律師，學校行政管理者，父母及老師之需求，提供完整的特殊教育法規。

Wright, P.W.D., & Wright, P.D. (2001). *Wrightslaw: From emotions to advo-*

cacy— The special education survival guide. Hartfield, VA: Harbor House Law Press.

當父母在為孩子伸張權益時，幫助他們學習辨識可能遭遇的陷阱及迷思。

網路

A Compact for Learning: An Action Handbook for Family-School-Community Partnerships (available at http://www.kidscanlearn.com)

提供線上指導，幫助學校老師、父母，及其他人員針對兒童的學習建立分工合作的關係，這本指導手冊及其活動表摘要了建立及強化夥伴關係的改變過程，可免費瀏覽「孩子可以學會」（http://www.kid-scanlearn.com）及「家庭學習協會」的相關計畫。

National Information Center for Children and Youth with Disabilities (NICHCY; http://www.nichcy.org)

本網站的「父母指導系列」提供了殘障兒童父母所關注的問題及解答，可免費列印本網頁，也可以訂閱（P.O. Box 1492, Washington, DC 20013; (800) 695-0285 voice/tty; (202) 884-8441 fax; email: nichcy@aed.org）。這一系列的標題包括：「發展孩子的個別教育計畫（IEP）」、「參與相關委員會」、「進入父母團體」、「運用信件和孩子的學校溝通」、「規畫及形成你的改革策略」、「嬰兒期、幼兒期及學前期殘障兒童的訓練計畫」。

The Partnership for Family Involvement's "Better Education Is Everybody's Business!" (available at http://www.kidscanlearn.com)

提供一組有關於家庭參與教育訓練的幻燈片，它包括了研究、案例、提示、學校資源、社區機構、可靠的團體等，可免費瀏覽「孩子可以學會」（http://www.kidscanlearn.com），及「父母學習協會」的相關計畫。

PBS Parents: Inclusive Communities (http://www.pbs.org/parents/issuesadvice/inclusivecommunities)

本網站幫助殘障兒童的父母提升整體的生活品質，也幫助所有的父母（包括正常及殘障兒童的父母）了解融合教育、個別差異、夥伴關係及彼此尊重的重要性。

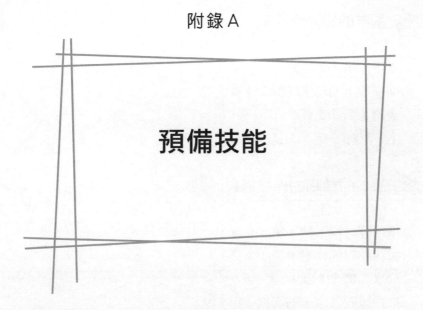

附錄 A

預備技能

內容

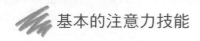基本的注意力技能

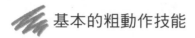 基本的粗動作技能

基本的精細動作技能與活動

254

　　這個附錄包含訓練預備技能的計畫。最基礎預備技能是注意力的訓練。此附錄的第一部分所給的建議是建立在第八章訓練注意力技能的基礎上，然後我們考慮到其他相關但進階的預備技能，例如辨識物體、遵從指令及模仿，讓小孩子知道什麼是「球和籃子」（辨識物體），什麼是「排隊站好」（遵從指令），以及什麼是「像這樣丟東西」（模仿簡單動作），以讓孩子能進一步學習遊戲和其他技能。

　　第二及第三部分包含的內容是分別介紹如何增進粗動作（gross motor）和精細動作（fine motor）的技能，而自理及遊戲技能常是奠基在這些基礎上。另有些簡單的示範，孩子的老師或治療師亦可提供訓練許多其他技能的建議。

　　先放輕鬆，有耐心與孩子進行這些工作。訓練課程要短，大約五分鐘就可。儘管訓練這些預備技能並非易事，不過一旦學會後將開啟孩子的學習大門。

基本的注意力技能

 叫他看

環境安排

　　讓孩子坐在你面前，與他靠近讓你的膝蓋幾乎能碰到他的膝蓋。如果你的孩子不能乖乖的坐在椅子上，那麼你可以將他的椅子拉到角落。

　　當孩子完成某嘗試時要熱烈的讚美他。使用清楚、誇張的語言。（例如：真是太棒了，你坐下來了！）孩子每個步驟至少成功完成四到五次，記住不要過於急躁。

訓練計畫

1. 拿起獎賞物貼近你的臉旁，引導孩子頭轉過來，說：「丹尼，看我這裡。」讚美他且給他獎賞，「丹尼看著媽媽，真棒！」
2. 拿起獎賞物貼近你的臉旁，且說：「丹尼，看我這邊。」這次減少你引導他的頭轉向的協助，不過要讚美他且給他獎賞。
3. 拿起獎賞物貼近你的臉旁，且說：「丹尼，看我這邊。」只是輕輕碰他的下巴，提示他轉過來，讚美他且給他獎賞。
4. 拿起獎賞物貼近你的臉旁，且說：「丹尼，看我這邊。」這次不給任何肢體上的引導。
5. 準備好獎賞物不過先不要讓他看見，在獎賞他之前，吸引他的注意力幾秒鐘，說：「丹尼，看我這邊。」讚美他且給他獎賞。

255

 叫他過來

開始訓練計畫之前，你的孩子需有能力單獨行走。

環境安排

在房子的角落讓孩子面向你，而你站在離他一兩步遠的距離。每次孩子走向你時，都給他熱烈的讚美，並給他獎賞。持續練習以下的步驟，一直到他能成功地來到你的面前四到五次。

訓練計畫

1. 用手搭在他的肩膀上，然後把他拉過來，且說：「尼克，來這裡。」
2. 輕輕的碰一下他的肩膀，且說：「尼克，來這裡。」
3. 向他揮手，跟他說：「尼克，來這裡。」
4. 直接說：「尼克，來這裡。」

尼克，來這裡

現在你叫他，他會走過來，你可以開始拉遠距離，開始三呎，然後五呎，然後十呎，然後是房間的走道（約十至十五呎）。每次你往後退時，要先揮手叫他，等成功五次後，你才只要叫他就可以。

訓練這項技能的進展可能相當慢，也可能相當快，這取決於你的孩子需要花多久時間來學會你叫他而他能走過來且得到獎賞。

如果訓練計畫進展似乎差強人意或偶爾碰到軟釘子，千萬不要氣餒。這只是意味著進展較緩慢，或是需要試著換不同的獎賞物。先退回去前一個他熟悉的步驟，讓他有成功經驗，然後才開始往下個步驟，每個步驟都要花一些時間來練習。變化不同的獎賞物並確保這些獎賞物都是他想要的，或喜歡的。請記住，每次結束時都是成功的是相當重要的事。

256

 辨識物體

辨識（命名）物體，像是衣物、身體部位或玩具，學會此項技能能幫助孩子容易遵從指令。我們的例子是讓孩子命名玩具和身體部位，不過你可以使用同樣的方法來訓練孩子辨識其他物體，像是衣物或家具。

玩具的命名

教材　開始時使用你之後在遊戲中會用到的簡單玩具，像是球、洋娃娃、書、泰迪熊、積木、遊戲環。

環境安排　讓孩子坐在你面前，且清理乾淨桌面，桌上只放要孩子辨識的玩具。另一種方式，如果孩子不會亂跑，你可以跟他坐在地上。開始時，一次只拿出一種玩具，以下我們以泰迪熊為例子。

訓練計畫

1. 抱著泰迪熊讓孩子看得見，然後清楚的說：「熊，你看這是熊。」
2. 接著，把熊放在桌上，且說：「把熊給我。」如果他沒有回應，拿他的手抱起熊，幫他拿起來，然後傳給你。
3. 讚美他，並給他喜歡吃的點心。

注意事項：如果孩子沒有反應，請其他的人幫忙拿起熊來，然後傳給你。將這動作重複幾次，且要確保孩子注意在看，以及孩子看到你給遵從指令的人獎賞。

清楚示範「把熊給我」的意義。你可透過下列方法幫他容易做到：

- 選擇有用的物體來辨識。
- 桌上只放這個物體。
- 清楚的告訴他要做什麼。
- 示範給他看要怎麼做。
- 用你的手引導他的手。
- 獎賞他的進步。

後續步驟　孩子在你協助下能將熊傳給你後，慢慢減少你對他的引導，最後讓他能沒有你肢體的協助時，也能將熊傳給你。接著，用同樣的方法來訓練孩子命名不同的玩具。使用看起來不同的玩具，玩具名稱要聽起來也與第一個不一樣。如果第一個玩具是熊，那麼第二個玩具你可以選陀螺或遊戲環。

當孩子不需你的幫忙亦可給你第二個玩具後，同時將兩個玩具放在他面前，並要求孩子拿其中一個玩具給你。剛開始或許對他有點困難，所以你事先準備當孩子感到挫折時，把作業要求變得容易點，就是只能回來一個玩具就可。你可以混合一下玩具出現的順序，當需要幫忙的時候，你還是要提供協助且別忘記給孩子獎賞。**注意事項**：必要時，你也可用同樣的方法來教孩子命名身體部位的名稱。

257

機會教育

當機會來時，也可偶發性的進一步訓練孩子這些技能。再次提醒，你的要求與指示需要簡單、清楚，而且還要給孩子喜歡的回饋。例如，丹尼的爸爸注意到丹尼與他的眼神接觸，就說：「丹尼，你真棒，你看著冰淇淋喔！」尼克與姊姊來到餐桌要吃晚餐，尼克媽媽說：「真棒，尼克會來餐桌喔！」克林頓的弟弟拿一張衛生紙，就說：「我們來擦鼻涕！」這樣做，你就能鼓勵孩子了解這些互動的意義以及肢體

語言。

遵從簡單指令

　　如果孩子能學習遵從簡單指令，那麼對你們兩個是再好不過的事了，像是：「你看，飛機」、「將毛衣放到抽屜裡」、「把洋娃娃拿給爸爸」等等。

　　當孩子學會了辨認一些玩具、衣服、物體的名字，那麼她就準備好開始學習遵從指令行為了。

　　你可以訓練她了解許多簡單的要求，並知道之間的不同。你需要孩子遵從的大部分指令皆需要從事一些簡單的動作，像是放、給、拿、坐、接到、站、拿起、看、丟。訓練孩子遵從指令的原則包含我們教過的同樣方法，所以你會相當熟悉。以下為我們可遵循的原則：

1. 挑選一個簡單的指令來訓練。
2. 請孩子命名熟悉的物體（例如：熊、積木、襯衫）。
3. 首先，用肢體來引導孩子遵從指令。
4. 慢慢地，減少肢體的引導，轉而使用姿勢來做示範動作。這樣，孩子可見到及聽到你要她做什麼。當兩種訊息結合在一起時，她就能了解所聽到的指令了。

　　當孩子學會了解及遵從簡單指令，那麼她已準備好學習區辨這些指令的不同。開始訓練孩子區辨兩個不同指令，當她熟悉後，再加上更多的指令。

　　一旦孩子學會了區辨指令，羅列一張清單，然後讓她依照順序做下來。例如：

- 「你看，球。」
- 「把球傳給我。」

幼兒獨立生活技能
訓練手冊

- 「把球丟給我。」
258
- 「去碰球。」
- 「把球給爸爸。」

　　你會發現孩子很喜歡用不同的玩具或物體玩這個活動。最後，混合不同的物體及指令。例如：

- 「你看，球。」
- 「給我襯衫。」
- 「把球丟給我。」

 模仿

　　一旦孩子開始學模仿後，要他看著別人學習新遊戲或玩遊戲就變得容易多了。

拍拍手

安排環境
你和孩子需要面對面坐好，可以坐在地上，或是椅子上，不過要讓你們兩個的視線高度一致。

訓練計畫
1. 說：「葛列格，拍拍你的手。」同時你要拍拍手示範給他看。
2. 拿起他的手，然後拍拍手。
3. 說：「拍得真棒」，而且給他一點點喜歡的點心（雖然除了你帶著他拍拍手，他沒有做什麼，不過他會看這樣做就有點心吃）。重複這個動作，一直到他能了解拍手的意義，也就是說，他開始移動手，而自己拍拍手，然後才往下個步驟進行。

後續步驟
1. 說：「葛列格，拍拍你的手。」同時你要拍拍手示範給他看。

2. 減少幫助他，只是稍微碰他的手來引導及提醒他要拍拍手。要記得讚美他（乖孩子！）且給他獎賞。

以下這個作業會困難些。為了得到點心，葛列格必須除了拍拍手外，還要做更多的動作，而你要逐漸減少你的幫忙。當他能連續模仿拍拍手三、四次後，用同樣的方法訓練他其他的動作。以下列出其他可以訓練的簡單動作：

- 站起來
- 跳一跳
- 摸摸頭
- 拍拍手（一次）
- 拍桌子（一次）
- 頭上拍拍手
- 把兩手放在桌上
- 摸腳趾頭

259

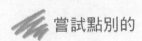 嘗試點別的

孩子學會辨識物體及身體部位、遵從指令，和模仿許多不同簡單指令後，他就可以開始玩一些模仿遊戲，有點類似「老師說」，不過要稍微簡單點，稱之為「爸爸說」、「媽媽說」或「姊姊說」（或任何人）。玩到最後，孩子還可以當這個遊戲的帶領者。

　　練習所有孩子可能會模仿的簡單動作，讓這個遊戲很有趣且要使用獎賞物，特別是充滿笑聲，和一堆的讚美。

　　「爸爸說：拍拍你的手。」

　　「爸爸說：摸摸你的頭。」

　　「爸爸說：跳一跳。」

　　「爸爸說：坐下。」等等。

基本的粗動作技能

 坐下

　　當孩子的身體條件允許坐在椅子上，而且有支撐物可以站著時，那麼你可以訓練她自己坐在椅子上，以及回應你的要求「坐下」。

260　**教材**

　　使用一張合適的椅子，讓孩子坐下來時，腳可以著地。椅子盡量

靠近桌子，以便孩子可以將桌子當成支撐物。它可以是矮咖啡桌、堅固的木箱子、矮凳子，或其他東西，只要有支撐的功能及高度適宜即可。

訓練計畫

訓練此計畫的時機，通常是孩子將要坐下來的時間（例如：吃飯時間、點心時間、遊戲時間）。

1. 帶孩子到椅子前面，調整一下位置，讓孩子的腳跟可以靠到椅子（恰好在她膝蓋的後方）。
2. 站在孩子椅子的後面，然後將孩子的左手放在桌上。
3. 將你的一隻手放在孩子的椅背上以便撐著它，並將椅子握穩。另一隻手放在孩子的肩膀上。
4. 說：「洋子，坐下。」輕輕的壓孩子的肩膀幫助她坐下。
5. 熱烈的讚美她：「洋子真棒，你坐下來囉！」並馬上給她獎賞。

逐漸減少你肢體上的協助。首先，輕輕使用力氣在她的肩膀上，之後只輕輕碰她的肩膀，且說：「洋子，坐下。」最後當你把椅子拿來時，她就可以自己坐下了。

從椅子上站起來

當孩子的身體條件允許自己站起來時，你希望他學習當你叫他：「站起來」時，他會自己自動地從座位上站起來。

教材

使用一張椅子，讓孩子坐下來時，腳可以著地。

261　訓練計畫

1. 站在孩子椅子的後面，將一隻手放在孩子手臂下面，另一隻手放在孩子的背上，引導他變成站立的姿勢。
2. 當孩子站起來時，馬上讚美他（太棒了，你站起來了）且獎賞他。試著練習幾次到孩子可以了解站起來的意思，並且孩子願意在你幫他忙時自己花力氣從椅子上站起來。
3. 逐漸減少對他幫忙，讓他自己聽見你叫站起來時（例如：迪亞哥，站起來），他可以自己起身站起來。

減少你的肢體協助：

1. 將一張椅子靠著牆壁放，這樣就不會亂移動。然後，他坐在椅子上，而你站在他的前面。
2. 將你的手臂作勢維持向上的動作，但不要真的扶他起來。告訴他：「迪亞哥，站起來。」
3. 當他站起來時，馬上讚美他並給他獎賞。

最後當你說：「迪亞哥，站起來。」而不需做任何動作，他就會有回應時，他已熟悉此項新作業，他亦更獨立一點。

走路

當孩子能自己站起來,而且能扶著你的手行走,那麼你可以開始教她如何自己走路。

教材

準備她喜歡的東西或點心,或只要一個擁抱。

訓練計畫

1. 讓你的孩子站在角落面對著你,你手上拿著她喜歡的東西或點心,距離一步遠。
2. 揮手叫她來,然後給她玩具或點心,還要熱烈的讚美她的努力。
3. 接著,讓孩子的爸爸或哥哥站在她後面,你蹲下來距離她約一步遠。
4. 再次地揮手叫她來,然後給她玩具或點心,還要熱烈的讚美她。
5. 漸漸地越站越遠,需要孩子自己走幾步路的距離。

 上下階梯

開始練習此項技能之前,你的孩子必須會自己站和走路。

訓練計畫　　　　　　　　　　　　　　　　　　　　*262*

1. 開始時孩子只要爬一個階梯。支撐他的重量,讓他緊握著你,這樣當你抬高他的腳時,他才會感到安心,然後換另一隻腳,踏上階梯。幫助他維持平衡,這樣他才能穩穩的站在階梯上。
2. 重複幾次這樣的練習,一直到孩子不需要你的協助也能自己維持平衡。
3. 漸漸地減少抬高他的腳上階梯,他需要自己慢慢地抬高自己的腳。

4. 當他自己學會抬高腳上階梯而不需要肢體協助時，讓他自己握緊欄杆撐著，你只要站在他後面幫他平衡即可。開始時，他只要爬一個階梯就能得到你熱烈的讚美與獎賞。

5. 漸漸地在你獎賞他之前，增加他爬階梯的數目。當你和他一起做時，漸漸地減少幫他支撐，一直到他可以自己利用欄杆或牆壁爬階梯。要注意的是，孩子首先先學兩腳踏在同一階，之後才是一腳一階。

下階梯

　　當你的孩子能自己爬一階或兩階樓梯後，這時候你可以訓練他下樓梯，從樓梯最底層開始。不管任何時候，如果他需要幫忙，你都要在旁邊，然後才慢慢減少協助。

　　你的孩子或許對學習下樓梯感到躊躇不前，因為下樓梯並非易事，它需要更多的平衡和小心謹慎。

　　記住，這些作業可能要花一段時間才能熟悉，雖然你也會焦慮到底要不要讓孩子學，不過你的耐心和小步驟的期望會讓孩子有機會成功。

基本的精細動作技能與活動

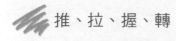　推、拉、握、轉

　　有諸多基本動作技能會在自理與遊戲活動中使用到，你可以使用玩具來訓練孩子這些基礎動作技能；例如，玩具車、卡車、汽車或飛機都是理想的示範推這項技能的玩具，簡單的示範給孩子看如何把車子推過地板。

你可以買一些要拉的玩具，這些玩具可用來訓練孩子拉的技能（這些玩具如有像貓或狗尾巴的玩具更好）。這些玩具的材質通常是塑膠的或是木材的，而且通常要有繩子可以拉，有些玩具則是會動、會跳的動物，或是有輪子的車子。當然你可以自己在任何有輪子的玩具上簡單地綁上線或繩子。

另一種有趣的訓練孩子拉的技能是在你孩子最喜歡的填充小動物綁上繩子。你和孩子坐在桌上，然後把這填充小動物沿著桌沿慢慢的垂下去，之後把它拉起來，結果它又突然出現了。現在將這條線放在孩子可以看到及拿到的地方，讓她可以把它拉起來，如果她還不會，稍微幫她一下。

握是孩子必須學習的另一種基礎動作技能。剛開始時，使用她喜歡且容易握的玩具或物體，示範及引導她怎麼握。有些小孩對握玩具不見得那麼有興趣，所以不要忘了她開始碰及抓時，就要給她獎賞。

轉也是一種基礎動作技能，你可以訓練使用家裡的一些玩具和物體。有兩種家裡常買來需要轉的玩具，一個是玩偶匣（揭匣蓋就跳起的玩偶），另一種是玩具箱（箱上有各式各樣的物體，例如鐘、小波波鼠、小鴨……）。示範給孩子看如何轉動手把，讓玩偶升起來。第一次先幫忙她多一點，直到玩偶幾乎要跳出來為止，然後再次幫她轉動手把，一直看到玩偶跳出來。過一陣子後，她已一次又一次學會轉動手把時，你就可減少協助了。玩具箱可以放平在地上、桌上或是靠牆放好。很多這類玩具的款式有許多可以轉動的按鈕或把手，有些則是可以拉或推，這些都是很好用來訓練孩子基礎動作技能的玩具。你也可以使用餐具，像是手持打蛋器來訓練孩子轉的技能，不要忘記，許多門都是喇叭瑣就是很好的訓練工具。

以下簡單活動的建議是幫助你孩子協調性的發展。我們所列出內容的難度會逐漸增加，每次孩子成功時，都要給熱烈的讚美和獎賞。在活動過程中提供必要的協助，當他能獨立完成活動四、五次時，就要逐漸減少你肢體的協助，一直到他可以獨立完成此活動為止。

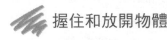 握住和放開物體

教材

各樣的物體和一個空鞋盒。

訓練計畫

1. 剛開始時，使用的物體要輕、盡量小、容易握（例如：軟泡棉、洗衣球、圓形的洗澡海綿）。
2. 把物體放在孩子手上，引導她到盒子旁，移動你的手和她的手，讓物體掉到盒子裡。
3. 當她可以自己握住和放開這些輕物體，而不需要你的協助時，每次再給她不同尺寸和堅硬的物體（例如：積木、玩具卡片、衣夾）。

264

4. 一旦孩子學會握住和放開物體時（當你把東西放在她手上，而她會把東西放入盒子裡），放一個物體在桌上讓她拿起來。再次提醒，開始時物體要能容易抓。用肢體來幫助她從桌上拿起物體，不過之後讓她自己把物體放入盒子裡，因為她已學會怎麼放了。
5. 當孩子已能熟練拿起，握住和放開物體，然後就可以開始讓她從盒子拿出東西來。

 玩水

這是既有趣又需結合注意力及協調性的活動。玩水是日後把飲料倒入杯子裡的基礎技能。

教材

塑膠容器、量杯、塑膠杯、漏斗、擠壓瓶、報紙、塑膠洗碗盆

訓練計畫

1. 將一個空的塑膠碗盤放在椅子或桌上，這取決於孩子的高度，而底下鋪一張報紙。
2. 容器盛滿半壺水。然後，把這半壺水和一個空的容器放入洗碗盆內（你可以放食物或染料進去，讓水變顏色）。
3. 幫孩子將容器中裡的東西倒入另一個容器裡，如果有需要時你可以幫你孩子做。
4. 逐漸減少你的協助，並在容器裡加入更多的水。你可以變化容器的大小。

 把物體放進盒子的洞裡

教材

鞋盒上頭有一個三吋的洞，以及各樣的小物體（例如：衣夾、大鈕釦、小積木、空的小捲筒）。

訓練計畫

讓孩子把物體放入盒子的洞裡，需要時給予肢體上的協助。這個動作除了要握住物體外，還要控制它掉入洞裡。

 捏揉

教材

花生醬、蜂蜜、果醬、乾麥片、餅乾……等等。

265 訓練計畫

1. 把花生醬、果醬或蜂蜜塗抹在孩子的大拇指和食指上。

2. 一起捏揉大拇指和食指幾次，然後讓孩子舔掉上面的食物。讓他習慣一起捏揉大拇指和食指來回幾次。

3. 用餐前，你知道孩子肚子餓時，放幾塊大小剛好的食物在孩子大拇指和食指之間。他用餐之前，先給他吃這些食物。如果需要幫忙，幫助他握住這些食物，然後送入他的口中。開始時，只讓他吃兩口，然後在餐前逐漸增加食物的量。

4. 當孩子能把你給他的食物握住，並吃掉它們時，之後你每次把一口可以吃下去的食物放在高腳盤、碟子，或桌上讓他拿起來吃。過程中如果有需要，隨時提供他協助。這些技能是日後用來撿小物體的習慣動作，例如鈕釦、鑰匙、粉筆或硬幣。

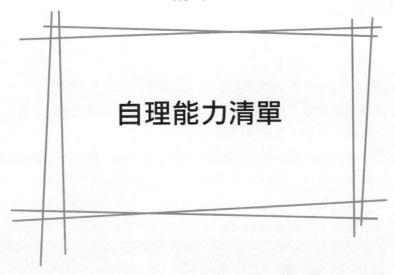

附錄 B

自理能力清單

　　記載在這個附錄裡的三十項技能與在第九章中自理能力清單所包²⁶⁷

含的技能是一樣的。每一項技能都針對了不同的熟練程度做了細分，所以你可以精確地決定你的孩子目前能夠做到什麼程度，這可以幫助你為孩子安排適合的教導計畫。

　　你可以一次就做完這個包含所有技能的自理能力清單。不過，只先完成那個你即將要開始教的技能（等到你要開始教其他技能時再回來做這些部分）會比較容易。把孩子能做到最高程度的數字圈起來，圈了這個數字表示你的孩子會做這個步驟，還有這個步驟之前的所有步驟。舉例來說，如果你的孩子會做某技能的步驟 1、2，還有 4，但是不會做步驟 3，則你應該圈的數字是 2。只有當你的孩子可以獨立完成這項技能的步驟時才可以圈這個步驟——這表示當你不在房間裡的時候，他也可以自己做這個步驟。附錄 C 包含了三十項技能的教導計畫。

　　註：其他技能列在自我照顧評估（第十二章）與家務整理評估

（第十三章）。

用杯子喝水

0. 完全無法握著杯子。

1. 在你全程地身體引導之下，可以握著杯子並且喝水。

2. 在你幫忙他喝水後將杯子放在桌上；在部分幫忙下將杯子放下。

3. 在你幫忙他喝水後將杯子放在桌上。

268 *4.* 在你幫忙他舉起杯子半途後由杯子喝水；自己將杯子放回桌上。

5. 在你幫他拿起杯子後由杯子喝水；自己將杯子放回桌上。

6. 完全可以靠自己由杯子喝水。

7. 可以用很多種的杯子和玻璃杯喝水，完全靠自己。

用湯匙吃東西

0. 不會做用湯匙吃東西的任一個部分。

1. 在你的身體引導下，可以將湯匙送進嘴巴。

2. 在你裝滿並且舉起湯匙半途後，自己將湯匙送進嘴巴。

3. 在你裝滿並且舉起湯匙半途後，自己把湯匙送進嘴巴並且將湯匙放回食物裡。

4. 在你裝滿後，能自己將湯匙送進嘴巴，並將湯匙放回食物裡。

5. 可以自己吃，只要在舀食物時才需要你的幫忙。

6. 可以獨自使用湯匙吃柔軟的固體食物（如：馬鈴薯泥、壓碎的食物、燕麥粥等）。

7. 獨立使用湯匙喝湯。

用叉子吃東西

0. 不會做用叉子吃東西的任一個部分。

1. 像使用湯匙一樣地使用叉子（如：用叉子舀食物）。
2. 在你的身體引導下，會用叉子刺食物。
3. 在你的指示下，會用叉子刺食物。
4. 完全可以靠自己用叉子吃軟的食物。
5. 完全可以靠自己用叉子吃各種食物。

用刀子塗抹東西

0. 不會做用刀子塗抹東西的任一部分。
1. 在你的身體協助下，會塗一部分的麵包。
2. 在你的協助下，會塗一整片麵包。
3. 在你告訴他應該要塗哪裡後，可以塗一部分的麵包。
4. 當你將果醬放在麵包上後，在指導下可以塗一整片的麵包。
5. 在你的幫忙下，可以將果醬放在麵包上，並且靠自己塗抹果醬。
6. 在你的監督下，可以將果醬放在麵包上，並且塗抹它。
7. 不需要任何監督，可以靠自己拿果醬和麵包，並且塗抹它。

用刀子切東西

269

0. 不會做用刀子切東西的任一部分。
1. 在你開始切後，可以在你的幫忙下完成切食物的動作。
2. 在你的幫忙下，可以全程切食物。
3. 可以靠自己切已經切到一半的食物。
4. 可以靠自己全程地切食物（你用叉子幫他固定食物）。
5. 切食物時也能靠自己穩固地握住叉子。
6. 當你告訴他時，可以完全地靠自己將叉子固定在食物上，並且切食物。
7. 不用任何提醒就能完全獨立地用刀子切食物。

脫掉褲子（不包含解開）

0. 不會脫褲子。

1. 在你幫她脫掉其中一隻褲腳後，可以拉掉另一隻褲腳。

2. 在坐著的時候，可以從腳踝處拉掉兩隻褲腳。

3. 在坐著的時候，可以從膝蓋以下拉掉褲子。

4. 從膝蓋以上拉下褲子，然後坐著並且把褲子拉掉。

5. 從大腿中間拉下褲子，然後把褲子拉掉。

6. 從屁股拉下褲子，然後把褲子拉掉。

7. 在你的監督下，完全地脫掉褲子。

8. 靠自己將褲子完全脫掉。

穿上褲子（不包含扣緊）

0. 不會穿上褲子。

1. 在你將褲子拉高到屁股後，可以將褲子拉到腰部。

2. 在你將褲子拉高到大腿中間後，可以將褲子拉到腰部。

3. 在你將褲子拉到雙腳上後，可以將褲子拉到腰部。

4. 在你將褲子拉到雙腳上後，站著並且可以將褲子拉到腰部。

5. 在你將褲子交給他後，可以將褲子穿上其中一隻腳，並且將它拉到腰部。

6. 在你將褲子交給他後，可以將褲子穿上雙腳，並且拉到腰部。

7. 完全靠自己將褲子穿上。

270 # 穿襪子

0. 不會穿襪子。

1. 從腳踝將襪子拉上。

2. 從腳後跟將襪子拉上。

3. 從腳趾將襪子拉上。

4. 完全自行穿上襪子，腳後跟部分在正確的位置。

穿上套頭衫

0. 不會穿上套頭衫。

1. 在你將套頭衫放在她的頭部位置後，可以將它拉下至頭部。

2. 將套頭衫拉下至頭部，且由你將她的手臂部分穿好；然後她將套頭衫拉下至腰部。

3. 將套頭衫拉下至頭部，並且穿好一隻手臂。

4. 將套頭衫拉下至頭部，並且穿好兩隻手臂。

5. 在你把套頭衫交給她後，自行將套頭衫穿上。

6. 自己拿起套頭衫，並且完全靠自己將它穿上。

穿上前扣上衣、襯衫或外套（不包含扣鈕釦）

0. 不會穿上前扣上衣或襯衫。

1. 在你幫他將兩隻手臂穿過袖子後，能抓住襯衫的兩邊並把它們合在一起。

2. 在你幫他將一隻手臂穿好袖子後，可以自行穿上另一隻。

3. 在你為他抓住襯衫後，可將兩隻手臂穿過袖子。

4. 在襯衫放著的情況下，自行拿起襯衫，並且將一隻手臂穿過袖子。

5. 在襯衫放著的情況下，自行拿起襯衫，並且將兩隻手臂穿過袖子。

6. 在襯衫放著的情況下，完全自行地穿上襯衫。

7. 從抽屜裡或衣架上拿起襯衫，完全自行地穿上襯衫。

穿鞋子（不包含綁鞋帶）

0. 不會穿鞋子。

1. 在你將鞋子放置超過腳後跟後，可將腳推進鞋子裡。

271 *2.* 在你將鞋子放置超過腳趾頭後，將鞋子拉超過腳後跟。

3. 在你將鞋子固定在她的腳掌後，將腳指頭滑進鞋子裡，並且完成穿鞋的動作。

4. 在你將鞋子交給她後，可自行穿上鞋子。

5. 自行穿上鞋子。

6. 完全靠自己將鞋子穿在正確的腳上。

7. 將鞋子穿上並且扣緊。

穿皮帶

0. 不會穿皮帶。

1. 在你起頭後，可以拉住皮帶穿過褲環。

2. 將皮帶插入一或兩個褲環裡，並且拉著穿過去。

3. 在褲子未穿上的情況下，將皮帶插入，並穿過所有的褲環。

4. 在褲子穿上的情況下，將皮帶插入，並穿過所有的褲環。

扣皮帶

0. 不會扣皮帶。

1. 穿皮帶，並且將皮帶末端插入帶釦。

2. 將帶釦的鋸齒放入洞中。

3. 扣好皮帶並且將皮帶末端插入褲環中。

拉上拉鍊

0. 不會拉拉鍊。
1. 只要你把夾克前方的拉鍊開始拉起,並把拉鍊拉到胸部位置後, 他可以將剩餘的部分完全地拉上(由你幫他固定底端)。
2. 只要你開始拉拉鍊,他可以自己將拉鍊完全地拉上(由你幫他固定底端)。
3. 只要你開始拉拉鍊,他可以自己固定底端,並且用另一隻手將拉鍊拉上(請參見下方列在「扣上拉鍊頭」之下的技能)。

扣鈕釦

0. 不會扣鈕釦。
1. 當你將一半的鈕釦塞到鈕釦孔後,他可以將剩餘的部分拉出。
2. 在你將鈕釦孔打開的情況下,他可以將鈕釦塞進鈕釦孔中。
3. 使用雙手將鈕釦塞進鈕釦孔中,並且將鈕釦拉穿過鈕釦孔。　　　272
4. 在視線範圍中可以扣上大的鈕釦。
5. 在視線範圍中可以扣上小的鈕釦。
6. 只能在口語指示下,將襯衫或上衣上的所有鈕釦扣上。
7. 完全自行地將襯衫或上衣上所有的鈕釦扣上。

扣上拉鍊頭

0. 不會扣拉鍊頭。
1. 當你固定拉鍊軌道後,可以將拉鍊頭插入軌道中。
2. 在指示下,可以固定拉鍊軌道,並且將拉鍊頭插入。
3. 在指示下,可以插入拉鍊頭、固定它,並且拉上拉鍊。
4. 完全靠自己開始拉拉鍊。

綁鞋帶

0.　不會綁鞋帶。

1.　拉兩邊鞋帶使鞋子變緊。

2.　打第一個結。

3.　作蝴蝶結的第一個環。

4.　作蝴蝶結的第二個環。

5.　完全自行綁上鞋帶。

6.　完全自行地穿帶子、用帶子束緊鞋子，並且將鞋帶綁好。

掛衣服

0.　不會做掛衣服的任一部分。

1.　用一隻手拿起衣架並且固定，另一隻手拿輕便的外套。

2.　在你的指導下，將外套的雙肩披到衣架上。

3.　在你的指導下將衣架放入外套的其中一邊肩部，然後靠自己將另一邊的肩部披在衣架上。

4.　當你告訴他該做什麼時，可以將整件外套都放到衣架上。

5.　靠自己將外套完全地掛在衣架上。

6.　掛其他的衣服〔如：襯衫、褲子、連身裙（針對女生）〕。

7.　不需要提醒，必要時會掛所有的衣服。

273　擦手

0.　不會做擦手的任一部分。

1.　在你幫他拿著毛巾時，他會擦手掌心。

2.　在你幫他拿著毛巾時，他會擦手背。

3.　自己拿著毛巾擦手掌心。

4.　自己拿著毛巾擦手背。

5.　完全靠自己擦手。

洗手

0.　不會做洗手的任一部分。

1.　將手上的肥皂泡泡沖掉。

2.　在你的幫忙下將肥皂放在手上，並且塗抹肥皂。

3.　自行將肥皂放在手上，並且塗抹肥皂。

4.　打開水。

5.　關上水。

6.　完全靠自己洗手。

刷牙

0.　不會做刷牙的任一部分。

1.　在你用手引導他的情況下刷牙。

2.　刷前面的牙齒。

3.　刷後面的牙齒。

4.　只要你將牙膏擠在牙刷就能自己刷牙。

5.　完全靠自己刷牙（將牙膏擠在牙刷上）。

洗臉

0.　不會做洗臉的任一部分。

1.　當你用手在他的臉上引導他的情況下，能夠洗臉的大部分區域。

2.　當你指著或告訴他應該洗哪裡時，能夠洗一部分臉。

3.　洗臉的所有部分。

4.　完全靠自己洗，並沖洗臉。

274
洗澡——擦身體

0. 不會做擦身體的任一部分。

1. 在你的身體引導下，擦上半身。

2. 在你的身體引導下，擦下半身和背部。

3. 在你告訴她應該擦哪裡的情況下，自己擦上半身。

4. 在你告訴她應該擦哪裡的情況下，自己擦下半身和背部。

5. 自己擦上半身。

6. 完全靠自己擦身體。

洗澡——沖洗

0. 不會做洗澡的任一部分。

1. 在你的身體引導下，將肥皂泡泡沖掉。

2. 自己將肥皂泡泡沖掉。

3. 在你的身體引導下，洗上半身。

4. 在你的身體引導下，洗下半身和背部。

5. 在你告訴他應該洗哪裡的情況下，能夠自己洗上半身。

6. 在你告訴他應該洗哪裡的情況下，能夠自己洗下半身和背部。

7. 自己洗上半身。

8. 自己洗下半身。

梳頭髮

0. 不會做梳頭髮的任一部分。

1. 在你用手引導她的情況下梳頭髮。

2. 在你告訴她應該梳哪裡的情況下自己梳頭髮。

3. 完全靠自己梳頭髮。

洗頭髮

0.　不會做洗頭髮的任一部分。

1.　在你的協助之下,可擦頭髮。

2.　在你的協助之下,可弄濕與擦頭髮。

3.　在你的協助之下,可以將頭髮上的肥皂泡泡沖掉。

4.　在你的幫忙下,可以將洗髮精抹到頭髮上。

5.　自己將肥皂泡沖掉。

6.　自己將洗髮精抹到頭髮上。　　　　　　　　　　275

7.　自己擦頭髮。

8.　完全靠自己洗頭髮。

鋪床

0.　不會做鋪床的任一部分。

1.　在你做好鋪床的其他部分後,可以將床罩拉到枕頭上。

2.　將床單和毛毯摺疊下來作一個摺邊,將枕頭放上去,並且拉床罩
　　蓋住枕頭。

3.　你將床單上方拉好之後,將毛毯拉上來並且完成鋪床。

4.　完全靠自己拉好床單的上方,並且鋪床。

5.　不需要提醒,完全靠自己,並且每天自己鋪床。

擺餐具

0.　不會做擺餐具的任一部分。

1.　當餐桌的其他東西已經擺好的情況下,能夠在指示下將杯子放在
　　餐桌上。

2.　當餐桌的其他東西已經擺好的情況下,能夠自己將杯子放在餐桌

上。

3. 當餐桌的其他東西已經擺好的情況下，能夠在指示下將湯匙放在餐桌上，並且自己放杯子。

4. 靠自己將湯匙與杯子放在餐桌上。

5. 在指示下將刀子和叉子放在餐桌上，自己放湯匙與杯子。

6. 自己將刀子、叉子、湯匙和杯子放在餐桌上。

7. 在指示下將盤子放在餐桌上，自己放刀子、叉子、湯匙和杯子。

8. 自己將盤子、刀子、叉子、湯匙和杯子放在餐桌上。

9. 在指示下將餐巾放在盤子旁邊，自己將叉子、刀子、湯匙和杯子放在餐桌上。

10. 完全自己擺餐具。

換床鋪

0. 不會做換床鋪的任一部分。

1. 在你做完其餘部分後，可以將床罩放在床上。

276   *2.* 在你的身體引導下，將上面的床單與毛毯塞進床底。

3. 自己將上方的床單與毛毯塞進床底。

4. 在你的指導下，將毛毯放置在床上。

5. 自己將毛毯放置在床上。

6. 在你的指導下，將上面的床單放置在床上。

7. 自己將上面的床單放置在床上。

8. 在你的指導下，將下面床單放置在床上，並且將它塞進床的四周。

9. 自己將下面床單放置在床上，並且將它塞好。

10. 完全靠自己換床鋪。

11. 完全靠自己換床鋪，知道何時需要換，並且不需要提醒就去做。

掃地

0. 不會做掃地的任一部分。
1. 在你的指導下拿掃帚，並且做掃地的動作。
2. 自己拿掃帚，並且做掃地的動作。
3. 在你的指導下，可以掃顯而易見的髒污（如：大顆粒的食物、紙屑）。
4. 自己可以掃顯而易見的髒污。
5. 當你告訴他並且讓他看到應該要掃哪裡後，可以掃地板，將髒污掃成一堆。
6. 當你拿著畚箕時，他可以將髒污掃進去。
7. 自己掃地板，並將髒污掃成一堆。
8. 自己拿著畚箕，將髒污掃進去。
9. 完全靠自己掃地板並且將成堆的髒污收拾好。
10. 第9項，加上能夠辨認地板何時需要清掃。
11. 第10項，加上評估工作並且修正它，直到工作成果被接受。

接下來的是一個空白的進度表（在第九章已經被詳細討論過），你可以用它來一一列出你想要教導的技能之步驟。

277

進 度 表

計畫：＿＿＿＿＿＿＿＿＿＿＿＿

列出步驟	日期	嘗試編號步驟												註
			1	2	3	4	5	6	7	8	9	10	11	12	

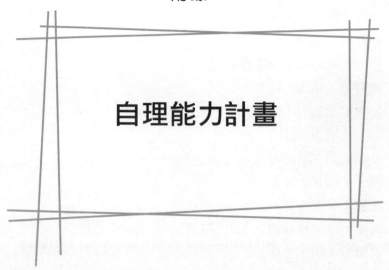

附錄 C

自理能力計畫

內容

本附錄包括了已經列在第九章的自理能力檢核表與附錄 B 自理能力清單中每項技能的訓練計畫。針對每一個訓練計畫，決定你要使用的獎勵並且把它準備好。在這裡列出幾個獎勵：

_____

_____

_____

　　附註：對大部分的計畫來說，無論你的孩子的慣用手是左手或右手都沒有關係。然而，如果你的孩子是左撇子，在少數例子中（如：

扣上拉鍊頭）則需要改變一下指導的方式。

用杯子喝水

　　在你訓練這個技能之前，你的孩子應該已經可以在你拿著杯子的狀況下用杯子喝水。

環境安排

　　使用一個塑膠製的、平底無腳的（沒有把手）、夠小到讓你的孩子能夠容易緊握住的杯子或玻璃杯。

　　在杯子裡裝入你孩子喜歡的飲料，約四分之一滿。

　　當孩子口渴而且你並不忙碌的時候開始計畫你的訓練時間──我們建議在餐與餐之間的額外時間。當你們兩個都習慣這個新計畫後，任何你孩子喝飲料的時間都可以是訓練的時間。

　　讓你的孩子坐在餐桌旁，椅子要夠高讓孩子可以舒服地喝飲料。你可以用電話簿將固定使用的椅子墊高。

　　注意飲料本身對你的孩子來說就足以是獎勵──當然還要再加上你的讚美。

281

訓練計畫：第一部分

　　站在孩子的後方，將她的手放在杯子上，而你的手則全程放在她的手上方。

1. 將杯子拿高到她嘴巴的位置。
2. 將杯子傾斜讓她能夠喝下一口。
3. 將杯子放回桌上。
4. 將你的手和孩子的手移開，說：「很好，你正在用杯子喝水！」

重複上述步驟，直到杯中飲料喝完為止。

持續上述的訓練計畫大約四到五個時段，或是直到在訓練計畫第一部分過程中你覺得孩子對你的身體引導是自在舒服的。

確定你的引導動作力道夠輕，讓你的孩子有做到一點工作。在你開始訓練計畫的第二部分之前，她必須能夠穩固地握住杯子。

當她都知道用杯子喝水的所有技能順序後，移到第二部分一步一步地訓練她。

訓練計畫：第二部分

當你的孩子熟練了一個步驟，並且能夠在四到五個時段中不需要你的身體引導下就成功地完成，則可以前進到下一個步驟。將你孩子的獎勵準備好。

1. 繼續像訓練計畫的第一部分一樣指導你的孩子，直到她的杯子剛好到達桌上前。然後將你的手自她的手上移開，之後一再地讓她自己完成將杯子放置在桌上的部分。這是她邁向自己喝水的最初步驟。

2. 當杯子在放回桌上距離四分之三的位置時，將你的手自她的手上移開。

3. 當杯子在放回桌上距離二分之一的位置時，將你的手自她的手上移開。

4. 當杯子在放回桌上距離四分之一的位置時，將你的手自她的手上移開。

5. 當她喝了水就把你的手移開，然後讓她自己全程地將杯子放回桌上。你的孩子現在已經熟練用杯子喝水的後半步驟了。該是逐步減少你協助她將杯子拿到嘴邊的部分的時候了。

6. 協助你的孩子拿著杯子直到杯子到達她的嘴邊。移開你的手，讓她自己傾斜杯子並且喝下水。現在她可以不需要協助就自己將杯

子放回桌上。

7. 協助你的孩子拿著杯子直到杯子幾乎到達她的嘴邊。移開你的手，　　*282*
並且讓她自己拿杯子碰觸到嘴唇並且喝下水。同樣地，她可以不
需要協助就自己將杯子放回桌上。

8. 繼續慢慢地減少你的協助，直到你的孩子熟練整個步驟。

用湯匙吃東西

 環境安排

使用塑膠碗，碗底部有吸力，或是在底下放置濕紙巾可以避免碗
滑掉。

三餐都提供能夠容易用湯匙食用的食物（如：馬鈴薯泥、壓碎的
食物、被切成一口大小的漢堡、熱的穀類食物、濃濃的悶菜及蘋果醬
等）。

讓你的孩子坐在餐桌旁，椅子要夠高讓孩子可以舒服地吃東西。
你可以用電話簿將固定使用的椅子墊高。

訓練計畫：第一部分

站在孩子的後方，把湯匙放到他的手裡，並且將他的另一隻手放
在碗的另一邊。你的手則全程放在他的手上方。

1. 從右到左做一個舀食物的動作將湯匙裝滿（如果你的孩子是左撇
子，則由左到右）。

2. 將湯匙拿高到他嘴邊，並且讓他吃湯匙裡的食物，說：「很好，
你正在用湯匙吃東西！」

3. 將湯匙放回碗裡，並且給他一點時間吞下食物。

4. 在他吃了四到五湯匙之後，將湯匙放回桌上休息一下。

5. 重複上述的訓練計畫直到用餐時間結束，然後在另外四到五餐繼續執行，或者直到在訓練計畫第一部分過程中，你覺得孩子對你的身體引導是自在舒服的。當他已經知道用湯匙吃東西的所有技能順序後，移到第二部分一步一步地訓練他。

注意第二部分的步驟訓練三項技能，每一項都使用反向鏈結來訓練：(1)將湯匙帶到嘴邊，(2)將湯匙放回碗裡，還有(3)舀食物。

 訓練計畫：第二部分

當你的孩子熟練了一個步驟，並且能夠在四到五個時段中不需要你的身體引導下就成功地完成，則可以前進到下一個步驟。將你孩子的獎勵準備好。

1. 將你的手放在孩子的手上，引導他將湯匙拿到嘴邊。將你的手自他的手上移開。讓他自己從湯匙裡吃食物，並且將湯匙自嘴邊移開。把你的手重新放在他手上，並且引導他將湯匙放回碗裡，說：「很好，你正在用湯匙吃東西！」

2. 當湯匙幾乎到達他的嘴邊前就將你的手自他手上移開。讓他將湯匙放到嘴裡，吃食物，然後將湯匙自嘴邊放下來一點。之後將你的手重新放在他的手上，引導他將湯匙放回碗裡，說「很好，你正在用湯匙吃東西！」

3. 當湯匙大約離嘴邊一半高度的位置時，將你的手移開。讓他自己將湯匙拿到嘴邊，吃食物，並且將湯匙放回到離碗一半的位置。將你的手重新放在他的手上，並且引導他將湯匙放回碗裡，說：「很好，你正在用湯匙吃東西！」

4. 在你引導孩子舀食物到湯匙裡後就移開你的手。讓他自己將湯匙拿到嘴邊，吃食物，將湯匙放回碗裡。將你的手重新放在他手上，

283

並且引導他舀食物，說：「很好，你正在用湯匙吃東西！」

　　現在，除了舀食物到湯匙裡的動作外，你的孩子已經熟練了所有的部分。這是最困難的步驟。在舀食物的時候逐步減少你的協助，不是馬上移開你的手，而是用越來越小的力氣握住孩子的手，直到你在舀食物的動作上幾乎未使力。然後將你的手放到他的手腕上，之後是手肘，並且在必要的時候引導他。最後，完全移開你的手而他就可以學會這項技能。

　　附註：當你將手放在他的手腕上引導他時，你可以在用餐時間坐在他的旁邊指導。

用叉子吃東西

　　在你開始訓練你的孩子用叉子吃東西之前，他必須先知道如何用湯匙吃東西。

環境安排

　　開始時先使用塑膠碗，而非盤子。這樣會使得刺食物的動作比較容易。碗底部有吸力，或是在底下放置濕紙巾可以避免碗滑掉。

　　使用可以切成適合用叉子刺的大小的食物（例如：雞肉、胡蘿蔔等）。避免一些在刺的時候容易弄碎的食物，像是煮熟的馬鈴薯或漢堡。

　　讓孩子坐在夠高、可以舒服地吃東西的椅子上。你可以用電話簿將固定使用的椅子墊高。

訓練計畫：第一部分

　　站在孩子的後方，並且放一隻叉子在他的手中。檢查看看上頁的例圖——這才是正確的姿勢。如果對孩子來說這樣拿太困難或是不舒服，他可以用別的拿法學習如何用叉子吃東西。將孩子的另一隻手放在碗上使它固定不動。

284
　　1. 將你的手環繞住孩子的手，並且引導他如何用叉子刺一塊食物。
　　2. 當他將叉子舉高到嘴邊時鬆開你的手。
　　3. 當他將叉子放回盤中時，再次將你的手放在他的手上，並且協助他刺另一塊食物，說：「很好，你正在用叉子吃東西！」

　　以這樣的方式繼續進行，直到用餐結束。
　　當你的孩子已經熟練在你的指導下使用叉子刺食物，就可以逐步減少你的協助，前進到第二部分。

 訓練計畫：第二部分

　　當你的孩子已經熟練一個步驟，並且能夠在四或五個時段中不需要你的協助就成功地完成，就可以前進到下一步驟。將孩子的獎勵準備好。

　　1. 將你的手放在孩子的手腕上引導他刺食物。
　　2. 將你的手放在孩子的前臂上引導他刺食物。
　　3. 將你的手放在孩子的手肘上引導他刺食物。
　　4. 移開你的手，隨時準備在他有需要時協助他，直到他可以自己使用叉子，然後他就可以學會這項技能。

現在你的孩子已經學會刺碗裡的食物，開始使用盤子，並且在需要時協助他。

用刀子塗抹東西

用餐時間或是任何你的孩子吃點心的時間，都是適合訓練的好時機。

環境安排

使用孩子喜歡且容易塗抹的食物。有些食物（如：奶油、果醬）比較容易塗抹在土司上，有些食物（如：蕃茄醬、美乃滋、芥末）則容易塗抹在平的麵包上。看看你的孩子最喜歡什麼食物來決定要以什麼食物開始訓練。

在這個訓練計畫中，我們以將果醬塗抹到土司為例。準備好土司，將足夠量以塗抹整片土司的果醬放在上方角落（如果孩子的慣用手是右手，將果醬放在右上角；如果孩子是左撇子，則將果醬放在左上角）。使用容易握住、鈍的餐刀。

訓練計畫

當你的孩子已經熟練一個步驟，並且能夠在四或五個時段中不需要你的協助就成功地完成，就可以前進到下一步驟。將孩子的獎勵準備好。

1. 讓孩子看著你用一隻手拿起和握住刀子，而另一隻手穩固地拿著土司。以和麵包對角線的方向，長長的、平穩的力量將麵包大約三分之一的區域都塗抹上果醬。當你塗了三分之二的區域後（塗兩次），協助他用一隻手握住刀子，並且用另一隻手拿著土司。

輕輕地引導他的手塗抹剩下的部分，說：「很好，你正在用刀子塗抹果醬！」

2.你塗三分之一的土司（塗一次），然後將刀子交給他，並且引導他塗果醬。移開你的手，並且將最後一次的塗抹交給他做，說：「很好，你正在用刀子塗抹果醬！」

3.你將果醬放在麵包上，並且協助他做第一次的塗抹。現在，他可以自己完成塗抹果醬。記得要獎勵他。

4.你將果醬放在土司上，當他塗抹果醬的時候，有需要時協助他拿著土司，說：「很好，你正在用刀子塗抹果醬！」

5.漸漸地在拿著土司的動作上減少你的協助，直到他學會這個技能為止。

　　當你的孩子可以成功地用刀子塗抹東西後，你可以引導他使用湯匙或刀子將果醬從罐子裡挖出來。讓他將不同的食物（如：花生醬）塗抹到土司上，然後再換到麵包。

用刀子切東西

　　你的孩子在開始進行這個訓練計畫前，應該已經知道如何使用叉子刺肉和吃東西，而且也知道如何使用刀子塗抹東西。

環境安排

　　用餐時間是最適合用來訓練這項技能的時間。讓孩子在用餐前切好她所有的食物。從容易切的食物開始，像是漢堡、南瓜、魚、火腿片……。

　　使用容易握的餐刀。

　　在盤子下面放橡膠墊或是濕紙巾，可以避免盤子滑掉。

　　讓孩子坐在夠高、可以舒服地吃東西的椅子上。你可以用電話簿

將固定使用的椅子墊高。

　　附　註：在孩子用餐後，可以得到一個用來換得餐後甜點，或是可 *286*
以玩她喜歡玩的玩具的「打勾」。

 訓練計畫

　　當你的孩子已經熟練一個步驟，並且能夠在三或四個時段中不需
要你的協助就成功地完成，可以前進到下一步驟。將孩子的獎勵準備
好。

1. 站在孩子的後方，將刀子和叉子放到她的手中。確定刀子是放在
　　她慣用、通常最有力的那隻手中。將你的手放在她的手上面，並
　　且幾乎切斷食物。移開你的手並且說：「切你的食物。」讓她自
　　己將食物切開。記得獎勵她，說：「很好，你在切你的食物。」
　　附　註：你協助她握住叉子的時間必須要比協助她握住刀子的時間
　　還長。
2. 重複第一步驟。然而，這一次很快地移開你的手，並且讓她自己
　　完成切食物的更多部分。記得要針對她切食物這件事而獎勵她。
3. 將刀子與叉子放到她手中擺好。移開你的手，並且口頭指導孩子：
　　「切你的食物。」讓她完成這項技能並且獎勵她，說：「很好，
　　你在切你的食物。」
4. 口頭指導孩子：「拿起刀子和叉子。」必要時協助她拿好它們以
　　切食物。**附　註**：一旦她切好一塊，她可能會需要人協助她重新將
　　刀子和叉子拿好以便切下一塊。

　　當孩子已經能在你的口頭指導下切她的食物，開始減少你的協助
直到她學會這項技能。之後，讓她切比較難切的食物（如：肋骨肉、
牛排），你可能會需要回到之前的步驟並且協助她。

脫掉褲子（不包含解開）

 環境安排

從有鬆緊腰帶的短褲或內褲開始。這些最容易脫掉。

開始時先將他的鞋子脫掉，這樣會使得脫褲子的動作容易一些。

如果褲子上有鈕釦、暗釦或是拉鍊，你應該先幫孩子解開。

開始時先讓孩子站著（站著的時候比較容易將褲子拉下），然後脫掉褲子時可以坐在地板、床上或是椅子上——這樣對孩子會比較容易。

訓練計畫

當你的孩子已經熟練一個步驟，並且能夠在四或五個時段中不需要你的協助就成功地完成，就可以前進到下一步驟。將孩子的獎勵準備好。

287　　　 1. 讓孩子站著，由你將他的褲子拉下到腳踝的位置。讓他坐下來，

然後由一隻腳上脫掉他的褲子，說：「脫掉褲子。」將他的手放在褲子上，並且用你的手引導他將褲子由另一隻腳脫下，並且要他將褲子交給你。然後說：「很好，你在脫褲子。」並且給他獎勵。

附註：記得每次都從同一隻腳開始脫；遵從同一個程序會讓孩子的學習比較容易。

2. 讓孩子站著，由你將他的褲子拉下到腳踝的位置，然後讓他坐下來，說：「脫掉褲子。」將他的手放在褲子上，並且引導他將褲子由一隻腳上脫下。讓他自己將另一隻腳上的褲子脫下，並且交給你，說：「很好，你在脫褲子。」並且給他獎勵。

3. 讓孩子站著，由你將他的褲子拉下到膝蓋的位置，將他的手放在褲子的側邊，而拇指放在鬆緊帶的內側，說：「脫掉褲子。」然後將你手放在他的手上，引導他將褲子拉下到腳踝的位置。讓他坐下來，他現在可以完成將褲子脫下的部分，並且將它交給你，說：「很好，你在脫褲子。」並且給他獎勵。

4. 當你的孩子已經能夠不需要你的協助就可以自己從膝蓋的位置將褲子脫掉時，開始協助他從大腿中間、然後屁股、然後腰部脫掉褲子。

5. 漸漸地給他越來越少的協助，直到他可以在你鬆開褲子後，全程不需要你的任何身體協助，而將褲子拉下並且脫掉它。然後他就學會了這項技能。

穿上褲子（不包含扣緊）

環境安排

從有鬆緊腰帶的短褲或內褲開始，這些會比長褲容易些。讓孩子坐著將褲子套上腳，然後站起來將褲子拉上。如果褲子上有鈕釦、暗釦或是拉鍊，由你來幫孩子扣上。

訓練計畫

當你的孩子已經熟練一個步驟，並且能夠在四或五個時段中不需要你的協助就成功地完成，就可以前進下一步驟。將孩子的獎勵準

備好。

288

1. 讓孩子坐著，你將她的褲子套上雙腳，然後要她站起來。將褲子拉上到屁股的位置。然後將她的手放在褲子的兩側，拇指放在鬆緊帶內側，說：「拉上褲子。」並且將你的手放在她的手上，引導她將褲子拉到腰部。然後說：「很好，你在拉上褲子！」並且給她一個獎勵。

2. 你將孩子的褲子拉上到大腿中間的位置，將她的手放在褲子的兩側，拇指放在鬆緊帶內側，說：「拉上褲子。」將你的手放在她的手上引導她將褲子拉到腰部。然後說：「很好，你在拉上褲子！」並且給她一個獎勵。

3. 繼續以上述的方式，在你將褲子拉上到膝蓋後才協助孩子，然後是腳踝。

4. 坐在孩子身旁，並且將褲子套上她的一隻腳。將她的手放到褲子上，而你的手放在她的手上，說：「套上褲子。」引導她將褲子套上另一隻腳。要孩子站起來，並且讓她在不需協助的狀況下完成穿上褲子的動作。讚美她並且給她一個獎勵。

5. 讓孩子坐著，將她的手放在褲子上，說：「穿上褲子。」引導她將褲子套上第一隻腳。移開你的手，現在她可以完成將褲子穿上的動作。當她熟練這個步驟後，她就學會了這項技能，只要你將褲子交給她，她就可以不需要協助地自己穿上褲子。

穿襪子

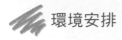 環境安排

使用寬鬆的襪子。

讓孩子坐在床邊、地板或是椅子上，而你坐在她身旁，要讓她坐

在哪裡取決於哪裡對她最容易。

在每一個訓練時段中，兩邊的襪子至少練習一次。

停留在一個步驟中，逐步減少你對孩子的協助，直到她可以不需要你的協助下，在四到五個訓練時段中成功地做好這個步驟。

訓練計畫

當你的孩子已經熟練一個步驟，並且能夠在四或五個時段中不需要你的協助就成功地完成，就可以前進到下一步驟。將孩子的獎勵準備好。

1. 讓孩子坐著，你將她的襪子拉到腳踝的位置。然後協助她將拇指放到襪子內側，將它完全拉上，必要時給她身體協助，說：「很好，你在穿襪子！」並且給她一個獎勵。

2. 你將襪子拉到腳後跟的位置，說：「穿上襪子！」同樣地在必要時協助她。然後說：「很好！你在穿襪子！」並且給她一個獎勵。

3. 你將襪子拉到腳趾頭的位置，說：「穿上襪子！」在必要時協助她。然後說：「很好，你在穿襪子！」並且給她一個獎勵。

4. 將襪子交給她，並且引導她將手放到腳上，說：「穿上襪子！」必要時協助她。當襪子已經在她腳上時，說：「很好！你在穿襪子。」並且給她一個獎勵。

記住：進展會很慢，當你繼續給她口頭指導與讚美時，通常你必須逐步減少給她的協助。

穿上套頭衫或無領運動衫

 環境安排

從短袖套頭衫或汗衫開始，因為這些會比長袖衫來得容易操作。

從寬鬆的套頭衫開始──尺寸可以比他通常穿的還要大一些。先不要用高領衫。

為孩子準備時，將套頭衫以前方擺放在下的方式鋪平，然後將衣服的背面自底端對折到袖孔的位置。

附註：這並不是大部分人學習穿上套頭衫的方式，所以一開始的時候可能會有點模糊或是不方便。自己先試試看，並且在你開始訓練孩子以前讓其他的家庭成員都先熟悉一下這個訓練計畫。如果你的孩子已經會做穿上套頭衫的大部分步驟了，就不需要轉換到這個訓練計畫來。

停留在一個步驟中，逐步減少你對孩子的協助，直到他可以不需要你的協助下，在四到五個訓練時段中成功地做好這個步驟。

 訓練計畫

當你的孩子已經熟練一個步驟，並且能夠在四或五個時段中不需要你的協助就成功地完成，就可以前進到下一步驟。將孩子的獎勵準備好。

1. 站在孩子的前面，將他的兩隻手臂穿過套頭衫與袖孔。然後，將他的手臂舉到頭部以上，讓套頭衫的脖子開口處到達他頭頂的位置。輕輕地將他的手臂放下到身體兩側。這樣可以讓套頭衫下降到頭部以下，說：「穿上套頭衫！」並且將他的手放在套頭衫底

端，拇指塞到套頭衫捲起的部分，並且在必要時協助他將套頭衫拉下到腰部的位置。然後說：「很好，你在穿套頭衫！」並且給他獎勵。

2. 你將他的兩隻手臂穿過袖孔，並且將他的手臂舉到頭部以上，說：「穿上套頭衫。」必要時引導他將他的手臂放下到身體兩側。以說的方式提醒他完成將套頭衫拉下的部分。當他完成後，說：「很好！你在穿套頭衫！」並且給他獎勵。

3. 你將他的兩隻手臂穿過袖孔，然後說：「穿上套頭衫。」必要時引導他將手臂舉到頭部以上。當他把手臂放下，並且將套頭衫拉下到腰部時，說：「很好！你在穿套頭衫！」並且給他獎勵。

290

4. 你將套頭衫放在其中一隻手臂上。在手已經穿過袖孔後，協助他抓住已經捲好的套頭衫的底部，並且說：「穿上套頭衫。」必要時引導他將另一隻手臂穿上。當他已經自己完成穿上套頭衫的動作後，說：「很好，你在穿套頭衫！」並且給他獎勵。

5. 你將已經捲好的套頭衫交給他，並且協助他抓好底部，說：「穿上套頭衫。」必要時引導他穿上另一隻手臂。當他自己穿上套頭衫，說：「你在穿套頭衫！」並且給他獎勵。

6. 你將已經捲好的套頭衫交給他，並且協助他抓好底部，說：「穿上套頭衫。」必要時引導他穿上手臂的部分。然後協助他鬆開抓套頭衫的手，等穿過袖孔後再去抓套頭衫。他現在可以完成穿上套頭衫的動作，說：「很好！你在穿套頭衫！」並且給他獎勵。這是最難熟練的部分，所以需要比其他步驟花更多時段來練習。

7. 將套頭衫鋪在床上，前方在下，說：「穿上套頭衫。」將他的手放在套頭衫背面的底部，引導他將套頭衫收到袖孔的位置。現在他可以完成穿上套頭衫的動作。只要他熟練了這個步驟，他就學會了這項技能，他將在你為他將套頭衫鋪好後，就不需要你的協助可以自己穿上它。

穿上前扣上衣、襯衫或外套（不包含扣鈕釦）

 環境安排

由短袖上衣或襯衫開始，因為這些會比較容易操作。開始時避免使用緊身的上衣。

當你給她協助時，站在孩子的後方。

自己先和其他家庭成員試著執行訓練計畫，因為它與大部分人穿上上衣或襯衫的方式不同。將上衣或襯衫放在床上，並將每個步驟從頭到尾執行一遍。只要你先試過，看似複雜的訓練計畫其實十分簡單。

將上衣鋪在床上（上衣的脖子部分應該要最靠近你），上衣的前面朝上。將前面的兩側打開，並且在床上鋪平。

將孩子的獎勵準備好。

291 初次將這個訓練計畫介紹給孩子的時候，由你將她的上衣穿上，讓她依以下呈現的順序做所有的步驟，做四到五個訓練時段或是直到你們兩個都對這個方法感到自在為止。記得要對她的合作給予讚美，並且給她獎勵。然後再開始一步一步地以下列的訓練計畫訓練她。

 訓練計畫

1. 讓孩子站著，面對上衣的衣領部分，上衣則如圖示般鋪在床上。當你引導她傾身靠近上衣時，說：「將手臂的部分穿上。」引導她的雙臂穿過袖孔，並且穿過整個袖子。現在，讓她站直起來。
2. 你孩子的手臂是在上衣的背面。讓她的手抓住上衣的底部。

3. 將你的手放在她的手上，引導她將手臂舉高過頭部，說：「把上衣穿過頭部。」

4. 將你的雙手和她的手自上衣移開，並且引導她的手放下到身體兩側。上衣將會滑下來到定位。

5. 引導孩子的手到背面的位置，抓著上衣，並將它拉下來，說：「把背面拉下來。」

6. 將她的手放到上衣的前面兩側，並且協助她把上衣前面的兩側拉在一起，說：「很好，你在穿上衣！」並且給她獎勵。然後替她將上衣或襯衫的鈕釦扣上。

　　當你的孩子已經熟練一個步驟，並且能夠在四或五個時段中不需要你的協助就成功地完成，就可以前進到下一步驟。將孩子的獎勵準備好。首先，你用手引導她做步驟 1 至 5，然後移開你的手，並且在必要時協助她做步驟 6（將上衣的前面兩側拉在一起），然後說：「很好！你在穿上衣！」並且給她獎勵。

　　在步驟 4 後移開你的手，說：「將背面拉下來。」必要時引導她做步驟 5（將背面拉下來）。當她完成將上衣前面兩側拉在一起的部分時，讚美她並給她獎勵。

　　以這個方式繼續，每次她熟練一個步驟後就在往前的一個步驟中移開你的手，直到在你替她在床上鋪好上衣後，她就可以不需要協助地自己穿上上衣。

　　必要時協助她將上衣鋪好在床上。讚美她並獎勵她。

　　如果你的孩子已經部分學習到以不同的方式穿上上衣了，你可能會想要繼續以那樣的方式訓練她。想一想那些步驟，並且將它們寫下來。

292 穿鞋子（不包含綁鞋帶）

 環境安排

使用平跟船鞋或開口較低的鞋（開始學習的時候，運動鞋會太緊並且太難操作）。

如果鞋子有鞋帶，確定鞋帶是鬆開的，並且將靠近鞋面的墊子拉好。

讓孩子坐在床上、地板上或是椅子上，看哪裡對他來說最容易。

在每一個訓練時段中，至少讓兩邊鞋子都各進行一次。

將孩子的獎勵準備好。

訓練計畫：第一部分

將你的手放在孩子手上，引導他做一次以下所列的步驟：

1. 將鞋子（底部在下）放到孩子對側手的手掌中（如：如果你要穿左鞋，就把鞋放到他的右手；如果你要穿右鞋，就把鞋放到他的左手），說：「穿鞋。」
2. 將鞋子套到腳趾頭上。
3. 將他另一隻手的食指（如果正在穿左鞋，則是指左手食指）放到腳後跟，並且協助他將鞋子拉上到腳後跟的位置。
4. 將他的腳放到地板上，並且協助他推一推腳以確定他的腳完全套進鞋子中。讓孩子站起來可能會有些幫助，說：「很好！你在穿

鞋子！」並且針對他的合作獎勵他。現在，由你來為他將鞋帶綁好。

當你的孩子已經可以在你的協助之下成功地穿上鞋子，就可以開始一步一步地訓練他。前進到第二部分。

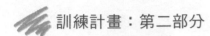 訓練計畫：第二部分

開始的時候由你用手來引導他的手，做第一部分的步驟1、2及3。

移開你的手，並且要他做步驟 4（推腳進到鞋裡），說：「穿鞋子！」必要時引導他。

穿上鞋子後，說：「很好，你穿上了鞋子！」並且對他的成功給予獎勵。

當你的孩子已經成功地做好步驟 4（在四或五個時段），然後在步驟2之後移開你的手。

必要時在步驟 3 協助並引導他（用食指將鞋子拉到腳後跟的位置）。這是最難的步驟，所以在他準備好前進到下一個步驟前，可能需要花很多時段來練習。

以這個方式繼續，每一次當他熟練一個步驟後，就在更前一個步驟時移開你的手，直到他可以不需要你的協助就成功地穿上鞋子為止。

你還是需要在每個步驟鼓勵他，告訴他：「穿上鞋子。」漸漸地將你的引導減少，然後他就可以不需要協助而學會做所有的步驟。

293

穿皮帶

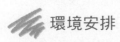 環境安排

使用你孩子可以自在操作的皮帶：如果她的手很小，不要用太寬

的皮帶；如果她對操作小東西比較不拿手，那就不要用太窄的皮帶。

　　選擇有大的、容易操作的褲環之褲子。在她平常可能會穿褲子的時候進行訓練計畫。

　　在褲子脫下的狀態下訓練孩子會比較容易，這樣她可以看到她正在做的每件事情，也不需要將手伸到背面去穿皮帶。

　　將她的獎勵準備好。

　　穿皮帶不同於大多數其他穿衣服的技能，因為孩子並不是將一件衣服穿到身上。因此，在一次的訓練時段中，將她已經做好的部分解開再重複練習幾次似乎比較不會那麼奇怪（如果是小小孩，這可以設計成為一種遊戲：「火車過山洞」或「在洞穴裡的點心」等等）。當她在某次的練習時段中最後一次穿好皮帶後，要她穿上褲子，並且引導她將皮帶扣好，因為這將是你在將來想要訓練的技能之一。

訓練計畫

　　當你的孩子已經熟練一個步驟，並且能夠在四或五個時段中不需要你的協助就成功地完成，就可以前進到下一步驟。將孩子的獎勵準備好。停留在每一個步驟中，給孩子越來越少的協助，直到他可以在四或五個時段中不需要你的協助就成功地完成這個步驟。然後就可以前進到下個步驟。

1. 替孩子將皮帶整個穿好。告訴她你在做什麼：「我正在拉皮帶穿過褲環。」並且為你示範如何「將皮帶推進褲環」與「把皮帶拉穿過褲環」。
2. 除了最後一個褲環外，其餘的由你來幫她穿好。你在最後一個褲環時先起頭將皮帶頭放到褲環邊，然後說：「把它拉穿過去。」要她將皮帶拉穿過褲環並且說：「很好！你在穿皮帶！」給她一個獎勵。
3. 如同步驟 2 一樣繼續，每一次要她將皮帶頭拉穿多一個褲環，直

到她可以在你將皮帶頭插入到每一個褲環後就自己將它們拉出來。

4. 替她將皮帶插入到所有的褲環，留下最後一個褲環，要她將它拉　294
   出來。在最後一個褲環時，說：「你來把它放進去。」然後要她
   將皮帶插進去，並且把它拉穿過去。必要時在最初幾次引導她的
   手將皮帶插入。

5. 當你的孩子熟練了將皮帶插入與拉穿過最後一個褲環的動作後，
   要她在最後兩個褲環時就做同樣的動作，然後是三個褲環，以此
   類推，直到她可以自己穿所有的皮帶為止。

當你的孩子可以只聽你的口頭指示就會穿皮帶，就可以開始一次
一次地減少指示，直到她可以只聽從一個指示——「將皮帶穿到褲子
上」就能夠獨立地穿自己的皮帶為止。當她熟練這個技能後，如果你
想要，你可以讓她在褲子穿在身上的時候要她穿皮帶。她可能會在穿
背面的褲環時需要你的身體引導。漸漸地減少你的協助，直到她可以
自行完成所有的步驟為止。

扣皮帶

環境安排

在你開始這個訓練計畫之前，你的孩子應該已經知道如何將皮帶
穿過褲環（見穿皮帶的訓練計畫部分）。

使用帶釦夠大的皮帶，以便孩子自在地操作。使用夠長的皮帶，
讓皮帶末端部分可以穿越過第一個褲環，長的皮帶末端比較容易扣上。

開始時將皮帶預先在褲子上穿好，並且讓孩子穿上褲子。你也先
為自己穿好皮帶，這樣你可以為孩子示範操作的步驟。以可以一邊示
範一邊引導孩子的姿勢待在孩子身旁。將孩子的獎勵準備好。

開始時先和孩子一起扣他的皮帶。在四到五個訓練時段中以身體

引導他的手，並且給予口頭指示地做以下所列的所有步驟。記得要對
他的合作給予讚美與獎勵。然後如同訓練計畫中所列的開始將你的引
導漸漸地減少。

 訓練計畫

1. 用一隻手抓住帶釦，說：「抓住帶釦。」
2. 用另一隻手將皮帶的末端塞到帶釦中，說：「將皮帶放到帶釦
   中。」
3. 用一隻手將皮帶末端往回拉直到舒服的位置，然後用另一隻手將
   皮帶帶釦順著身體推平，說：「拉。」
4. 持續用一隻手壓著皮帶末端，另一隻手將齒推進最近的一個洞裡，
   說：「把它放進洞裡。」
5. 一隻手將另一末端的帶釦舉高（如果它有的話），另一隻手將皮
   帶末端推進去（對有些皮帶來說，這個步驟是不需要的），說：
   「將它推過去。」
6. 用一隻手將皮帶末端塞進褲環中，說：「把它放進褲環。」
7. 用另一隻手將皮帶末端拉穿過褲環，說：「把它拉過去。」

295

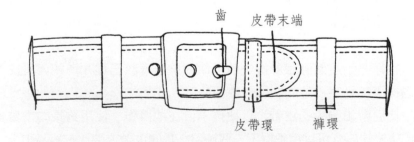

當你的孩子已經熟練一個步驟並且能夠在四或五個時段中不需要
你的協助就成功地完成，就可以前進到下一步驟。
你和孩子一起做步驟 1 至 6。讓他看著你，讓他看看你如何將你

褲子上皮帶末端拉穿過褲環。給他口頭提示——「將皮帶末端拉穿過褲環」——然後必要時引導他在他的皮帶上操作。讚美他,說:「很好!你在扣皮帶!」然後給他一個獎勵。

你和孩子一起做步驟 1 至 5。示範步驟 6(將皮帶末端塞進褲環)。然後說:「把它放進去褲環。」並且在必要時引導他。現在他可以自己完成步驟 7。記得要讚美並給他獎勵。

以這樣的方式繼續每一個步驟,開始時先示範一下步驟,然後口頭指示他並且在必要時引導他。每當他學會一個步驟,他可以完成的步驟就會越來越多,直到他學會這個技能為止。記得在他熟練每個步驟後就讚美他。

在你的孩子只需要你的口頭指示就能夠扣皮帶了後,開始漸漸地減少這些指示,直到他可以只需要聽到一個指示:「扣皮帶。」就能自己獨立地扣上自己的皮帶。

拉上拉鍊

環境安排

先從位在身體前方的拉鍊開始(如:夾克、運動衫),因為這些會比拉鍊在側邊的衣服(如:裙子)或是在較難碰到拉鍊的衣服(如:褲子、連身裙)好操作些。

如果你的孩子對於抓住拉鍊拉環有些困難,可以在拉鍊頭上用細繩或鑰匙圈加個小東西(如:小飾品)。

訓練計畫

當你的孩子已經熟練一個步驟,並且能夠在四或五個時段中不需要你的協助就成功地完成,就可以前進到下一步驟。將孩子的獎勵準

備好。

296

1. 你先開始拉拉鍊，並把它拉到孩子胸部中間的位置。將她的左手放在拉鍊的底端使它固定。將她的右手放到拉鍊拉環上，說：「拉上拉鍊。」將你的手放在她的手上，並且引導她拉上剩餘的拉鍊，說：「看！你在拉上拉鍊！」並且給她一個獎勵。

2. 你將拉鍊拉到孩子胸部中間的位置。然後說：「拉上拉鍊。」協助她用左手固定拉鏈的底端。將你的右手自她的手上移開，並且在必要時引導她的手拉上拉鍊，說：「很好！你在拉上拉鍊！」並且給她一個獎勵。

3. 每次要她從低於上次熟練的距離約兩吋處開始拉拉鍊。持續地協助她固定拉鍊底端。每次她拉完拉鍊後都要讚美她。當她已經可以從最底端將拉鍊整個拉上，開始漸漸地減少你在固定拉鍊底端上的協助（步驟4）。

4. 讓她用她的右手將拉鍊整個拉上，但是當她到達頂端前約幾吋的地方，就將你的左手自她的手上移開，並且說：「繼續固定。」讓她在不需要你的引導下完成拉拉鍊。讚美並且獎勵她。

5. 每一次提前約兩吋將你的左手自她的手上（固定拉鍊底端的那隻手）移開，直到她可以在你開始拉拉鍊後，不需要你的協助就會做整個動作。她就學會了這個新技能。

當你的孩子可以不困難地拉上前面的拉鍊，就可以開始嘗試褲子或裙子的拉鍊。要固定和拉上小的拉鍊會比較困難，所以可能還是有必要再從步驟1開始。無論如何，在孩子熟練每個步驟後，要給她清楚的口頭指示、很多的讚美與獎勵。

扣鈕釦

環境安排

　　如果鈕釦愈大並且更容易扣到鈕釦孔中，操作起來會更容易。為孩子扣上除了中間以外所有的鈕扣。

　　這個鈕扣最容易讓孩子看到，所以應該讓她從這一個開始。這裡的例子和指示都是以女孩子的上衣為例。如果你的孩子是男生，他的鈕扣應該會在相反的那一側，所以必須將訓練計畫中左邊與右邊的指示調換過來。如果是由媽媽訓練女兒，媽媽應該穿上爸爸的上衣。如果是媽媽訓練兒子，媽媽就應該穿上自己的上衣。媽媽可以站在孩子的前方，這樣可以提供像鏡子裡一般的影像並且讓孩子模仿她的動作。爸爸訓練兒子時應該站在他的身旁示範。給予身體引導時則站在他的身後或身旁。

　　在訓練時，自己也穿上一件上衣以便為孩子示範每個步驟。將孩子的獎勵準備好。扣鈕釦共有四個主要的步驟：

297

　　1. 讓鈕釦孔保持打開。
　　2. 將鈕釦塞入。
　　3. 捏住鈕釦把它拉穿過去。
　　4. 將上衣的鈕釦孔邊緣拉蓋過鈕釦。

　　以下的訓練計畫是依照反向鏈結的方式訓練每個步驟。

訓練計畫

　　當你的孩子已經熟練一個步驟，並且能夠在四或五個時段中不需

要你的協助就成功地完成，就可以前進到下一步驟。將孩子的獎勵準備好。

1. 你將鈕釦塞進鈕釦洞的半途，並且抓住鈕釦，說：「扣上上衣。」並且引導她用左手的拇指與食指捏住衣料的鈕釦洞邊緣，並且將衣料蓋過鈕釦，說：「很好！你在扣上上衣！」並且給她一個獎勵。

2. 在你將鈕釦塞進鈕釦洞半途之後，讓孩子用她的右手拇指與食指捏住鈕釦。然後讓她完成拉衣服的鈕釦洞邊緣蓋過鈕釦的部分，說：「很好！你在扣上上衣！」並且給她一個獎勵。

3. 當為孩子將鈕釦洞打開後，協助她用她的左手拇指與食指捏住衣料的鈕釦洞邊緣，說：「把它推進去。」並且引導她將鈕釦塞進洞裡。

　　提醒她用右手捏住鈕釦的另一端。現在，她可以將衣服的鈕扣洞邊緣拉蓋過鈕釦以完成扣鈕釦的動作。讚美並獎勵她。

4. 協助她用她的右手拇指與食指抓住鈕釦洞，確定她的拇指指尖在鈕釦洞中。當她用左手將鈕釦塞進洞中時，引導她移動她的右手食指，讓她在鈕釦穿進洞裡的時候能夠使用她的右手拇指和食指抓住鈕釦。現在，她已經可以自己完成扣鈕釦的動作了。讚美並獎勵她。

　　附註：步驟4包含兩個不同的任務──讓鈕釦洞維持打開的狀態，與將食指移動下去抓住鈕釦。因為我們幾乎在同一步驟完成它們，所以它們被放在一起說明。

5. 當她可以不需要你的協助就會扣中間的鈕扣，你就要減少為她扣鈕釦的數量，並且在必要時引導她，直到她會扣所有鈕釦為止。

　　現在開始嘗試扣尺寸比較小，位在前面的鈕釦和側邊的鈕釦。因為這些會比較困難，必要時給予協助，並從較前面的步驟開始。記得在過程中給他清楚的口頭指示、很多的讚美，當然還有獎勵。

扣上拉鍊頭

在你開始訓練這個技能前，你的孩子應該已經不需要協助、熟練地做拉上拉鍊的技能。

 環境安排

使用大的拉鍊──對孩子來說這樣比較容易操作。開始時使用外套或厚重的毛衣，他們的拉鍊末端比較容易碰得到。輕便的夾克留到以後再使用。

你自己也穿上一件拉鍊在前的外套或毛衣，以便孩子學習時，你可以示範每個步驟。當你引導他時，站在他的身後或身旁。

 訓練計畫

當你的孩子已經熟練一個步驟，並且能夠在四或五個時段中不需要你的協助就成功地完成，就可以前進到下一步驟。將孩子的獎勵準備好。

1. 確定孩子是看著拉鍊的，然後將他左手手指放到拉鍊的嵌入處周圍。將他的右手放在拉鍊軌道上。你的手放在他的手上，說：「扣上拉鍊頭。」並引導他舉起拉鍊嵌入處，然後且將它完全放進到拉鍊軌道裡，說：「很好！你在扣上拉鍊頭！」現在，引導他的左手固定住拉鍊的軌道底端。將你的右手自他的手上移開。指導他用他的

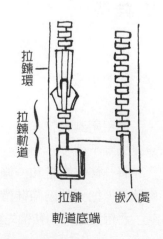

拉鍊環
拉鍊軌道
拉鍊
軌道底端
嵌入處

右手抓住拉鍊環並且將它拉上去。

2. 你的手放在他的手上，引導他將拉鍊的嵌入處放入軌道半途，說：「扣上拉鍊頭。」將你的左手自他的手上移開，並且讓他將拉鍊嵌入處完全推進到軌道裡。當他用右手開始要拉上拉鍊時，協助他用左手固定軌道底端。

3. 如同前面的步驟，協助他用他的右手固定軌道。然後說：「扣上拉鍊頭。」並且要他自己將拉鍊嵌入處完全放入軌道，說：「很好！你在扣上拉鍊頭！」當他開始要拉拉鍊時，提醒他用他的左手固定軌道底端。記得要獎勵他。現在，他會用左手將拉鍊嵌入處完全放入軌道了，你在協助他用右手固定軌道的動作上可以開始漸漸地減少了。

299 　4. 每一次當他將拉鍊嵌入處放進軌道時，就比稍早更早一些將你的右手自他的手上移開，直到已經不需要你的協助而他已經學會這個技能為止。這對孩子來說是困難的步驟，而且可能會比其他技能要花更多時間來學習。

一旦他熟練了大拉鍊的動作，就可以開始訓練他小的拉鍊（輕便的夾克）。在必要時協助他且可能必須再次從步驟 1 開始進行。

綁鞋帶

 環境安排

使用兩副鞋帶──一副黑的一副白的。將每條鞋帶各剪掉四分之一並丟棄不用。

將一條黑鞋帶和一條白色鞋帶自剪掉的那一端綁在一起，成為一條鞋帶。把另外兩條鞋帶剪掉的那端綁在一起變成另一隻鞋的鞋帶。

將每隻鞋子的鞋帶先穿好，讓多出來的黑色鞋帶在孩子的左側（當

她穿著鞋子時），多出來的白色鞋帶在她的右側。

選擇一個讓孩子舒服的姿勢（如：坐在椅子上、站著讓腳放在腳凳或椅子上、在椅子上彎曲身體）。

在孩子平時要穿上鞋子的時候進行這個訓練。訓練時也在桌上以如同鞋子穿在孩子腳上相同的姿勢擺放一隻鞋子（即：腳後跟在孩子近處，腳趾頭處在遠處）。先確定在要練習的那隻鞋上穿的是黑色與白色的鞋帶。這是一個困難的訓練計畫，所以在開始訓練以前，自己先和其他的家庭成員練習一下，直到你可以自在地操作再開始進行。將孩子的獎勵準備好。**附註**：在學習這項困難的技能時，你或許會給孩子特別的獎勵（如：她想要的玩具）。同樣地像平常一樣要在每一個訓練時段中獎勵她。

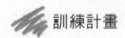 訓練計畫

打第一個結

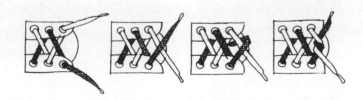

1. 一隻手各拿一條鞋帶，用拇指和食指（黑色在左，白色在右），並且將鞋帶拉起來使鞋帶綁緊。然後放下。

2. 將白色鞋帶朝向鞋子的腳後跟處往下交叉然後放下。將黑色鞋帶蓋在白色鞋帶往下交叉然後放下。

3. 右手拿起黑色鞋帶的尖端，將尖端處放到白色鞋帶裡面，把它朝向鞋子的腳趾頭方向推進去，然後放下。　　*300*

4. 左手拿白色鞋帶的尖端，右手拿黑色的。將兩側鞋帶都拉緊，然後放下。

當你的孩子已經熟練一個步驟，並且能夠在四或五個時段中不需要你的協助就成功地完成，就可以前進到下一步驟。

為孩子做步驟 1 至 3。然後引導她用她的左手拿起白色鞋帶的尖端、右手拿黑色鞋帶，說：「把它們拉緊。」必要時引導她。然後說：「很好！你在打結！」並且給她一個獎勵。

你幫她做步驟 1 和 2。引導她用她的右手拿起黑色鞋帶的尖端，並且朝著鞋子腳趾頭方向將它放到白色鞋帶下面並穿過它。口頭指導她：「把它們拉緊。」當她完成打結後要讚美並獎勵她。

以相同的方式繼續，每一次當她熟練一個步驟後，就為她少做一個步驟，直到她可以不需要你的協助就會打第一個結為止。然後前進到訓練她打蝴蝶結的部分。

打蝴蝶結

1. 用左手拇指與食指在距離第一個結三分之一處拿起黑色鞋帶。

   用右手拇指與食指在距離第一個結三分之二處握住同一條鞋帶。

   將右手帶到第一個結的黑色鞋帶底端處並與之會合，而做成一個環。

   讓孩子用她的右手拇指與食指堅定地固定住已做成環的黑色鞋帶底端，並且鬆開左手。

   將剛連接好的黑色環放到白色鞋帶的頂端下方，讓它平放在鞋子上，黑色環斜向並指向鞋子的左側。

2. 拿起右手上的白色鞋帶，並且將白色鞋帶以末端朝向鞋子腳趾頭方向放到黑色環上。然後放下鞋帶。

3. 將左手拇指與食指上的黑色環完全地固定在接近第一個結的位置。

4. 將右手食指放到白色鞋帶距離第一個結三分之一上方的位置（白色鞋帶的末端仍然面對鞋子的腳趾頭部分）。

   從黑色環後方將白色鞋帶朝向鞋子的腳後跟方向推穿過開口處。將右手食指移開。

拿起在右手拇指與食指間剛做好的白色環，並且把兩個環都拉緊。

當你的孩子已經熟練一個步驟，並且能夠在四或五個時段中不需要你的協助就成功地完成，就可以前進到下一步驟。將孩子的獎勵準備好。如同訓練孩子打第一個結一樣的方式訓練孩子打蝴蝶結。

301

開始時先為孩子做所有的步驟，除了最後一個步驟外。在她學習每個步驟時，必要時給她指示或身體引導。順著這樣的方式給她清楚的口頭指示：「拉這個結」，「抓著環」，「把它固定在這裡」，「把兩個結都拉緊」。

當她學會每個步驟後記得要讚美與獎勵她，直到她熟練這個又新又困難的工作。

當你的孩子對綁黑色與白色鞋帶熟練了以後，接下來可以讓她綁一般的鞋帶，必要時給她協助。

掛衣服

在開始這個訓練計畫之前，你的孩子應該已經會扣鈕釦與拉拉鍊了。

環境安排

使用大的木製衣架，並且放在床上。

開始時使用孩子容易操作的衣服，像是襯衫、上衣，或是輕便的外套。將衣服放在床上，衣服的前方朝上、衣領放在遠離你的那一端。

如果你的孩子碰不到衣櫥的桿子，可以幫他準備一張腳凳。將孩子的獎勵準備好。

 訓練計畫

1. 拿起衣架並把它放到你的右手上，說：「用這隻手拿起衣架。」

2. 開始時外套是平放在床上的，用你的左手將你左邊的衣服肩膀處提起，說：「從這裡把外套抓起來。」

3. 用你的右手將衣架滑進左邊袖子，然後把它放下，並且移開你的雙手，說：「把衣架推進這裡」。

4. 用你的左手輕輕地壓在衣架上面以固定它，說：「從這裡壓著衣架。」

5. 用你的右手將右側的衣服肩膀處抓起來，說：「從這裡將外套抓起來。」

6. 將右肩膀處放到衣架露出來的部分，說：「將衣服放到衣架上。」

7. 從接近上方處將外套繫緊，讓它保持在衣架上，說：「將外套扣上。」

302

8. 從接近掛勾處抓住衣架，把它自床上舉起來，並且將它掛起來，說：「掛你的外套。」

　　附註：不要自掛勾處拿起外套，因為這樣你要將外套掛到衣櫥桿上前還必須要先換手。

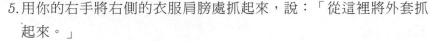

　　當你的孩子已經熟練一個步驟，並且能夠在四或五個時段中不需要你的協助就成功地完成，就可以前進到下一步驟。將孩子的獎勵準備好。

　　將你的手放在孩子手上，引導她做步驟 1 至 7。當你引導她時，告訴她你在做什麼。移開你的手，並且說：「把外套掛起來。」必要時給她協助。獎勵她：「很好！你在掛外套！」並且給她一個獎勵。

　　將你的手放在她的手上，引導她做步驟 1 至 6。移開你的手並且說：「將外套扣上（拉鍊拉上）。」必要時協助她做這個動作，然後說：「把外套掛起來。」現在她會自己做這個步驟。

　　以這個方式繼續，每次當她熟練一個步驟後，就提早一些移開你的手，直到她可以不需要你的協助，就成功地完成與將衣服放到衣架上有關的所有步驟。

　　當你的孩子能夠在你的口頭指示下使用衣架了，開始從最後的指示「把外套掛起來」，漸漸地往前減少你的協助，直到她可以不需要你的指示就會做所有的步驟為止。

擦 手

環境安排

　　使用大毛巾。將毛巾對折掛在掛物架上，並且將兩邊毛巾在緊臨掛物架處用安全別針扣緊，讓它不致於從掛物架上滑掉。

　　確定掛物架夠低，讓孩子可以輕易地碰到。如果不行，拿一個寬的腳凳讓他可以站在上面。

　　將孩子的獎勵準備好。

訓練計畫：第一部分

　　將你的手放在孩子的手上，引導他做以下的步驟：

1. 將他的一隻手放到毛巾後面。
2. 擦拭他另一隻手的手掌。
3. 將他的手反過來，並且擦拭手背。
4. 將他擦乾的那隻手放到毛巾後面。

5.擦拭他另一手的手掌。

6.將他的手反過來,並且擦拭手背,說:「很好!你在擦手!」並
且針對他的合作給他獎勵。

303 　　當你的孩子已經能夠成功地在你的協助下擦他的手,就可以開始
逐步減少你的協助。前進到第二部分。

訓練計畫:第二部分

　　首先用你的手引導他做步驟 1 至 5。然後移開你的手,並且在必
要時將你的手放在他的手肘上協助他做步驟6,說:「好孩子!你在擦
手!」對他的成功給予獎勵。

　　當你的孩子已經在四到五個時段中成功地做好步驟6,在步驟4後
就移開你的手,並且要他做步驟5和6,必要時引導他。

　　以這樣的方式繼續,每一次當他熟練一個步驟後,就早一些移開
你的手,直到他可以自己成功地做這項技能為止。

洗手

　　在開始這個訓練計畫前,你的孩子應該已經會擦手了。

玩水

　　在開始真正的洗手訓練計畫前,玩水是一個讓孩子習慣水流過他
手上的一個好方法。放幾個小的塑膠容器到裝少量水的塑膠盆子裡。
協助孩子將容器裝水,並且將水倒到他的手上。在這裡要使用冷水,
因為他要學習的是用冷水洗手。

　　加一個符合孩子手大小的肥皂。協助他將肥皂拿出水外,並且將
它放在一個容器中。這可以讓他練習抓、握與放掉那個又濕又滑的肥

皂。這些遊戲技能對你和孩子來說，都將使得學習洗手的工作變得更為容易。

在你開始訓練他洗手的幾個星期或幾個月前，當你還在替他洗手的時候，就依照這個訓練計畫所列的步驟順序。後來的訓練將會比較容易進行。

環境安排

每一次當他需要洗手的時候就是好的訓練時機。

使用寬的矮凳，如果你的孩子需要它才能碰得到水槽。

切一塊符合孩子手掌大小的肥皂，這樣孩子會比較容易操作。新肥皂也會比較容易握住。

使用一個肥皂盤、濕毛巾，或是濕紙巾以防止肥皂自水槽滑掉。

在冷水的水龍頭上用亮顏色的帶子或亮漆做記號（如果冷水和熱水共用一個水龍頭，則在訓練前先為孩子調好適合的水溫）。

將孩子的獎勵準備好。

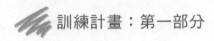

訓練計畫：第一部分

304

站在孩子的後方，將你的手放在他的手上，引導他做以下的步驟：

1. 打開水龍頭。
2. 將他的雙手放到水底下，說：「洗手。」
3. 協助他用一隻或兩隻手拿起肥皂——看怎樣對他比較容易。
4. 在他的兩隻手掌間搓肥皂。最好的作法為一開始時要他用一隻手抓住肥皂，另一隻手則在肥皂上搓，然後換手。
5. 把肥皂放回肥皂盤裡。
6. 用沾了肥皂的手掌去摩擦另一隻手的手背。
7. 同樣地去摩擦另一隻手背。

8.將雙手放到水底下，沖洗並一起摩擦，直到肥皂水沖掉為止。

　　說：「很好！你在洗手！現在讓我們來將水龍頭關上。」協助他關上水龍頭。

　　附註：做步驟 4、6 和 7 時，使用的手順序要一樣，這樣的慣例會使孩子的學習比較容易。

　　對有些孩子來說，關上水龍頭本身就是一個獎勵。如果你的孩子喜歡這樣做，很好，但是最好另外再針對他的合作給予獎勵。

　　當你的孩子已經可以在你的身體引導下洗手了，開始一步一步地訓練他，前進到第二部分。

訓練計畫：第二部分

　　當你的孩子已經熟練一個步驟，並且能夠在四或五個時段中不需要你的協助就成功地完成，就可以往回移到下一個步驟（反向鏈結）。

　　引導你的孩子做第一部分的步驟 1 至 7。然後移開你的手，並且在必要時協助他沖洗他的手（步驟 8）（將你的手放在他的手肘上引導他將手放到水底下）。然後說：「很好！你在洗手！」必要時協助他關上水龍頭，然後給他獎勵。

　　當他熟練步驟 8 後，在步驟 6 後移開你的手，並且在必要時協助他（你的手放在他的手肘上），用他沾滿肥皂的手掌摩擦另一隻手的手背，說：「洗手。」現在他會沖洗他的手以完成這個工作了。必要時協助他關上水龍頭。然後說：「很好！你在洗手！」並且給他獎勵。繼續以反向鏈結的順序訓練每個步驟。

 刷牙

環境安排

　　使用軟的、孩童尺寸的牙刷。如果牙刷是硬的，把它放在熱水中泡過使它軟化。使用味道較好的牙膏（不要太強或刺激）──有一些品牌是專給孩子用的。準備時先為孩子將牙膏擠在牙刷上。

　　早上起床第一件事，用餐後或是睡前都是訓練的好時機。引導孩子時可以站在她身後或身旁。必要時可以使用寬的腳凳或紙箱讓她可以看到鏡子裡的影像。

　　記住一個規則：順著牙齒的生長方向刷──刷上排牙齒時往下，刷下排牙齒時往上。將孩子的獎勵準備好。

　　將牙刷放到孩子手裡，並且在四到五個訓練時段中以身體引導她做下列的步驟。記得要針對她的合作而讚美並獎勵她。然後開始一步一步地依照訓練計畫中所列的訓練她。

　　附註：如果你想讓孩子使用電動牙刷，你需要將這些指示稍作改變。

訓練計畫

1. 說：「把牙齒露出來。」在她看著鏡子時將你的牙齒露給她看（將嘴唇打開同時將牙齒合在一起地微笑），說：「很好，我看到你的牙齒了。」
2. 把牙刷放到她前面的牙齒上，以上上下下的方向做刷牙的動作，說：「上上下下地刷。」繼續上上下下地刷在她嘴巴左側前

方的牙齒,再回到前方牙齒。

3. 將牙刷拿離開她的嘴巴,並且將她的手腕反轉,讓牙刷朝向她嘴巴的右側。將牙刷放在她的牙齒上,並且上上下下地刷她嘴巴右側的牙齒。將牙刷移開,給她一小口水漱口,並且說:「把它吐掉。」如果她不知道怎麼做,就示範給她看。

4. 說:「將嘴巴張得大大的。」你在鏡中示範給她看。以來來回回的方向刷左側上排背面牙齒的根部與內側,說:「來來回回地刷。」然後以相同方式刷右側。將牙刷移開,並且給她一小口水漱口。

5. 說:「再次將嘴巴張得大大的。」刷她下排牙齒的背面,先刷左邊,再刷右邊,說:「來來回回地刷。」將牙刷移開,並且給她一小口水漱口。讚美她,說:「很好!你在刷牙!」並且針對她的合作給她一個獎勵。

306

將你的手放在孩子的手上,和她一起做步驟 1 至 4,然後以下列的方式引導她做步驟 5:

1. 在四到五個訓練時段中將你的手放在她的手腕上。
2. 在四到五個訓練時段中將你的手放在她的前臂上。
3. 在四到五個訓練時段中將你的手放在她的手肘上。
4. 移開你的手,指著要讓她看的區域,並且給她口頭指示做這個步驟。

將你的手放到她的手上,做步驟 1 至 3,然後如同上述引導她做步驟 4。現在她可以在你的口頭指示下完成。以這樣的方式繼續,一步一步地,直到她可以不需要任何身體引導,只需要口頭指示就會刷牙為止。

當你的孩子可以在你的口頭指示下刷牙了,就可以開始將這些指示逐步地減少,直到她可以只聽到一個指示:「刷牙」後就自己獨立

刷牙為止。在刷牙後，你可以訓練她如何準備牙刷和清洗它。

洗臉

 環境安排

讓孩子站在鏡子前面以便看到自己的動作，維持她的注意力，並且盡量讓這個工作有趣些。如果需要的話可以使用寬的凳子讓孩子可以碰到水槽。

在用餐後開始訓練。如果在洗臉前孩子可以看到她的臉是髒的，她比較容易知道她的臉在洗後是乾淨的。當你和孩子都對這個訓練計畫熟悉了後，任何你想要洗她的臉的時候都可以變成訓練時段。

在孩子可以只用濕毛巾就將臉洗好了後再使用肥皂。沾濕毛巾、摺疊，並把它向手套一樣捲在孩子手上。將孩子的獎勵準備好。

訓練計畫：第一部分

站在孩子後方。將你的手放在她的手上，並且引導她做以下的步驟，在每個步驟上給予口頭指示：

1. 用濕毛巾摩擦她的臉頰，說：「洗臉頰。」
2. 摩擦她的下巴，說：「洗下巴。」
3. 摩擦她另一邊的臉頰，說：「洗臉頰。」
4. 摩擦她的上唇與嘴巴，說：「洗嘴巴。」
5. 摩擦她的鼻子，說：「洗鼻子。」
6. 摩擦她的額頭，說：「洗額頭。」

　　說：「很好，你在洗臉。」並且針對她的合作給予獎勵。

　　當你的孩子已經可以在你的身體引導下洗她的臉後，就可以開始

一步一步地訓練她。前進到第二部分。

 訓練計畫：第二部分

　　當你的孩子已經熟練一個步驟，並且能夠在四或五個時段中不需要你的協助就成功地完成，就可以前進到下一步驟。將孩子的獎勵準備好。

1. 將你的手放在孩子手上，引導她做第一部分的步驟 1 至 5。然後移開你的手，並且說：「洗額頭。」用你的手指指著她的額頭。必要時引導她。你應該漸漸地移開你的手，就是說從手腕引導她，然後從手肘。當她完成後，說：「很好！你在洗臉！」並且給她一個獎勵。

2. 在步驟 4 後移開你的手並且說：「洗鼻子。」用你的手指指著她的鼻子。必要時引導她。當她洗了鼻子後，指著她的額頭，並且說「洗額頭」。當她完成後，說：「很好！你在洗臉！」並且給她一個獎勵。

3. 以這樣的方式繼續，每一次她熟練一個步驟後就早些移開你的手，直到她可以不需要你的身體引導而洗自己的臉為止。記得仍然幫她指著臉上的各個部分以給她協助，並且給予口頭指示。

4. 將你手指的提示逐步減少，但仍然給予口頭提示。當她能夠只聽你的口頭提醒就會洗自己的臉後，開始逐步減少你的口頭提示，直到她可以不需要你的任何協助就會做洗臉的所有步驟為止。

洗澡（洗與擦身體）

＼＼＼ 環境安排

　　放一個橡膠墊或大浴巾在浴缸裡以避免滑倒。

　　準備一塊好拿的小肥皂和洗澡巾。準備一條尺寸夠小讓孩子好操作的毛巾。

　　在浴缸裡裝約 4 或 5 吋、微溫的水。

　　讓洗澡變成是件有趣的事；在浴缸裡可放一些手拿的洗澡玩具，並且讓他洗澡後可以有一小段玩的時間。

＼＼＼ 洗澡時包含的步驟

1. 跨入浴缸、坐下、洗臉
2. 洗耳朵
3. 洗脖子
4. 沖掉肥皂
5. 洗胸膛
6. 洗手臂與肩膀
7. 洗下背
8. 沖掉肥皂
9. 洗腿
10. 洗腳
11. 換成跪姿
12. 洗下體與屁股
13. 坐下來
14. 沖掉肥皂

308

*15.*離開浴缸

　　替代方案：沖澡。訓練孩子沖澡比較困難。如果由爸爸或媽媽和孩子一起沖澡會比較容易成功。示範這些步驟，並且逐漸減少你的引導。這將是一個漫長的過程，不過最後你可以不需要一起洗澡而在一旁監督他。一旦你的孩子在沖澡的部分表現得很好了，你可以開始訓練他洗頭髮。

擦身體時包含的步驟

　　*1.*擦臉
　　*2.*擦耳朵
　　*3.*擦脖子
　　*4.*擦胸膛
　　*5.*擦手臂與肩膀
　　*6.*擦背
　　*7.*擦腿
　　*8.*擦腳
　　*9.*擦下體與屁股

　　我們已經將洗澡和擦身體所涉及的步驟列出來了。你應該同時訓練這兩項技能。
　　在你為孩子洗澡和擦身體時，依照上面所列的步驟，參照他身體的各個部分。

訓練計畫

　　使用反向鏈結，並且停留在每個步驟上，直到你的孩子可以在三到四個訓練時段中，不需要你的身體引導而會做這個步驟為止。然後

移到下個步驟繼續訓練他。

開始時先為你的孩子做所有洗澡和擦身體的步驟，除了兩者的第　　*309*
一個步驟外。

必要時在每個他學習的步驟上給他指示與身體引導。

記得要給他清楚的口頭指示：「洗腳」、「洗手臂」、「擦腳」、
「擦手臂」。

每次當他完成一項工作後就要給他讚美和獎勵。

附註：對大部分孩子來說，洗完澡後在浴缸裡玩本身就是一個獎
勵。然而，也要在他擦身體後確實給他獎勵。

當你的孩子可以只虛擬的口頭提醒就自己洗澡和擦身體了，開始
逐步減少你的提示，直到他可以完全自己洗澡和擦身體為止。

漸漸地讓自己從浴室中離開，讓孩子在你不在場時能自己完成越
來越多的工作，直到他可以在你幫他裝好浴缸的水後就自己進浴室，
並且洗澡為止。

梳頭髮

環境安排

在開始前先將孩子頭髮分成幾個部分。將梳子放到孩子手裡讓她
舒服地握著。

在鏡子前面訓練她梳頭髮；當你在引導她時，這樣可以吸引她與
讓她模仿。站在孩子的後方，兩人都看著鏡子。

在頭髮不太亂的時候練習梳頭髮（如：剛洗完頭髮不是個理想的
時機）。

將孩子的獎勵準備好。

開始時和孩子一起梳她的頭髮。在四到五個訓練時段中以呈現的
順序做所有的步驟。記得要針對她的合作而讚美與獎勵她（如：看著

鏡子、安靜地站著）。然後依訓練計畫所列，開始逐步減少你的協助。

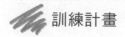 訓練計畫

1. 如果你的孩子用右手拿梳子，就先梳她左邊的頭髮。先從她頭部左側的部分開始，並且將它往下梳，說：「梳下來。」在開始的幾個時段中，確定你的引導是慢且容易的。避免在頭髮糾結處用力地拉，因為這種不舒服感會讓孩子對於要梳她的頭髮感到卻步。

2. 用她空著的那隻手順著髮梳往下撫順，說：「撫順頭髮。」

3. 將拿著梳子的那隻手越過頭部。告訴她：「梳下來。」將她後方的頭髮長長地梳三次。在每次梳順後，用空著的手再撫順一次，說：「撫順你的頭髮。」

310

4. 改梳右邊，每次用梳子梳順後再用空著的手再撫順一次。每一次告訴她：「梳下來」，然後：「撫順你的頭髮。」完成後讚美她：「很好！你在梳頭髮！」告訴她她看起來多漂亮。對女孩子來說，漂亮的髮帶或髮夾可能會是特別的獎勵。

這些是逐步減少你的協助的五個步驟。停留在每個步驟上，直到她自在地做它，並且似乎準備好在沒有你的協助下做更多事了。確定你有盡量讓她做技能的更多部分。以下列方式引導她做所有牽涉到的步驟：

1. 將你的手放在她的手腕上。

2. 將你的手放在她的前臂上。

3. 將你的手放在她的手肘上。

4. 不需要你用手引導她，但給她口頭提示。開始時你可能需要指出些需要梳的區域。

5. 不需要任何指示，只要給她梳子，並

且說：「梳頭髮。」

請記住，進展會很慢。在訓練過程中，你要給她越來越少的協助（持續給她讚美和獎勵）。

當你的孩子可以完全地自己梳頭髮，繼續讚美她，這樣使得梳頭髮這件事成為她的生活常規。當你的孩子對使用大齒梳子已經熟練了，就可以改用小梳子以同樣的方式引導她。

頭髮糾結處怎麼辦呢？協助她在糾結處上方抓著頭髮以避免拉扯。大齒梳子會比較容易，並且比較不會拉到頭髮，所以在用小梳子前先用大齒梳子將糾結處弄鬆。

洗頭髮

在你開始訓練孩子在淋浴時洗頭髮時，他應該已經習慣淋浴了。

 **環境安排**

使用「不流淚配方」的洗髮精，在架上放一條隨手可拿到的毛巾。

你可能會想要在淋浴時或是在水槽訓練他洗頭髮，看哪一個方式在你家會比較方便而決定。

如果你選擇在淋浴時訓練他洗頭髮，應該在沐浴的最後階段訓練。你或許會想要站在淋浴間外協助孩子，記得要穿你不在意弄濕的衣服。

在水槽訓練孩子洗頭髮時，使用容器會有助於將頭髮沾濕與沖洗，尤其是當熱水與冷水是從不同的水龍頭流出時。

在這個訓練計畫中假設訓練發生在淋浴時。然而，如果要使用水槽，步驟其實是一樣的。

附註：對某些孩子來說，一個手拿的鏡子會是一個很好的獎勵。讓他看泡沫在頭上的樣子。也讓他看看沖洗肥皂後自己的樣子。

311

 訓練計畫

1. 完全地弄濕頭髮。

2. 把洗髮精放在手上，然後沾到頭髮上。

3. 把洗髮精摩擦到頭皮裡直到它沾滿泡沫。

4. 把頭放到水流底下沖洗數次，用手搓揉頭髮直到它發出嘎吱嘎吱
的聲音。

5. 用毛巾擦頭髮。

當你的孩子已經熟練一個步驟，並且能夠在三或四個時段中不需
要你的協助就成功地完成，就可以前進到下一步驟。將孩子的獎勵準
備好。

協助孩子弄濕頭髮。為他做步驟 2 至 4，然後說：「擦頭髮。」
必要時給他協助。為完成這項工作而讚美他。

協助你的孩子弄濕他的頭髮。為他做步驟 2 和 3，然後說「沖洗
頭髮」。給他身體協助，並且確定地將肥皂完全沖掉時頭髮發出的嘎
吱嘎吱聲指出來。讓孩子完成擦頭髮的動作並且給他獎勵。

協助你的孩子弄濕他的頭髮。為他完成步驟2，然後開始塗肥皂泡
泡，說：「把頭髮沾滿泡泡。」漸漸地減少你的協助，讓孩子完全地
自己塗泡泡。然後讓他完成這項工作。記得讚美與獎勵他。

協助你的孩子弄濕頭髮，引導他將洗髮精沾在手上然後沾到頭髮
上，必要時協助他。讓他完成洗與擦乾頭髮的工作，並且記得要讚美
他。

當你的孩子已經可以只在你的口頭指示下洗自己的頭髮了，開始
從「擦頭髮」開始將你的指示逐步減少，直到他可以不需要任何指示
而洗自己的頭髮為止。

鋪床

 環境安排

　　將床單、毛毯和床罩在床腳處安全地收攏塞好。如果要碰到床的四邊會比較困難的話，將床稍稍自牆邊移開。把枕頭先自床上拿開。將孩子的獎勵準備好。

　　在四到五個訓練時段中以身體引導孩子做下列的所有步驟。針對她的合作給予讚美和獎勵。然後開始依訓練計畫中所列的一步一步地訓練她。

 訓練計畫

312

1. 把床單頂端盡可能地拉起到它可以到達的距離，使它平順且沒有皺摺，說：「拉起床單。」
2. 在兩側將床單收攏塞好，說：「塞好床單。」
3. 將毛毯拉起撫平皺摺，說：「拉起毛毯。」
4. 在兩側將毛毯收攏塞好，說：「塞好毛毯。」

5.將枕頭放到床上，說：「把枕頭放上去。」

6.拉起床罩並且蓋住枕頭，說：「拉起床罩。」

　　你也可以這樣做：如果床罩夠長，可以在枕頭底部將床罩往下折約一吋做一個摺痕。

　　當你的孩子已經熟練一個步驟並且能夠在三或四個時段中不需要你的協助就成功地完成，就可以前進到下一步驟。將孩子的獎勵準備好。

　　以身體引導孩子做步驟 1 至 5，然後說：「拉床罩到枕頭上。」必要時協助她，然後指導她：「拉床罩到枕頭上。」讚美她並給她獎勵。

　　每次當她熟練一個步驟後，就繼續地提前一步移開你的身體協助，直到她能夠在每個步驟上只需要你的口頭提示就完成所有的工作。記得讚美她並給她獎勵。

　　當你的孩子可以只靠口頭指導就會做鋪床的所有動作了，你將會想要將這些提示逐步地減少。開始時在所有的步驟上給予指導，除了最後一個步驟外（「拉床罩到枕頭上」）。接著在兩個步驟省略你的指導。以這樣的方式繼續，直到孩子聽從單一指示：「鋪床」就可以完成整項工作為止。

　　為了協助孩子在鋪床上更為獨立，你可以訓練她在睡起來後將床罩自毛毯中分開來，並且在底部塞好收攏。要她在進行鋪床前先將枕頭拿開。

313　擺餐具

　　確定孩子了解所有你在對擺餐具給予提示時所會用到的概念（如：緊鄰著、在旁邊），與他將使用的餐具名稱。

環境安排

　　在開始做訓練計畫前，在餐桌上放上餐墊；這樣將可以幫助孩子在擺設餐具時留出間隔，並且知道需要多少空間。「自製」的餐墊可以用一張大的紙或是紙巾做成。這些在訓練時會很實用，因為你在開始訓練以前，在上面畫出餐具的外形。

　　將椅子自餐桌旁拉開，讓孩子可以輕易地到達餐桌四周。

　　將正確數量的盤子、杯子、摺好的餐巾和銀器擺在桌上（你應該在另外的時間訓練孩子摺餐巾）。

　　在用餐前訓練孩子。然後用孩子擺好的餐桌用餐。如果你在其他的時間訓練，在餐桌擺好後用個小點心或是「假裝用餐」會是一個有趣的獎勵。將孩子的獎勵準備好。

　　在二到三個訓練時段中，**讓孩子看著你依照下列的步驟擺餐具。**針對他的專注給予獎勵。然後開始如同訓練計畫所列的一步一步地訓練他。

訓練計畫

1. 將所有的盤子放到餐墊上，說：「擺放盤子。」
2. 將所有的餐巾放到餐墊上，說：「擺放餐巾。」
3. 將所有的叉子放到餐巾上，說：「把叉子放到餐巾上。」
4. 將刀子放到餐墊上，說：「擺放刀子。」
5. 將湯匙放到餐墊上緊鄰刀子的位置，說：「擺放湯匙。」
6. 將杯子放到餐墊上，說：「擺放杯子。」

　　當你的孩子已經熟練一個步驟並且能夠在三到四個時段中只需要你的口頭提示就能夠做這個新步驟，就可以前進到下一步驟。

　　讓孩子看著你做步驟 1 至 5。然後說：「擺放杯子。」讓他看在畫好外形的餐墊上它們該擺放的位置。每一次交給他一個杯子。讚美他：「很好！你在幫忙擺餐具！」

　　這一次你在餐墊上畫出除了杯子以外每件東西的外形。讓孩子看著你做步驟1至5，說：「擺放杯子。」擺上一個，然後給他剩餘的，一次一個，讓他擺上去。讚美他：「很好！你在幫忙擺餐具！」

314　　讓孩子看著你做步驟 1 至 4。然後說：「擺放湯匙。」讓他看在畫好外形的餐墊上它們該擺放的位置。一次交給他一個，並且在必要時引導他擺上剩餘的湯匙。然後說：「很好！現在擺放杯子！」而他可以完成餐具的擺放。

　　這一次你在餐墊上畫出除了杯子與湯匙以外每件東西的外形。讓孩子看著你做步驟1至4，並且說：「擺放湯匙。」為他擺好一隻湯匙，然後將剩餘的一次一個交給他。必要時引導他將剩餘的湯匙擺好。然後說：「很好！現在擺放杯子！」

　　如同上述繼續，每次當孩子熟練一個步驟後，就在餐墊上少畫一個物品的外形，直到他可以在空白的餐墊上與口頭提示就完成擺放餐桌的所有工作為止。

　　現在，你的孩子已經可以在你的口頭指示下擺放餐具了，你將會

想要開始在每個項目上將你的指示逐步減少，除了最後一項——杯子。
告訴他：「完成擺放餐具。」記得要在他完成任務時讚美他。接下來
在擺放湯匙與杯子撤掉你的口頭指導。以這樣的方式繼續，直到孩子
可以只聽單一指示：「擺放餐具」就能完成整個任務為止。

　　讓孩子協助你拿餐具與擺放餐具。協助他將餐桌旁的椅子拉開並
且將它們放回原位。

換床鋪

　　在開始這個訓練計畫以前，你的孩子應該已經會鋪床了。

環境安排

　　開始時先將每樣東西都撤離床鋪。檢查看看床單、毛毯和床罩是
否有記號、摺邊，或其他可以清楚地指出哪裡是縱長的一端。如果都
沒有，使用洗衣店的標誌或是縫上個記號以標示末端在何處。

　　將床單、毛毯和床罩依序擺放，並放在椅子、五斗櫃，或是桌上
等容易拿取的地方。也先為孩子將枕頭套放到枕頭上，並且準備就緒。

　　如果必要的話，將床自牆邊移開，以便讓孩子可以輕易地到達床
的四周。將孩子的獎勵準備好。

315

換床鋪的步驟

1. 將底層的床單鋪在床上。
2. 在四周將它收攏塞好。
3. 將上層床單鋪在床上。
4. 將毛毯鋪在床上。
5. 將毛毯和上層床單在床腳處一起收攏並塞好。
6. 將枕頭放到床上。

7.將床罩鋪在床上並且將皺摺處拉平。

8.將床單拉蓋過枕頭。

選修訓練計畫：如果床單夠長，可以在枕頭底下將床單摺下約一吋做成一個摺邊。

附　註：你可能會以不同於我們所列的方式來換床鋪。自己先將過程做一遍，並且將你自己的步驟列出來。它可能看起來會跟我們的不同（如：你使用的可能是床包式的床單，或是你可能會將毛毯完全地塞進床鋪底下）。

訓練計畫

在這個訓練計畫中，你的孩子已經會做其中的某些步驟了。如同你訓練她那些她需要去學習的步驟時預期她去做。她已經會做步驟 6 了。她在步驟 7 需要協助，然後她可以做步驟 8。

停留在每個新步驟中，給孩子越來越少的協助，直到她可以在三到四個訓練時段中不需要你的協助就成功地做這個步驟為止。然後前進到下個步驟。

開始時告訴孩子：「輪到我了，你看。」讓孩子看著你做步驟 1 至 5。告訴她你在做的事情：「我正在將底層的床單鋪在床上。看，我正在把它收攏並塞到床鋪下。現在我正在鋪上層的床單。我在鋪毛毯。我在將毛毯和床單收攏塞到底下。」

然後說：「好，現在輪到你了！」並且引導孩子去做步驟 6，並且讚美她。

說：「讓我們將床單鋪在床上。」必要時以身體引導她將床單鋪上並且撫平皺摺，說：「很好！你在鋪床單！」現在讓她完成將床單拉蓋過枕頭的部分，然後給她一個獎勵。

讓孩子看著你做步驟 1 至 4，再次地將你正在做的事情告訴她。然後必要時引導她做步驟 5，將床單和毛毯收攏塞到床鋪底下。當她在你

的協助下完成收攏動作後，讚美她：「很好！你把它們收攏塞好了！」
引導她完成鋪床，並且給她一個獎勵。

　　以相同的方式繼續，當她已經熟練之前的一個步驟後，就為她少 316
做一個步驟，直到她可以只在你的口頭指示下就會換自己的床鋪為止。
當你在示範時，記得把你正在做的事情解釋給她聽。然後，必要時以
身體引導她做她正在學習的步驟，並且引導她完成。從頭到尾都要讚
美並獎勵她。

　　當你的孩子在僅有口頭指示下會換床鋪了，你將會想要將這些指
導逐步地減少。開始時先對所有新的步驟給予指示，除了最後一個步
驟外（將床單放到床上）。接著，在最後兩個步驟時撤除你的指示。
以這樣的方式繼續，直到你的孩子可以聽從單一指示「換床鋪」就會
完成所有工作為止。

掃地

　　這個訓練計畫包含很多技能（如：握住掃帚、掃大的紙屑、移動
家具）。你的孩子可能已經知道如何做這些技能的其中一些了，反之
他還需要學習一些其他的。看一下這個訓練計畫並且決定哪些部分跟
你的孩子有關。

工具

　　舊報紙、膠帶、畚箕、灰塵刷、垃圾桶，以及一隻夠小讓孩子可
以輕鬆握住的掃帚。

環境安排

　　在沒有地毯和太多家具的小房間裡面訓練。大部分的廚房都符合
這個描述。

用膠帶在地板中間做一個大約長寬各 4 至 5 呎的大方塊。將孩子的獎勵準備好。

 訓練計畫：第一部分

當你的孩子已經熟練一個步驟並且能夠在三或四個時段中不需要你的協助就成功地完成，就可以前進到下一步驟。將孩子的獎勵準備好。

1. 訓練孩子如何握住掃帚。你應該先為他示範，說：「握住掃帚。」必要時以身體協助他將他的手放好。你可能會發現在掃帚上他的手應該放置的位置處放一些帶子做記號會對他有些幫助。讚美他：「很好！你在握住掃帚！」

2. 將一張報紙弄皺，並且把它放到地板上、方塊範圍外但鄰近的位置（撕破的塑膠杯在這裡特別好用）。讓他看如何用一個緩慢的、誇張的掃地動作將它掃進方塊內。將紙屑拿回到方塊外，並且說：「掃地板。」

317　　　在學習這個掃地動作的最初幾次，他可能需要你的身體協助。讚美他，說：「很好！你在掃地！」給他一個獎勵。

3. 一次一張，開始將弄皺的紙張增加讓他將它們掃進方塊裡，直到他可以掃六至十二張為止。

4. 漸漸地將紙張到方塊的距離增加，直到你將它們放到房間的邊邊與角落為止。依這個方式，你的孩子正在學習從房間的所有範圍將紙張掃到中央的垃圾堆。記得要讚美與獎勵他。

5.逐漸地將護條圍成的方塊尺寸減少到約長寬各 2 呎的大小。在這個步驟，你的孩子正在學習在地板中央將塵土（紙張）掃成堆。

當你的孩子可以從房間各邊將弄皺的紙張掃到中間的小方塊，就可以開始訓練他掃塵土，前進到第二部分。

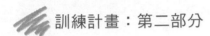

訓練計畫：第二部分

從掃弄皺的報紙到掃小塊的塵土是個很大的變動，所以開始用撕碎和弄皺報紙的方式將紙屑的尺寸弄得越來越小。

依孩子的自己進度繼續將它們弄得更小，直到他可以完全地將小塊紙屑掃進方塊裡成堆為止。

讓他從掃弄皺的紙屑轉換到掃地板上的塵土。這對他來說可能會是一大步，所以開始時先示範給他看（如果有足夠的塵土使得他可以輕易地看到他正在掃的東西可能也會有些幫助。用餐後也許是個好時機）。

說：「掃地。」並且要他將塵土掃進方塊裡成一堆。

檢查並確定他已經掃到大部分的塵土了。必要時，協助他掃一些塵土，並且讓他完成。逐漸地地將他掃的塵土量增加。讚美他並獎勵他做得很好。

當你的孩子已經能夠將地板上的塵土掃進方塊裡成堆了，就可以開始訓練他使用畚箕。在孩子將塵土掃成一堆後，幫他拿著畚箕並且要他用灰塵刷將塵土掃進畚箕盆裡。必要時協助他並且記得要讚美他。說：「將塵土放進簍子裡。」並且給他一個獎勵。

為他示範如何拿著畚箕，並且用塵土刷將塵土掃進去。然後把兩個用具都交給他，並且在必要時協助他。引導他：「將塵土放進簍子裡。」並且在必要時協助他。說：「做得很好！」並且給他一個獎勵。

現在你的孩子已經準備要學習搬動椅子，並打掃家具底下的區域。讓他看如何移動廚房的椅子，打掃餐桌下的區域，並且將椅子放回去。

讓他做，並且在必要時協助他。如果有必要的話，可以使用小條的帶
子來標示每張椅子的適合位置。

附錄 D

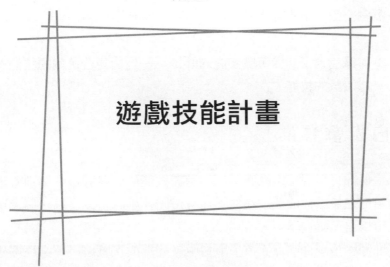

遊戲技能計畫

內容

 獨自遊戲的技能

 和別人一起遊戲的技能

本附錄包含了訓練遊戲技能的計畫——包括獨自遊戲的技能與和別人一起遊戲的技能。

獨自遊戲技能

　　這個部分呈現了訓練四項個別遊戲技能的簡略計畫。個別遊戲技能的目的在於讓你的孩子在你不在身邊陪伴她時可以自己一個人玩，並且可以自己樂在其中。

320　　堆圈圈是讓你訓練與孩子學習中最簡單的遊戲之一。穿珠珠是一項讓你不需要到店裡買玩具的活動。拼拼圖比較困難一點，你必須在眾多可以買到的拼圖中決定哪一個最適合你的孩子。配對拼圖更進階、與學校的活動比較相近。

　　我們挑選這些遊戲是因為實際上所有的小孩子都會玩與它們有關的玩具。如果你的孩子年紀比較大，你可能會想要找一些配合他年紀、但是具有同類的遊戲與學習機會的教材。

　　你的孩子會從這些活動中學習到什麼呢？首先，每一項活動涉及到坐著與付出注意力。再者，每項活動涉及了要一起使用眼與手。這樣可以增進孩子的協調能力，也會對其他活動（像是握湯匙或寫字）有幫助。還有，你的孩子可以學習自己玩其中的每一項活動，而因此讓她對環境有一些支配與控制感。最後，遊戲至少可以為她帶來樂趣。

 **堆圈圈**

教材

一個堆圈圈的玩具，附有一個柱子與六個圈圈。

環境安排

從最大的兩個圈圈開始——將其他的圈圈放在視線以外。讓你的訓練時間短一點（十分鐘以內）。將孩子的獎勵準備好。

訓練計畫：將圈圈取出

1. 將最大的兩個圈圈放到柱子上。
2. 一隻手穩固地將柱子基座握好。將你的另一隻手放到孩子的手上並且引導她到上層的圈圈。
3. 將柱子朝向她傾斜並且告訴她：「麗莎，將圈圈拿出來。」需要時引導她。
4. 隨著時間過去，將你的身體協助漸漸地減少，直到你可以只用指示和藉著指著下一個圈圈來提示她為止。

訓練計畫：將圈圈放入

1. 使用最大的兩個圈圈，以兩個圈圈中較大的那個開始。
2. 一隻手穩固地將柱子基座握好。將你的另一隻手放到孩子的手上，並且引導著將圈圈放到柱子的頂端。告訴她：「麗莎，將圈圈放上去。」
3. 放開你與她的手讓圈圈落下到基座上。
4. 逐漸地減少你的身體協助，直到她可以在只有指示與提示（用手指）之下，就能夠將兩個圈圈放上去為止。

321　*下一個步驟*

　　漸漸地，一次增加一個圈圈。每一次，將新的圈圈放在容易拿取的位置。訓練她用一隻手握住柱子的基座（開始時使用身體協助）。

更進一步的步驟

　　現在，你的孩子可以將所有的圈圈放上去了，開始訓練她選擇正確的圈圈。從最大和最小的圈圈開始。把它們放到她的面前，指著較大的圈圈，並且說：「拿大的那一個。」接著，使用第二大與第二小的圈圈，以此類推。當她學會從呈現的每一對中選出較大的圈圈後，你可以漸漸地增加更多的圈圈，一次一個，直到當你將所有的圈圈放在她面前時，她可以挑選出正確的那一個為止。

最後的步驟

　　讓她起始，並且在她將圈圈放入時坐在她身邊，給她的協助愈少愈好。隨著時間過去，離她更遠一些。記得要定時的回去看看，並給予讚美與獎勵。

 穿珠珠

教材

　　一條短的鞋帶，與木製或塑膠製、有著大孔洞的珠珠（或是其他類似珠珠的教材）。大部分的孩子喜歡有明亮顏色的教材。你也可以讓其他家人——兄弟、姊妹、爹地、祖母——加入，一起將木製的線軸或通心麵上色以便在訓練穿珠珠時使用。

環境安排

　　確定你將用來工作的桌子或地板，除了擺放你要使用的教材外，

沒有其他的雜物，在鞋帶的一端打一個大結以避免珠珠從那端滑落。
將孩子的獎勵準備好。

訓練計畫：將珠珠拿出

開始時讓鞋帶上已先穿好五或六顆的珠珠。

1. 將你的手放到孩子的手上，並且引導他到你事先放入的最後一個
   珠珠上。告訴他：「皮堤，將珠珠拿出來。」
2. 必要時，協助他將它拉出。
3. 漸漸地減少你的身體協助，直到他可以自行將每個珠珠滑出來為
   止。

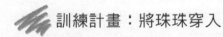 ### 訓練計畫：將珠珠穿入

1. 開始時鞋帶內不要放入任何珠珠，當你孩子看著時，再將一顆珠
   珠放入。
2. 由另一顆珠珠開始。說：「皮堤，將珠珠放入。」握住帶子的尾
   端，並且將你空著的那隻手放到孩子的手上，協助他將珠珠滑落
   到鞋帶尾端的打結處。重複這個步驟，直到他可以自行將它們都
   滑動下去為止。
3. 準備好珠珠並且給他鞋帶，以便他可以將尾端握在手中，必要時
   盡量引導他。

322

下一個步驟

1. 現在，訓練他準備好珠珠。你握住
   鞋帶的尾端並且給他一顆珠珠，
   說：「皮堤，將珠珠放入。」你
   的另一隻手協助他用鞋帶的尖端
   將珠珠的孔洞排好。

2. 漸漸減少你的身體協助，以便他可以自行將珠珠穿到鞋帶的尖端。

3. 向他示範如何自行用他的另一隻手握住鞋帶，並且將鞋帶穿入珠珠中。初始時，你可能需要引導他。

更進一步的步驟

一旦你的孩子可以自行將珠珠放入，你可以利用這個遊戲來練習顏色。放幾個不同顏色的珠珠（或線軸或通心麵）在他的面前，並且要求他拿一個顏色，說：「將紅色的珠珠放入」或「將藍色珠珠放入」，每一次指著正確顏色的珠珠。一段時間後，漸漸減少你用手指的提示。你也可以讓他在放珠珠到帶子上時交替著顏色。以兩個顏色（紅、藍、紅、藍）開始，然後使用三個顏色（紅、藍、黃、紅、藍、黃），然後使用更多的顏色。除了不同的顏色外，也可以使用不同大小的珠珠來做相同的步驟（大、小）。

可以進一步嘗試

穿珠珠的另一種變化是繫帶卡片。這個活動涉及與穿珠珠同樣的眼—手協調技巧，但是它比較困難一些。當你的孩子已經熟練穿珠珠或通心麵後可以試試這個活動。

讓她從喜愛的著色本中挑選一張圖片並且著上顏色，接著把它剪下來並且黏在一張硬紙板上，然後在圖片的四周邊緣戳洞洞。在鞋帶的一端打一個結。開始時，你可以將帶子穿入洞中並且協助孩子將它拉出，向她示範如何由一個洞穿到另一個洞。一段時間後，當你逐漸地減少你的身體協助，她應該能夠自行將整個圖片用帶子穿好。

附註：在玩具店中可以買到很多不同種類吸引人又不貴的繫帶卡片。盡量找堅固並附有大孔洞的卡片。

 拼拼圖

323

教材

　　最好的是木製的拼圖，雖然會比硬紙板的貴。選擇只有少數幾個大拼圖片的簡單拼圖。這裡展示的形狀拼圖對於新手非常適合，因為每一片都有它專屬的洞，而且可以很容易地將它們放進洞裡。當你的孩子比較熟練以後，如果你想要使用困難度比較高的拼圖，你可以找到超過二十片的木製拼圖。

訓練計畫

　　從一片開始，讓其他所有的拼圖片都先放在拼圖板中。將孩子的獎勵準備好。

1. 將拼圖片從洞中稍稍拿起，說：「查理，將它放進去。」必要時使用一些身體協助引導你的孩子。
2. 將相同的拼圖片從洞中拿離一半的位置，說：「查理，將它放進去。」必要時引導他。
3. 將拼圖片交給他，指出正確的空位，並且說：「查理，將它放進去。」（必要時引導，但是不要太快地給予協助，開始時讓他嘗試自己做一點。）
4. 使用其他的每一片拼圖片重複這個步驟。同時間不要將超過一片的拼圖片拿起來。漸漸地將你的身體協助減少，直到他可以在你將拼圖擺到桌上後，他就能自行將一片拼圖片放入為止。

下一個步驟

現在將兩片拼圖片拿開。

1. 將一片交給他並且告訴他：「查理，將它放進去。」在他將這片放進去之後，交給他另一片。
2. 將兩片拼圖片放在桌上並且告訴他：「查理，將它們放進去。」或「拼拼圖。」

如果他在放一片拼圖時顯得很困難並且感到挫折，稍微支持他並且給他少許的身體協助。

更進一步的步驟

終於你可以將整個拼圖弄散而他將能夠把它拼好了。記住，雖然這是你最後的步驟，還是要放慢步調地作。

最後的步驟

讓他開始然後漸漸地離開。在他學會做幾個拼圖後，你可以混合所有的拼圖片成為一個新遊戲。當然這會花掉他比較長的時間來分類與完成每個拼圖。記住，這樣的挑戰要在他熟練了每個拼圖之後才可能讓他欣然接受。

324

可以進一步嘗試的

拼圖的難度可以從非常簡單到非常困難（有些拼圖花我們好幾年的時間都還拼不好！）。你可以嘗試讓孩子玩同樣在難度上可以變化的積木。積木非常受小孩子的歡迎，一部分是因為小孩子可以用它們來做很多不同的事情。你的孩子可以堆積木、把它們拆毀、排列它們、用它們來數數、配對顏色，或指著上面的字母。他可以做城堡、隧道、車庫或太空站。當你訓練孩子玩積木時，記得要跟拼圖一樣，從適合

他的程度開始。

配對圖片

教材

　　圖片配對遊戲（在大部分的玩具店可以買到）。這個配對遊戲包括一個上面有很多圖片的大卡片與一堆上面有一個圖的小卡片。開始時使用圖片簡單並且容易區別的圖片配對遊戲。

訓練計畫

　　開始時要你的孩子配對一張圖片。準備好要給孩子的獎勵。

1.在大張卡片上，用空白的紙蓋住所有的圖，只留下一個。
2.給孩子與你未蓋住的那個圖可以配成對的圖卡。
3.告訴她：「妮娜，找出這一個。」
4.示範給她看如何將配對圖卡放到大張卡片上相同圖的上面。
5.用不同的圖片、蓋住大卡片上的其他圖來重複這個步驟。

　　附註：如果這個對你的孩子來說有點困難，可以以顏色或形狀來製作自己的配對卡片。以這些來練習，直到她學會配對的意思為止。

下一個步驟

1.不蓋住兩個圖。首先給她一張圖卡。說：「妮娜，找出這一個。」當她成功時，給她另一張圖卡。

2.漸漸地不蓋住整個大卡片,一次給她一張圖卡來配對。

325 ### 更進一步的步驟

一旦她了解配對的基本概念後,你可以嘗試其他有更多選擇和不同物體的配對遊戲組合。或者,你可以以數字或字母來自己製作一份。

最後的步驟

當她學會在你一次給她一張圖卡的情況下能夠配對所有的圖卡,完成接下來的步驟:

1. 給她兩張圖卡來配對。告訴她你會在她配對完那兩張圖卡後來看看她做的情形。(必要時提示一點點。)
2. 逐漸地增加圖卡的數量。當她能夠不需要你的提示而完成一整堆後,在她工作時暫時離開房間一下。當你回到房間後,確實地對她自己玩給予讚美與獎勵。

可以進一步嘗試的

你的孩子熟練穿珠珠與配對卡片遊戲後,你可以訓練配對珠珠。穿一些不同顏色的珠珠,並且將珠串放到孩子面前。她的工作就是作一個跟你一樣的珠串。如同所有我們談過的個別的遊戲技能,你將:

1. 由簡單的工作開始(例如:三個珠珠)。
2. 漸漸地讓它困難一些。
3. 漸漸地減少你的協助直到她可以自己做為止。

和別人一起遊戲的技能

這個部分包括四項訓練與其他人一起玩的活動之簡略計畫。投擲豆袋和玩球都是可以和其他孩子一起參與,並且可以有很多變化玩法

的活動。藝術性的活動中，我們建議了比較靜態的美術活動方案，即使你的孩子無法跟別人一樣做得很精確，他仍然可以跟著其他孩子一起做。戲劇遊戲是比較進階的活動，並且需要大量使用到孩子的想像力。本部分中所有的遊戲不論是和其他家人或鄰居孩子一起玩都是有趣的，而且都不需要使用到昂貴的教材。

你的孩子可以從和別人一起遊戲中學到什麼呢？他可以改善我們稍早提及的：培養注意力、眼－手協調，及自信。你的孩子也能學習到有關輪流、遵守規則，和分享。簡言之，他學習到更多如何與別人相處。

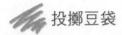 投擲豆袋

教材

豆袋，店裡買的或是自製的皆可。如果要自己製作，可以將沒煮過的米和膨脹的米或硬的、乾的豆子混合裝在短襪中。任何剪了幾個洞的硬紙箱可以被使用做為目標，或者你也可以將豆袋投擲到籃子中。你也可以找幾個孩子或其他家人一起在大紙箱上畫一個小丑的臉，並且剪掉眼睛、鼻子及嘴巴的部分來當作投擲的目標。

326

環境安排

找一個表面平坦的戶外，或是遠離雜亂與易碎物品的空曠室內空間。如果要在室內玩這個遊戲，就要對團體設定一些規則（例如：豆袋應該對準目標投擲，而不能投到金魚缸中）。將孩子的獎勵準備好。

訓練計畫

1. 讓孩子站在離投擲目標 2 至 3 呎的距離處。投擲一個豆袋。說：「投擲豆袋。」然後將一個豆袋交給他，並且協助他將它投出去。
2. 當他變得比較熟練後，漸漸地給他較少的協助，並且站得離目標

更遠一些。

下一個步驟

1. 從目標處標定幾個距離。如果你們是在戶外玩，使用粉筆在 2、4、6、8 及 10 呎距離處畫線。如果是在室內，就在地板或地毯上貼膠帶來作標記。讓孩子從第一條線開始並且讓每一次的投擲都能成功後再到下一條線。

2. 和其他孩子或家人玩團體遊戲，分配從每個距離投中目標或投進籃子可以得到的分數，將參與遊戲者分組，並且記錄得分。

可以進一步嘗試的

你可以自行調整遊戲的難度。嘗試讓孩子以不同的姿勢（跪、躺下、站在矮凳上）投擲豆袋。如果有至少四個孩子在玩遊戲的話，分組並且由其中一種開始循環地用每個姿勢來玩。

這個遊戲的一個變化是去撞擊杯子。玩遊戲時，將三到六個塑膠杯或紙杯堆在矮桌子或椅子上。輪流地使用豆袋（或小的橡膠球）嘗試將杯子堆撞倒。

另一項變化是保齡球，你可以使用塑膠保齡球瓶或空的沖洗過的汽水罐來訓練孩子玩這個遊戲。

327　🖌 玩球

教材

根據你孩子的身材大小選擇大又輕的球（籃球的大小很合適，但是太重了）或是小的橡膠球。當孩子對於丟向他們的球會害怕躲避時，

吹氣的塑膠軟球會很合適使用。

訓練計畫

從訓練孩子丟球與接球的基礎開始，然後再朝向接球遊戲而努力。

1. 站在孩子的前面，讓她的手擺成「接球」的姿勢（手伸出並且握成杯狀）。將球平穩地放入她的手中，說：「接球。」

2. 接下來將你的手放在她的手下方數公分的位置。示意她將球丟入你的手中（並且在必要時引導她），說：「丟球。」記得給予獎勵和讚美：「很好！你接住球了！」或是「你丟出球了！」重複這個簡單的步驟直到她不需要協助地將球投入你手中為止。

3. 現在離開她 1 呎遠的距離。將她的手擺成接球的姿勢。說：「接球。」輕輕地將球投出讓它恰好落在她的手中。說：「很好！你接住球了！」

4. 漸漸地增加你們兩個之間的距離，需要時可每次提示她：「準備好了嗎？」然後將球投入她的手中。

下一個步驟

很多孩子在能夠將球丟給你前，就學會了接球。使用這些步驟的其中一個來訓練你的孩子丟球。

1. 讓另外一個人站在孩子的身後，並且引導她的手，讓她在將球丟向你時可以體會正確的動作。而你站在數呎之外。

或

2. 引導你的孩子將球丟在、或丟向一個目標物。讓她站在椅子上，能夠將球丟出並且丟入籃子內。

可以進一步嘗試

讓你的孩子與其他三或四個人一起玩接球遊戲。現在她已準備好參與許多簡單的團體玩球遊戲了。

 藝術性的活動

328　　有很多是你的孩子可以跟其他孩子或家人一起做的美勞活動。這裡的介紹每一項都可以單獨做，也可以進行團體遊戲。在做這些活動時，每個人可以做自己的事，可以合作與分享，但不需要嚴謹地遵守規則或輪流，每個孩子可以依自己的能力與速度來做。

　　我們建議訓練孩子幾項基本的美術技能。你可以依孩子的能力來設計美術方案，記得要讓孩子能夠展示作品以便讓每個人能夠看到並且給予讚美。

教材

　　在你家中有很多可以在美術活動中使用的物品和教材，都能夠讓你的孩子、你其他的孩子們，或鄰居孩子們有興趣。右方的圖是一些你可以使用的東西。

著色

　　基礎使用圖案協助孩子學習在邊界裡著色（圖案可以用買的，或你也可以在硬紙板上剪一個簡單的形狀，並且將它貼在一張紙上）。示範給孩子看如何在圖案裡著色，並且指出它如何自動地形成一個圖畫。這會讓孩子非常高興並有成就感。讓其他孩子協助做一些圖案並且使用它們來著色。

　　更進階從著色本中畫或選有粗邊界線條的簡單圖案。鼓勵孩子著色在線條內，進行時給她獎勵與讚美。其他著色技巧比較好的孩子可以在你孩子的旁邊一起做稍微複雜一點的圖畫或是畫自己的圖畫。

　　再更進階讓孩子創作或是複製圖形、景色或是物體。讓他們一起在壁畫上作畫。一張長的咖啡色包裝紙就可以給每個孩子一個工作的

空間。技巧好的孩子可以描繪圖形，其他孩子則在裡面著色。

水彩畫

基礎開始時盡量使用大的畫筆與大的繪畫範圍。如果有三到四個孩子參與，他們可以在一張大的厚紙板上每人畫一邊（當畫乾時，厚紙板可以當作遊戲桌來使用，或者它也可以剪幾個洞做為投擲豆袋遊戲中的目標、玩偶劇場，或遊戲屋等等。）

更進階讓孩子畫小的物品，像是通心麵或木製線軸。

再更進階鼓勵孩子畫自己創作的圖樣、人物或風景。他們可以自己決定畫的主題：運動、動物、食物，或喜歡的遊戲等等。

玩黏土或彩色黏土

基礎使用黏土，示範怎麼壓、敲、戳或滾動。

更進階協助孩子將黏土滾成熱狗狀，並且用鈍的刀子將它切成一塊塊。也可以嘗試用桿麵棍來桿黏土，並且用麵包刀切它。

再更進階團體使用黏土來製作動物（例如：蛇、貓、鴨子），或是簡單的玩具（卡車、房子、車子）。

329

其他方案

一旦你的孩子熟練了像是著色、剪、貼和繪畫等基本的技能後，就有很多的美勞活動方案可以讓你的孩子和其他孩子一起做。一個簡單的活動是讓孩子將彩色紙剪成小塊，並且在一張大紙上將它們黏貼成一個吸引人的圖案。一個比較困難的活動是在雜誌上找跟某個主題相關的圖片（例如：船、動物、運動），並且將所選擇的圖片製作成美術集。

 戲劇遊戲

最後一套活動——戲劇遊戲，是比本附錄中其他的活動更為進階

的活動。

教材

戲劇遊戲需要安靜的場地與一點空閒的時間。其中的一些活動甚至可以在車子裡做（當由其他人在開車時）。跟幾個孩子一起玩這些遊戲也很好，但是你跟孩子即使在沒有其他人參與的情況下也可以藉著做這些活動而享有愉快的時光。

鏡子

面對孩子站著。其中一人當「鏡子」，而另一人看著「鏡子」。鏡子要精確地模仿另一個人的動作。開始時，你當鏡子，然後再讓孩子當鏡子。做動作時要慢，並且重複以便讓另一個人能夠跟著做。

默劇

用默劇來表演一個你孩子熟悉的動作：剝香蕉、洗臉、刷牙、打開窗戶。慢慢地做給孩子看。然後要孩子猜你在做什麼。當他用默劇表演動作時，訓練他慢慢地動作並且記住細節。例如問他：「你是如何剝香蕉的？」或「當你在吃檸檬時嘴巴會怎麼做？」

情緒王國

選擇幾個基本的情緒，像是快樂、難過、生氣、害怕與驚訝。首先，讓你的孩子模仿你表演的情緒。再來，說出情緒的名稱，並且要他表演出來。然後在房間裡挑選三個地點（例如：沙發、角落、椅子），並且將三個地點命名為不同的情緒王國（例如：沙發是「快樂

王國」，角落是「生氣王國」，椅子是「難過王國」）。例如，當你說出「快樂王國」，他應該要走到那裡並且表現出快樂的樣子，直到你說出一個新的情緒王國名字為止。鼓勵你的孩子跟著這樣玩。

雕像

讓你的頭和手軟綿綿地垂著，你的孩子則是「雕刻家」。他可以任意移動你的手臂、頭、手、眼睛、嘴巴等等，直到他做好一個「雕像」。當他對自己的創作感到滿意時，你就像一個雕像般的凝固不動。

想像的遊戲

想像的或假裝的遊戲也許是象徵性遊戲技能中最進階的。想像遊戲的一種類型是假裝為某人：媽咪、超人、太空船的艦長。另一種想像遊戲的類型是使用一個物品去代表另一個東西——例如假裝小石頭是錢幣、假裝玩偶是嬰兒。雖然想像的遊戲可以讓你的孩子獨自玩得很高興，它也可以很容易地和其他人一起玩。這裡是一些例子。

1. 告訴你的孩子他是超人、或爹地、或其他知名的人、或故事書中的人物。如果你的孩子可以成功地做這類型的假裝遊戲，然後可以讓他自己「假裝成某人」而讓你來猜他假裝的是誰。孩子們通常蠻愛玩這種互相猜是誰的遊戲。
2. 要你的孩子假裝他在駕駛一輛巴士、一輛飛機或一艘船等等。鼓勵他使用家中的物品當作道具。
3. 最後，如果你覺得孩子已經準備好了，嘗試和幾個孩子一起演出短的、簡單的遊戲或短劇（例如：「小紅帽」或「三隻小豬」，電視節目和其他喜歡的故事）。

最後的話

　　恭喜你！看完了這麼長的章節，看了這麼多遊戲的點子後，你可能對其中的一些躍躍欲試。我們希望你將我們建議的的內容付諸實行，並且加入一些自己的點子。

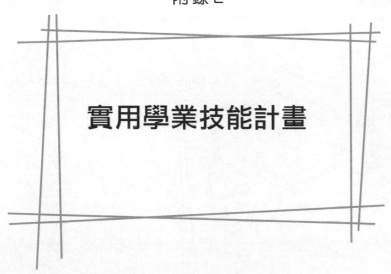

附錄 E

實用學業技能計畫

內容

閱讀標示文字

　　這項閱讀計畫在教導你的孩子閱讀生活中的標示文字，這項技能可以增進他在社區中獨立生活的能力，這項計畫教導他閱讀號誌、簡單的指標及菜單，這些大部分都是簡單的詞語（例如：「停止」、「男士」、「入口」），有些是幾個字組成的短語（例如：「請勿進入」），這個計畫並不教導孩子逐字閱讀（正如同你現在所做的），

對兒童來說這不是一個最理想的方式，而是教導孩子記住整個詞語，也就是說，他不見得一定要理解每一個字才能學習此計畫。

在你要教導孩子之前請先閱讀並熟悉整個方案。

332 入門技巧

當孩子要進入這個視覺文字計畫時，有一些技巧必須事先教他，其中一個必要的入門技巧是能夠分辨圖片間的不同之處，依序是：

1. 你的孩子能夠從三張或更多張卡片中，選出一張和標示卡片中相同圖形的卡片。

2. 你的孩子能夠從三張或更多張卡片中，選出一張和標示卡片中相同文字的卡片。

視覺文字評估表

文字	認得	理解	文字	認得	理解
通行			請勿吸煙		
禁止通行			請勿進入		
停			洗手間		
緊急出口			男生		
危險			男士		
易燃物			女生		
小心有狗			女士		
十字路口			警察局		
有毒			消防局		
小心			醫院		
禁止進入			郵局		
營業中			自助洗衣店		
休息			公車		
結束營業			計程車		
請進			家人的名字：		
開					
關					
進					
出			數字：		
上			0		
下			1		
推			2		
拉			3		
左			4		
右			5		
轉			6		
前			7		
後			8		
入口			9		
出口			其他文字：		
電話					
請勿飲食					

332

進	進	停	出

3.你的孩子能夠知道某些簡單字詞的意義，他可以說出或表現出一些你曾說過的簡單字詞的意義（例如：「走」、「停」、「出去」）。

如果你的孩子尚未熟悉這些入門技巧，請在開始這個視覺文字訓練計畫之前先教會他。前兩個入門技巧，可以先從兩張完全相同的卡片開始，當你說「找出相同的」時，教他將其中一張卡片放在另一張卡片的上面，逐漸增加卡片張數，使你的孩子能真正辨識出正確的符號。別忘了，每次練習時都要把卡片的順序重新調整。

334

評估

你的第一個任務是選擇從哪些字開始教，如果你的孩子不認得自己的名字，就從他的名字開始，第 413 頁的「視覺文字評估表」可提供你其他選擇。你也可以在這張表加入孩子可能會經常看到的其他文字，例如熟悉的公車名稱，或是，把孩子還未理解的字詞刪除，例如，他不了解「危險」這個詞的意義，則留待以後再教。總而言之，你要教孩子認識的字詞是他可以清楚地辨識出來，而且經常看得到的，也可以請老師補充孩子在學校裡會看到的字詞。

數字對於辨識時間、算錢、使用電話、尋找地址及其他日常活動非常重要，也可以列在文字評估表中，大部分的孩子在認識一些字後再學數字會學得更好。

教材

將要教的前幾個字列印成 2 公分大小、粗體加黑，印製在 3×5 吋大的字卡上，盡可能使文字的顏色和大小相似，英文字則以大寫呈現，

因為標誌幾乎都以大寫字母印製。

例外

　　如果你的孩子習慣看英文小寫字體，你可以用小寫呈現。此外，同時教孩子認識他的大寫及小寫英文名字。如果你的孩子在學習大寫英文字母上沒有進展，你可以先教他認識小寫英文字，等他熟悉這個訓練後，再轉換成大寫字母。

 教到正確無誤

　　這個計畫強調正確無誤，如果你教得越正確，你的孩子也幾乎不會出現任何錯誤。鼓勵孩子多想一想，勇於說「我不會」，而不要用猜測的，當他沒有把握時鼓勵他勇於發問尋求幫助。隨著練習，他會逐漸減少你的協助，直到他可以靠自己從五個答案中做出正確的反應。每次答對都給予獎勵，如果偶爾答錯，則將你的獎勵品留到下次答對時再給，我們稍後會介紹一些降低猜測的方法。

前測

　　邀請孩子和你玩字卡遊戲，拿出整疊字卡，但一次只讓他看一張，請他「讀出這個字」。將孩子答對的卡片放在整疊的下面，答錯的則放在另外一堆。繼續進行整疊字卡，直到你確定孩子可以一致地答對所有的字。不要略過這個前測，你也許會很訝異孩子可以完全做到。而對於孩子答錯的字卡，你必須再重教一次。

 步驟 I：識別字詞

　　第一步先教你的孩子找到並識別你所呈現的字詞，你也可以請他讀出這個字詞，但這只是用來幫他可以識別得更好。

　　剛開始你可以一次呈現三張卡片讓孩子練習，如果孩子熟練此步驟，則能增加到四、五張卡片，如果使用較多卡片而導致答錯，則暫時回到較少的卡片數。如果你的孩子在進行三張卡片時有困難，則回到兩張卡片，但盡快幫他進展到三張，這能使得整個訓練較順利進行。

　　選擇三張卡片，其中兩張卡片上的字是孩子早已認得的，另一張則是他不認識的字（如果你的孩子不認得任何字，則從兩張空白卡，及一張有字的卡片開始），讓孩子從三張卡片中選出一張看起來不一樣的，例如：

較困難的選擇	推	大	小
較容易的選擇	上	下	危險

1. 將三張卡片平放成一排，從左到右，放在孩子面前，每次都是由左到右（因為這是我們的閱讀方式，使孩子學會從左邊看到右邊）。

2. 當你每放下一張卡片時，念出卡片上的字，確定你的孩子有跟著你的順序從左到右看著每張卡片。

3. 放好後，再一次指著卡片念出每個字，並讓孩子在你指出那個字時跟著你念一遍。不要讓他一個字一個字慢慢念，而是在你一念完後立刻念出整個字詞，這樣他才會將整個字詞記成是一個單元。當孩子可以跟得上速度且念得正確時，你可以逐漸減少提醒與指示（但這可能要花上好幾天或好幾個禮拜）。

4. 選一張字卡是你想教孩子會認的一個字，告訴他：「請找出『某個字』！」他可以指出這張卡片，也可以將這張卡片拿給你。請

記住他不可以是猜對的，也不要給予提醒協助。

5. 當他做對時，告訴他：「很好！你找到了『某個字』！這個字怎麼念？」必要時可以提醒，如果他說對了，再次確認答案：「答對了，這個字是……！」

6. 將卡片弄亂再重複一次，如果孩子仍然能夠正確地找到這個字且說出來，你在放卡片時就不須再念出卡片上的字（你在進行時可採漸進方式，例如念的聲音愈來愈小，而不是突然停止你的提醒線索），只要將字卡從左到右放在他面前，請他找出「某個字」，並念出來。

7. 當他再一次找對並說對這個字時，就可以運用相同的方式教他認識第二個或第三個字。然後，試著把你教過的幾張字卡混在一起，並且變化順序詢問他。請記住，孩子能夠正確一致地認對你所教的前三個字可能要花上好幾堂課，所以請保持耐心並維持正確無誤的訓練原則，不斷重複練習，直到孩子每次都能毫不遲疑地做出正確反應。

現在我們把你要教孩子認字的基本步驟加以摘要，選擇一張新生字的字卡再搭配幾張孩子已認得的字卡，然後：

1. 剛開始的幾次，你一邊排放卡片一邊念出卡片上的字，不斷地練習這個新的生字，直到孩子可以持續正確無誤地找到它。

2. 接下來的幾次，你只要排卡片，不要念出卡片上的字，直到孩子可以不須協助，正確無誤地找到生字卡。

3. 最後幾次，你有時請他找出新教的生字，有時請他找出舊的生字，直到他都能正確無誤地找對。

請記住：每一次只增加一個新的生字，直到他能熟練它。

請確定每一次都重排卡片，且當他找到卡片時，請他念出這個字，當你教了好幾個字之後，將這些教過的字放成一疊，偶爾把這疊教過

的字和新字混在一起使用，以確保孩子不會因為學了新字而忘了舊字。

 步驟 II：念出這些字詞

337 　　當你的孩子藉由步驟 I 學會辨識字詞時，他應該再學習自己念出來。這個技巧較為困難，基本的方式和步驟 I 相同，只有一個關鍵不同：當你排放卡片時，指著新字的字卡問孩子：「這是什麼字？」你的孩子必須念出這個字——也就是不須你先讀出這個字，他就能大聲說出來，介紹新字的方式和步驟 I 相同（一次介紹一個新字）。

　　此外，孩子不可以用猜測的，鼓勵孩子想一想，寧願說「我不知道」而不要用猜測的，鼓勵他可以勇於尋求協助。有一種策略是請他在做反應之前先等待幾秒鐘（不管他是否知道正確答案），例如，指著排放出來的新字，問孩子：「這是什麼字？」等三到四秒再回答，這可以避免急著猜答案，你的孩子可以在這短暫的思考中回答正確答案或說我不知道。

例外

　　如果你的孩子不會發音或清楚地表達文字，你可以指著這個字，讓孩子從各類圖片中選擇和那個字配對的圖形，這種方式也能顯示他是否認得這個字。

 步驟 III：讀出閃示卡片

　　當你的孩子可以很容易地從一排三到五張的卡片中正確說出你所指的字時，你就能運用閃示卡片法幫助他更快速學習。將所有的字卡

排成一疊，一次讓他看一張卡片，請他讀出這個字，當他答對了就翻下一張。當孩子讀完時，你要盡快呈現卡片，將他答錯的卡片放在另外一堆，以便複習使用。

　　如果你之前是對孩子的每個正確答案都給予獎勵品，現在請開始改成答對好幾個答案才給予獎勵，逐漸增加須答對的答案數及延長練習時間，持續這麼做，直到孩子正確地學完所有的新字。毋須糾正孩子答錯的部分，只要把這些答錯的字卡再慢慢仔細地練習，這時每個正確反應都給予獎勵。如果他忘了一些學過的字，再運用步驟 I 和 II 的重新教他，等他熟練了再用閃示卡片法練習。

註解

　　你可以運用這個方案教導孩子學會許多視覺文字，也能偶爾利用閃示卡片法維持他的表現，如果你的孩子學會超過一百個字，且仍渴望學習更多時，則可以用較正式的教導方式教他逐字閱讀，並且經常和孩子的老師溝通你所進行的視覺文字訓練進度，使得親師之間形成工作團隊。

步驟 IV：在社區中練習識字

　　當你的孩子可以在閃示卡片裡正確地讀出字詞時，你便能將他的注意力轉移到社區中常出現的文字。當你在開車或散步時，指著招牌上的字請孩子辨認它，第一次他可能有些困難，因為社區中的字和字卡上的字印刷不同。

　　有些線索像是顏色、形狀或招牌所在位置會使得某些文字容易辨認，例如，在街角的紅色八角形號誌裡面寫的一定是「停」，在廁所

門口寫的通常是「男」或「女」。

你也許可以嘗試其他的方式來訓練這些社區中的視覺文字，例如：製作一本社區文字筆記本，拍攝或蒐集社區中各種號誌的圖片，先介紹並讓孩子以閃示圖方式熟練後，再帶他到社區中練習辨認。

辨識時間

這個辨識時間的計畫在教導你的孩子學會從標準時鐘看時間，雖然現在很流行電子時鐘，但我們仍然建議使用標準時鐘訓練，孩子可以透過鐘面學會判斷時間並建立時間感。許多孩子只是機械式的對電子時鐘作反應，卻不了解時間概念，當你的孩子學會從標準時鐘辨識時間，他很容易就能類推到電子時鐘。

339　　　教導這個部分必須很有耐心，你和孩子的努力都值得大大獎勵，學會辨識時間是邁向獨立的一大步。

 ## 入門技巧

先評估孩子是否具備以下的入門技巧，除非你確信她已經擁有這些能力，否則，先教她這些技巧再進入到時間方案。如果你想要一邊教她數 1 到 12，一邊教她辨識時間，你和孩子將會覺得非常挫折。

　　　　　　　從 1 數到 12。

　　　　　　　認識數字 1 到 12。

　　　　　　　知道 1 到 12 的順序。

　　　　　　　知道數字 1 到 12 在鐘面上的位置。

　　　　　　　知道長針（時針）和短針（分針）。

　　　　　　　知道長針和短針移動的方式。

　　　　　　　會數到 30。

　　　　　　　會五個一數，數到 30。

評估

利用第 422 頁的「時間技巧評估表」評量孩子的能力，這個評估表依難度排序，並且和訓練方案的進度對應，從孩子在此評估表中答錯的部分開始訓練。

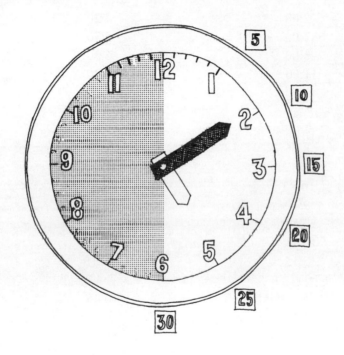

教材

340

你需要準備一個較大的教學時鐘，它的長短針可以調整，你也可以自己用紙板製作。首先，剪好長短針固定在鐘面上，使長短針的長度有明顯差異，也可以著上不同顏色；然後，在鐘面周圍寫上 1 到 12 的整點數字，每個數字之間的距離明顯。由於辨識時間的訓練耗時較久，你可以到教材店或玩具店，選擇一個較耐用的教學時鐘。

訓練手冊

時間技巧評估表

將教學時鐘設定成如下的時間，詢問孩子：「這是什麼時間？」
將短針指向整點的數字。
只有當孩子自行答對才算正確（若她只要稍加協助就能答對，請特別註明）。
如果孩子在一列中錯了多題，就讓她從那一項重新開始。

I.整點
_____ 2:00
_____ 7:00
_____ 6:00
_____11:00
_____12:00

II.整點之後
A.又 5 分鐘
_____ 8:05
_____ 4:05
B.又 10-25 分鐘
_____ 9:10
_____ 6:20
_____11:25
_____ 5:15
C.更困難的：
　時針在前面
_____ 2:15
_____ 1:20
_____ 3:25
　長短針指在相同數字
_____ 3:15
_____ 1:05

III.半點（請將時針移到較靠近整點的位置）
_____10:30
_____ 9:30
_____ 7:30
_____ 1:30

III.（繼續）
_____ 4:30
_____ 5:30
_____ 6:30
_____12:30

IV.整點之前
A.前 5 分鐘
_____ 3:55
_____ 8:55
B.前 10-25 分鐘
_____ 6:50
_____ 2:40
_____ 7:45
_____ 2:35
C.更困難的：
　時針在前面
_____10:45
_____ 9:35
_____11:40
　長短針指在相同數字
_____10:50
_____ 7:35

V.大約
_____ 8:14（約 8 點又 15 分）
_____ 3:42（約 4 點前 20 分）
_____ 6:26（約 6 點又 25 分）
_____11:58（約 12 點）

正確無誤的訓練

　　許多孩子可以正確學會辨識整點時間，但是對於其他時間則會用猜測的，且容易出現錯誤，本項訓練計畫不允許孩子用猜測的，我們所列出的訓練步驟是正確無誤的，若你能夠正確訓練，你的孩子應該不會出現錯誤。鼓勵她花些時間想想，如果她真的不會，鼓勵她提出疑問，必要時可以延緩進度，鼓勵她多想幾秒鐘再回答，不要急著猜答案。

341

步驟 I：認識整點

　　將你的教學時鐘調到整點（例如 8 點），請孩子指著長針，告訴她：「對！這是 12，這是指剛好幾點鐘。」然後再請孩子指著短針，對她說：「很好！那你告訴我這是幾點鐘？」（若她不知道，告訴她答案，然後再問一次）「告訴我這是幾點鐘？」（如果她用猜的，請她想一想再回答）「對！這是 8 點鐘，很好！」

　　必要時，可以指著 1 到 12 的數字從旁提醒，再逐漸消減這種提醒；你也可以在小貼紙上寫上「點」這個字，貼在 12 上面，當她熟練這項技能後，再把貼紙拔掉。你可以改變不同的詢問方式：「現在幾點？」或「現在是什麼時間？」

- 設定各種練習時間，剛開始，按照時間順序練習，之後，跳著練習。
- 想像一天的活動，把每個活動和整點時間連結。
- 玩遊戲問孩子：「這是 5 點鐘嗎？」請她回答是或否，若不是，請她說出正確時間。

變化方式

　　請孩子自己設定時鐘，問她這是幾點鐘，將長針固定在 12，使它只能調整短針（稍後，再逐漸消弱此協助），剛開始必要時可以手指短針處，提醒她這是幾點鐘，再逐漸消弱此協助，當她能不需提醒能正確了解每個整點，最後才教她 12 點，直到她了解所有的整點後再進入到步驟 II。

 步驟 II：教她認識一個小時又 5、10、15、20 及 25 分鐘

認識一個小時又 5 分鐘

　　教完了整點（「這是幾點鐘？」「8 點鐘！」），接下來，請孩子指著時鐘上的 1 數 5 條線，你最好用一個小貼紙寫一個小小的 5 貼在時鐘上 1 的旁邊，告訴孩子：「這是 8 點又 5 分！你跟著說一次，這是幾點幾分呢？」（先幫孩子數出長針的位置，再指出短針的位置在 8）

　　注意：若你說 8 點之後「又」5 分，請維持前後一致。這部分包括三個基本步驟：

1. 將長針從 12 開始數（每 5 個一數）。
2. 告訴她這是幾點又幾分。
3. 從短針判斷這是幾點鐘。

342　　舉例說明如下：

・將時鐘調到 10:00，問孩子：「這是幾點鐘？」
・將時鐘調到 10:05，問孩子：「這是 10 點又幾分？」
・改成其他時間再重複練習。
　或

‧將時鐘調到 10:05，告訴孩子：「這是過了 5 分鐘？」
‧改成其他時間再重複練習。

變化方式　讓孩子設定時鐘，例如：

‧將時鐘調到 7 點，請孩子調成 7 點又 5 分。
‧將時鐘調到 7 點又 5 分，請孩子調成 10 點又 5 分。
　（在進行這些練習時，你固定短針，她只需調整長針，以減少錯
　誤，再逐漸消弱你的協助）。
‧告知正確的調整方式，或陪她一起數時間。
　逐漸減少協助
‧當孩子問問題時，從旁給予提醒。
‧避免孩子轉錯指針。

注意：最後才教 1:05（或是 12:05 也是最困難的）。

認識一個小時又 10、15、20 及 25 分鐘

　　當你的孩子可以辨識 5 分鐘後，不要再從 1 開始數起，而是五個
一數，在鐘面的數字旁邊貼上 5、10、15、20、25 及 30 等的小貼紙，
方便未來撕掉。

　　運用這種策略代表每個數字是增加 5 分鐘，依序教導每個數字，
直到她不太需提醒就能了解（例如：只教她一次如何正確的移動分針，
或教她從 5 開始數）。

　　請她每移動一格長針就大聲的數一個 5，從指針在 1 開始數（例
如 8 點又 5 分、10 分、15 分、20 分等），強調：「先從長針開始數！」
如果你願意，可以在長針的尾端貼一個彩色貼紙加以區辨，不需要時
可撕掉。

　　記住這個部分的三個基本步驟：

1. 長針（分針）每移動一格就五個一數。

2. 告訴他這是幾點又幾分。

3. 從短針判斷這是幾點鐘。

你的孩子會告訴你：「這是＿＿點又＿＿幾分鐘！」請她仍然從 5 開始每五個一數。

343　　當你設定時鐘請她辨識時：

・有的時候從整點開始（例如 8 點），系統化地練習每個 5 分鐘（8:05、8:10、8:15 等）。

・有的時候將分針固定（例如固定在 10 分），只改變時針的位置（8:10、3:10、6:10 等）。

・如果你系統化地改變分針，孩子都能答對時，你可以跳著變化分針（8:05、5:15），但剛開始時你需要從旁提醒。

變化方式　讓孩子設定時鐘，由你來回答，請孩子設定她所知道的時間，當你回答時間時，請大聲的、清楚的示範前述的三個基本步驟。

開始加入時針

你的孩子從 12 開始，跟著分針的移動每五個一數，為了避免混淆，剛開始只注意長針移動的位置，練習辨識幾分鐘。

當這些都熟練之後，便開始也要注意短針的位置，同時辨識幾點幾分，例如：

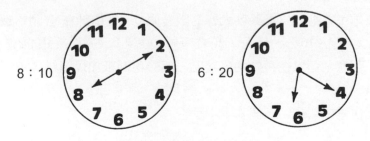

　　當分針與時針重疊在同一個數字時（2:10、5:25），保留這部分最後再教。將時針調整在指向數字的位置（而不要放在兩個數字中間，雖然實際上是如此），等教到後面，我們再把時針移動到兩個數字中間。

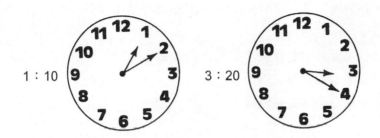

1：10　　　　　　　　　3：20

　　記住：不要讓她猜答案！請她慢慢來，依照數數的步驟，較不易出錯。

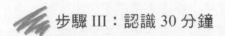**步驟 III：認識 30 分鐘**

344

　　運用相同的步驟，每五個一數，數到長針指到 30，告訴孩子：「這是 8 點又 30 分」。當她了解之後，指著時鐘：「你也可以說成八點半」，每次練習，讓孩子先說這是「30 分」，再取代成「＿＿點半」。

　　當你轉動時鐘的指針半圈，你的孩子可能不需數數就開始說 30，你不要太訝異，雖然如此，下次練習時還是需要五個一數，鼓勵她繼續數數是因為要教她理解時間，而不是死背某些時間。

　　當孩子認識了 30 分鐘，可以把時針移動到兩個小時中間的四分之一位置處，稍後，你可以再漸進式地移動時針到兩個數字的中間位置。

　　注意：教孩子將時間和日常例行事件連結，利用時鐘討論一整天的活動時間，及那個時間你們在做什麼。

步驟 IV：認識一小時前的 5、10、15、20 及 25 分鐘

想清楚你要說幾點鐘「前」或是說幾點鐘「又」幾分鐘，且前後一致。在教導「又」幾分鐘時，請按照三個基本步驟：

1. 長針（分針）每移動一格就五個一數。
2. 告訴他這是幾點又幾分。
3. 從短針判斷這是幾點鐘。

你現在必須決定要說幾點鐘「前」或是說幾點鐘「又」幾分鐘。首先，準備一些小貼紙寫上 5、10、15、20 及 25，貼在時鐘數字的左邊，你也可以註明這是「前」或「後」以方便提醒孩子。剛開始時，你可能需要提醒她：「這是前還是後？」然後再讓孩子說出答案，你也可以變換前和後讓她辨識是幾分鐘，但不需說出完整的時間，把它當成一個遊戲，看看孩子是否很容易從變化不定的順序中判斷前、後時間。

其次，先將時針固定在時鐘的右半邊，讓分針在時鐘的左半部移動，將某些時針可能會走在分針前面的時間（例如：差 15 分就是 11 點）留到以後再教。

當孩子能熟悉幾點前的幾分鐘後，讓指針轉一圈練習看看（例如：從 8:00 到 9:00，每隔 5 分鐘練一次），若孩子可以正確地辨識大部分的時間，先拿掉 10、20、30 分的小貼紙，稍後再拿掉其他的數字（5、15、25）。

試著將時鐘放在幾呎遠的地方，使得孩子在數數時碰觸不到時鐘，下一步，用家中較大、較容易看到的時鐘練習。

在孩子尚未熟練步驟 I 到 IV 時，不要讓孩子戴手錶，當孩子學會辨識時間之後，一個全新的手錶會是一個很棒的獎勵品。

有些人喜歡將時間說成幾點又 35、40、45、50 及 55 分,這種方式有許多優點,第一,他對所有的時間都說幾點又幾分,而不需做「前一後」區分;第二,時間是用這種方式書寫(例如寫成 8:50,而不是 9 點前 10 分鐘),而且電子時鐘也是如此呈現。但是,它也有一些缺點,這個方式必須從 5 算到 55,對許多孩子來說這是件困難的事;此外,我們傾向用前和後來思考時間,孩子比較容易了解還有 10 分鐘就到 9 點,而不是 8 點又 50 分。

在此,我們選擇用前/後的方式教導大部分的兒童,當孩子學會用這種方式辨識時間,你可以再教他相對應的電子時間(例如還有 10 分鐘就到 9 點就是 8:50)。

步驟 V:辨識位在兩個數字當中的長針或短針

我們在本方案中強調正確無誤的訓練,為了使訓練方案更完整,你還必須教導孩子辨識一種會真正出現在時鐘上的時間——長針或短針位在兩個數字當中。

教導孩子看懂介在兩個數字中間的分針是多少時間,並不需太費力,你可以教他用估計的。若發生此情況時:

- 將長針調整到兩個數字之間。
- 請孩子辨識長針介在哪兩個數字之間,且離哪個數字較近。
- 若長針只差 1、2 分鐘,教孩子說:「大概是……」,例如:10:14 則「大概是 10 點又 15 分」;或 10:11 則是「大概是 10 點又 10

分」。

　　若是短針，告訴孩子，當幾點又幾分時，時針都屬於前一段時間的數字，運用教學時鐘示範，當時間是 2:15，短針剛經過 2，則是 2 點又 15 分，這需要花一段時間學習，所以慢慢來。其次，告訴孩子，時間還沒到之前，時針屬於下一個數字，最困難的是 25 分，因為其他的時間，時針都明顯的較接近下一個數字。

346

 ### 步驟 VI：辨識其他的時鐘及其他的時間概念

　　當所有的時間都熟練後，運用教學時鐘練習所有的數字。並利用家中其他時鐘練習，買一個新手錶給孩子戴上，在一天中找機會問她時間。

　　教她相同的時間的不同說法：

1. 八點半就是 8 點 30 分或 8 點又 30 分鐘。
2. 「又」和「經過」都相同，「之前」和「直到」相同。
3. 四分之一就是 15 分。
4. 八點十分就是八點又經過十分鐘。
5. 稍後再教她認識電子時間（參考步驟 IV）。

　　其次，教她「早上」、「下午」、「中午」和「半夜」，也教你的孩子了解「再幾分鐘就是幾點鐘」。

　　持續讓孩子將每天中重要生活事件和時間連結，請她告訴你每天中的不同時段。

　　當你完成這些時，恭喜你！你已經教孩子學會一個困難而且重要的技能。

使用金錢

　　這個方案將教導孩子基本的用錢技巧，包括學會認識錢幣、了解錢幣價值、計算錢幣總價、及兌換零錢。這些技巧可以做為未來學習更進一步金錢管理的基礎。

評估

　　請對孩子進行第 432 頁的「金錢技巧評估表」，這個評估表依難度排序，並且和訓練方案的進度對應，從孩子在此評估表中答錯的部分開始訓練。

教材

347

　　在訓練之前最好先準備好一些一元、五元、十元、五十元的錢幣，裝在袋子裡，以便上課時使用，如此就不需每次上課前臨時兌換零錢。此外，還要準備一些和零錢一模一樣的配對卡片，你可以自行製作。

 正確無誤的訓練

348

　　本項方案就像其他方案，強調正確無誤的訓練，若你能夠正確訓練，你的孩子應該不會出現錯誤，基本規則是不允許猜測的，鼓勵孩子多花些時間想想，如果他真的不會，可以勇敢說出來並提出疑問，從旁協助，盡量鼓勵他說出正確答案，不要急著猜答案。

347

金錢技巧評估表

Ⅰ.辨識硬幣
　　能夠認識並說出下列錢幣
　　_____一元　　　　　　　　　　　_____十元
　　_____五元　　　　　　　　　　　_____五十元

Ⅱ.了解硬幣間的等值
　　能夠告訴你：
　　_____個一元等於五元　　　　_____個五元等於十元
　　_____個一元等於十元　　　　_____個五元等於五十元
　　_____個一元等於五十元　　　_____個十元等於五十元

Ⅲ.能夠數出 5 元
　　_____能從一堆一元硬幣中數出 1 到 5 元
　　_____能從一堆五元硬幣中數出 5 元
　　_____能從一堆一元和五元硬幣中數出 1 到 5 元

Ⅳ.能夠數出 6 到 10 元
　　_____能從一堆一元硬幣中數出 6 到 10 元
　　_____能從一堆五元硬幣中數出 10 元
　　_____能從一堆一元和五元硬幣中數出 6 到 10 元

Ⅴ.能夠數出 50 元
　　_____能從一堆一元硬幣中數出 50 元
　　_____能從一堆五元硬幣中數出 50 元
　　_____能從一堆一元和五元硬幣中數出 50 元

Ⅵ.相關技巧
　　閱讀商品標價
　　能讀出不同的標價：
　　_____ 1 元　　　　　　　　　　_____ 3 元
　　_____ 5 元　　　　　　　　　　_____ 9 元
　　_____ 10 元　　　　　　　　　 _____ 17 元
　　_____ 50 元　　　　　　　　　 _____ 76 元
　　能辨別價錢多少
　　能判斷哪個價錢較多：
　　_____ 1 元或 5 元　　　　　　　_____ 2 元或 4 元
　　_____ 5 元或 10 元　　　　　　 _____ 6 元或 9 元
　　_____ 10 元或 50 元　　　　　　_____ 28 元或 47 元

Ⅶ.找零
　　能夠找回正確的零錢：
　　_____用五元買 1 元的物品　　　_____用十元買 5 元的物品
　　_____用十元買 1 元的物品　　　_____用五十元買 5 元的物品
　　_____用五十元買 1 元的物品　　_____用五十元買 10 元的物品

一個一個算出錢幣較花時間，孩子很容易弄錯，請先做好心理準備，剛開始時，如果他一算錯就立刻停止，給予他一些協助，請他重新再來一次。等到孩子可以一個一個算出所有錢幣時，你可以放慢腳步，讓孩子自己發現錯誤，自己改正，但在開始時，你的協助能夠減少他的錯誤。

348

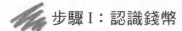 **步驟 I：認識錢幣**

這個單元在教孩子認識一元、五元、十元及五十元的錢幣。

辨識

你可以教孩子從大小和顏色辨識錢幣間的不同，先從兩個選擇開始，拿出一元和十元硬幣（這兩個錢幣在大小和顏色上都不相同，最容易區分），放在孩子面前，一元離孩子較近，十元較遠，指著錢幣對孩子說：「這個是一元，這個是十元。」再問孩子：「告訴我哪個是一元？」當孩子正確的指出一元時，請孩子說出錢幣的名稱：「這是什麼？」孩子答對時，告訴他：「很好！這是一元！」然後移動十元，使它越來越靠近一元，一元仍維持原位。

當孩子持續答對，試著變化硬幣的位置，直到孩子每次都能正確地指出一元。接下來將十元移靠近孩子，換成詢問十元，直到他每次都能正確地指出十元。最後，將兩個錢幣的位置弄亂，隨機詢問一元或十元，直到孩子每次都能正確指出來。

然後，每次換成一組不同的錢幣繼續練習，可參考下列清單，逐步練習。

- 一元和五十元。
- 五元和十元。
- 五元和五十元。
- 十元和五十元。

・一元和五元。

對某些已經認識部分錢幣的孩子，可從三或四個錢幣開始辨識，否則，當兩個錢幣的辨識熟練後，再進入到三或四個錢幣。

349

練習辨識錢幣

「你還要牛奶？好！請給我一元！」

羅伊練習使用錢幣，他小心地找出一元硬幣，交給哥哥。

「對！這是一元！你可以把牛奶拿去了！」

現在羅伊可以從每天在家的訓練課程中學會辨識錢幣，哥哥發明了一個方式，利用吃飯時間訓練羅伊，媽媽每次吃飯前會給羅伊一些零錢，羅伊必須用這些零錢來買任何他想吃的東西。

「羅伊！你要吃點冰淇淋嗎？冰淇淋要十元！」

說出名稱

孩子會辨識錢幣之後，就要教他說錢幣名稱，同樣的，從簡單的兩種錢幣開始（例如一元和十元），但重點不在於請他指出正確錢幣，而是指著錢幣，請他說出這是什麼。

根據由簡到難的順序練習，記得放慢速度，使孩子能盡量答對。

當孩子能對一組兩個或是更多錢幣做出正確回答後，你可以改成一次呈現一個硬幣，問他這是什麼（剛開始時最好先把所有錢幣都擺出來，一一練習）。

步驟 II：了解錢幣間的等值

這個單元在教孩子認識等值的錢幣，此單元最好和數數同時進行（參考步驟 III、IV 和 V），但有些練習可能必須慢點再教，你可以參考下列順序：

先教

- 五個一元等於五元。
- 兩個五元等於十元。

再教

- 十個一元等於十元。
- 十個五元等於五十元。
- 五十個一元等於五十元。

350

下一個單元，我們要教孩子數錢幣，他們將逐漸學會錢幣的等值觀念，此刻，先教孩子逐步練習。

首先，拿出五個一元硬幣排成一排，一個一個數出 1、2、3、4、5，五元，再拿出一個五元硬幣放在一元旁邊，告訴孩子：「五個一元等於五元。」當你排出五個一元時，請孩子拿出五元硬幣和你交換，你再重複算出五個一元，強調：「五個一元等於五元。」多進行幾次交換練習，每次都要孩子說出「五個一元等於五元。」運用這種基本步驟練習其他的等值錢幣。

 步驟 III：能夠數到 10 元

教導孩子數錢幣的基本原則如下：

- 將錢幣依價值分類（一元放一堆，五元放一堆等）。
- 從價值最高的錢幣開始數起。
- 讓孩子從左到右的順序數錢幣。
- 大聲的念出數字。

必要時你可以從旁協助，指著錢幣，陪孩子大聲數，再逐漸消弱你的協助。

會數 1 到 5 元

這部分可能你的孩子早就會了，若他還不會，逐步教導他，例如：給我 1 元，給我 3 元等，如果這對他仍有困難，回到教孩子一個一個數錢幣（例如：排出三個一元，請他數出這是多少錢）。

運用一個五元和一元硬幣數出 6 到 10 元

現在開始要教孩子較高一層的幣值（例如：五元），在教這一層或其他更高層次幣值時，請根據下列「三根本步驟」：

1. 將錢幣排成一排請孩子數出來，若他可以不需協助正確做到這部分，進入到第二步。
2. 請孩子根據配對卡，將等值錢幣放在配對卡上，若他可以不需協助正確做到這部分，進入到第三步。
3. 不需參考配對卡，請孩子排出適當的幣值。

例如：讓孩子從一個五元和一個一元硬幣中算出 6 元（步驟 1），指著錢幣和孩子一起大聲數：「比爾，從 5 元開始，5 元等於多少個 1 元？」「五個。」「對！所以我們數 5 元，6 元！總共有多少元呢？」「6 元！對，很好！」當孩子可以依此方式算出 6 元、7 元、8 元、9 元時，就可以進入到步驟 2。請孩子將一堆五元和一元硬幣分類，然後鼓勵他根據配對卡，將等值錢幣放在配對卡上，請他一邊放一邊算出

錢幣的總值（記得從最高價值的錢幣開始放）。

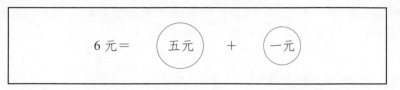

$$6 \text{元} = \quad \boxed{五元} \quad + \quad \boxed{一元}$$

當孩子可以根據配對卡正確地排出 6 元、7 元、8 元、9 元時，就可以進入到步驟 3。請孩子不要參考配對卡，自行排出 6 元、7 元、8 元、9 元。最後教孩子，一個五元硬幣加上五個一元硬幣等於 10 元，反覆練習。

注意：你的孩子也許不需要經過步驟 2，如果他從步驟 1 進入到步驟 3，不太會算錯時，可以跳過步驟 2。但是，步驟 2 讓許多孩子覺得很有趣，且可以提供複習的機會，因此若孩子勝任此部分，你可以自行刪除。否則運用配對卡繼續練習其他的數值，讓孩子照著配對卡的圖形選擇錢幣，且記得從幣值較高的錢幣開始。

步驟 IV：能夠數出 11 到 50 元

先從 11 元到 15 元開始，記得先把錢幣按價值分類，若孩子已很熟練可逐漸消弱此分類動作。

說明 10 元的等值性（用一個十元硬幣，兩個五元硬幣或十個一元硬幣）後，教孩子數出 11 元、12 元、13 元、14 元，同樣運用「三根本步驟」，讓孩子先算出你所排出的錢幣數值（步驟 1），然後請孩子根據配對卡放置錢幣（步驟 2），最後由孩子自行排出錢幣數值（步驟 3）。

說明 15 元的等值性（用一個十元硬幣加一個五元硬幣或兩個五元硬幣加五個一元硬幣等），然後教導 16 到 20 元，15 元先算一個十元硬幣加上一個五元硬幣，再逐漸加上其他的一元硬幣，接下來說明 20 元的等值性（用兩個十元硬幣，四個五元硬幣或其他），再根據「三根本步驟」教孩子學會算 21 到 30 元，並依序練習 31 到 40 元，41 到

50 元。記得從左到右大聲算出所有的幣值，必要時從旁給予協助（指著錢幣或和他一起數），盡量放慢速度，不要急著教太多，每次訓練時間不要太長（十到二十分鐘）。

 步驟 V：能夠數出 51 到 100 元

別忘了數錢幣的原則（特別是從幣值最高的錢幣開始數），練習算出下列幣值：55 元、60 元、65 元、70 元、75 元、80 元等，運用各種不同的幣值進行組合，根據「三根本步驟」練習〔讓孩子先算出你所排出的錢幣數值（步驟 1），然後請孩子根據配對卡放置錢幣（步驟 2），最後由孩子自行排出錢幣數值（步驟 3）〕，接下來讓孩子練習數出中間的數值（例如 63 元、89 元等）。剛開始最好系統化的逐步教導（例如 55 元、再 60 元、再 65 元等），只有在孩子都熟練此逐步數值後再跳著不同數值詢問孩子。

352 變化方式

在練習數 5 元、10 元、15 元……時，除了每次都用錢幣練習之外，如果你的孩子會寫字，你也可以準備下列的學習單，讓他填寫：

5 元	10 元	_____	25 元	_____
10 元	_____	30 元	40 元	50 元	_____
25 元	50 元	_____	100 元	

 步驟 VI：相關技巧

當你的孩子熟練了基本的數錢技巧後，可以教他兩個相關的技巧：閱讀標價和比較多少。

閱讀標價

　　你可以提早在步驟 III，當孩子開始數錢幣總價時，就先教導孩子閱讀商品標價（例如寫成 8 元或$8），對某些孩子來說，計算錢幣總價時，將數字寫在紙上，提供視覺提醒，會對他們更有幫助。對一些認識兩位數字的孩子來說，教他們閱讀標價並不困難，但對其他的孩子，則要先評估他們認識哪些數字，從他們認識的數字往上教起。你可以將這些技巧配合著錢幣一起教導，等孩子都熟練了，再教他認識紙鈔，如 100 元、500 元、1000 元等。

比較多和少

　　你的孩子也許需要知道兩個價值中哪個較多哪個較少，相同的，他需要學會某些錢夠不夠購買不同價值的商品。

　　你可以同時運用真實錢幣和書面標價（當孩子看的懂時）來訓練，例如，準備如下的學習單，讓孩子圈出兩個價錢中哪個較多，先從兩個明顯不同的價錢開始比較（如 5 元和 30 元），等孩子學會分辨後，再逐漸減少兩者之間的差異。

較多或較少學習單：請圈出較多的	
25 元 和 　3 元	250 元 和 　30 元
20 元 和 　5 元	200 元 和 　30 元
15 元 和 25 元	150 元 和 250 元
15 元 和 19 元	150 元 和 190 元

353　步驟 VII：找回零錢

　　學習找對零錢比學習數錢更加困難，當孩子可以從一堆錢幣中正確的算出 14 到 25 元，而且知道錢幣的等質性時，你就可以開始教他找回零錢的概念。最理想的方式是，你給他一些錢，請他找零錢給你，如果你的孩子會閱讀數字，可以把商品標價寫出來當作視覺提醒。

　　例如，告訴孩子：「我想要買一個 5 元的東西！」給他 10 元，他的任務是從 10 元（你給他的數量）大聲的算出 5 元（物品的價值），再將其餘的錢算出來給你。因此，找錢技巧涉及了和數錢技巧相同的步驟，孩子從所給予的數量中算出所需的數量，剛練習時可從 5 元的倍數開始，例如：

- 物品價值 5 元，你給他一個十元硬幣。
- 物品價值 10 元，你給他兩個十元硬幣。
- 物品價值 15 元，你給他兩個十元硬幣。

　　你的孩子剛開始先從 1 元和 5 元硬幣中算出正確的數量，然後再運用十元和五十元硬幣，先熟練 25 元以內的數量，之後再介紹其他的數量。

評論

　　在數錢幣時，孩子是從價值最高的錢幣開始算起，但是在找零錢時的順序卻是相反的，要請他從價值最低的錢幣開始算起，例如：要算出用 100 元買 19 元的東西，找回 81 元，你的孩子必須先算一個 1 元，再算三個 10 元和一個 50 元。這個概念剛開始有些困難，你的孩子需要花一些時間練習才能正確找回零錢。

變化方式

　　讓孩子向你買東西，你找零錢給孩子，請孩子計算是否正確，當他熟練這項任務時，偶爾給他錯誤的零錢數目，看看孩子是否能糾正錯誤。

索　引

F

G

國家圖書館出版品預行編目資料

幼兒獨立生活技能訓練手冊／Bruce L. Baker 等原作；
徐儷瑜，陳坤虎，蘇娳敏譯. --初版. -- 臺北市：
心理, 2006[民 95]
面； 公分. --（幼兒教育系列；51087）
含索引
譯自：Steps to independence: teaching everyday skills to
children with special needs
ISBN 978-957-702-886-0（平裝）

1.親職教育 2.生活教育

528.21 95004214

幼兒教育系列 51087

幼兒獨立生活技能訓練手冊

作　　者：Bruce L. Baker & Alan J. Brightman with Jan B. Blacher, Stephen P. Hinshaw,
Louis J. Heifetz, Diane M. Murphy
譯　　者：徐儷瑜、陳坤虎、蘇娳敏
執行編輯：陳文玲
總 編 輯：林敬堯
發 行 人：洪有義
出 版 者：心理出版社股份有限公司
地　　址：231 新北市新店區光明街 288 號 7 樓
電　　話：(02) 29150566
傳　　真：(02) 29152928
郵撥帳號：19293172　心理出版社股份有限公司
網　　址：http://www.psy.com.tw
電子信箱：psychoco@ms15.hinet.net
排 版 者：鄭珮瑩
印 刷 者：東縉彩色印刷有限公司
初版一刷：2006 年 2 月
初版四刷：2020 年 9 月
I S B N：978-957-702-886-0
定　　價：新台幣 500 元